KB105738

한국 사회에서
정의란 무엇인가

한국 사회에서
정의란 무엇인가

우리 헌법에 담긴 정의와 공정의 문법

김도균 지음

아카넷

서론

헌법이 정의 담론의 출발점이다

정의를 둘러싼 의견 불일치와 갈등들이 존재한다. 비단 이것이 대한민국만의 문제는 아니지만, 대한민국의 현 상황은 매우 심각하다고 많은 이들이 입을 모아 말한다. 근본적으로 의견을 달리하는 사람들이 공적 논의를 하고 결정을 내릴 때 공통 기반으로 삼을 만한 정의 원칙들이 있을까? 각자 자신의 합당한 세계관과 종교관과 가치관을 견지하면서도 각자의 관점에서 수용할 수 있는 정의 원칙들이 존재할까? 정의의 석은 불의不義가 아니라 '또 다른 정의'라는 세간의 냉소에 적절히 응답할 정의관을 우리는 확보할 수 있을까? 정의의 문제에 관해 토론하고 논쟁을 벌일 때 길잡이가 될 일종의 '정의와 공정의 문법a gramma of justice and fairness'이 있다면 과연 무엇일까? 이 책은 이런 화두의 답을 모색하는 하나의 시도다.

아리스토텔레스의 저서 『정치학』을 읽다보면 플루트의 분배 문제와 마주하게 된다. 여기 플루트가 있는데, 이걸 과연 누구에게 주어야 할까? 아리스토텔레스는 플루트라는 재화의 본래 목적과 용도(이를 '텔로스[telos]'라고 한다)는 음악이므로 이를 가장 잘 구현해낼 수 있는 이, 곧 음악적 재능과 연주 기예가 뛰어난 이에게 주어야 한다고 말한다.[1] 노벨 경제학상을 받은 아마르티아 센은『정의의 아이디어』에서 이 분배 문제의 예를 좀 더 발전시켜 다음과 같은 정의의 문제로 제시한다.[2] 가난한 아이, 음악적 재능이 뛰어난 아이, 플루트를 만든 아이 중 누구에게 플루트를 주어야 할까? 가난한 아이는 가난 때문에 플루트를 가져보기는커녕 연주해본 적도 없으므로 자기에게 가장 필요하다고 주장하고, 음악적 재능이 뛰어난 아이는 플루트의 본래 목적과 용도를 가장 잘 구현할 사람은 자기라고 주장한다. 플루트를 만든 아이는 자신의 노동력을 들여 플루트를 제작했으므로 마땅히 자기에게 주어야 한다고 주장한다.

센이 든 예시에서는 두 가지 논점을 추출해낼 수 있다. 첫째, 플루트의 본래 목적과 용도에 대하여 사람마다 각기 다른 견해를 가질 때, 어떤 견해가 옳은지를 판단해야 한다. 가령 대학의 본래 목적과 가치를 학문 탐구와 지식 산출로 보면, 학문의 수월성이 대학 입학의 자격요건이 될 것이다. 반면에 대학의 본래 목적과 가치를 공동선에 봉사할 수 있는 선한 인재 양성과 사회 통합으로 보면, 대학 입학의 자격요건으로 다양한 경험과 봉사활동을 참고하게 되고 다양한 계층과 지역의 학생들에 대한 기회 부여를 중시하게 된다. 이처럼 학업성적과 균형 선발을 둘러싼 논쟁에는 대학의 본래 목적과 가치에 대한 이견이 담겨 있는 셈이다. 플루트의 경우도 마찬가지여서, 플루트를 누구에게 주는 것이 정당한가의 문제도 플루트의 본래 목적과 용도에 대한 견해가 일치하지 않아 쉽사리 정하기 어렵다. 둘째, 플루트의 분배 기준으로 필요 원칙, 재능 원칙, 응분 원칙(노동의 산물이므로 응당 가질 응분의 자격이 있다는 원칙)이 서로 충돌하고 있는데, 이 중 어느 것이 이 사안의 분배 기준으로 적합한가를 판단해야 한다.

플루트 분배는 간단한 문제 같았는데, 곰곰이 들여다보니 복잡한 쟁점이 담긴 사안임이 드러났다. 플루트 분배보다 훨씬 더 이해관계가 상충하고 의견과 가치관이 서로 다른 사람들 사이에서 언제나 등장하는 정의의 문제를 해결할 수 있는 실마리는 과연 찾을 수 있을까?

정의를 찾는 노력은 쓸모없는 헛된 일일까　　　정의 담론에서 제기되는 비판들이 있다. 정의의 이상이 무엇인지 막연하고 애매모호하다고 하고, 정의의 형식적 원리는 있지만 실질적 원리들은 없다고도 하며, 일자리 창출과 같은 구체적인 사회문제를 해결할 때 정의는 아무런 해답을 제시하지 못한다고도 한다. 그런가 하면 이런 주장들도 있다. 사회정의를 부르짖는 것은 곧 '내 주장이 옳다'고 우기는 정치적 구호일 뿐이라고도 하고, 누구나 동의할 실질적 내용이 없으므로 사회정의라는 용어는 개인의 자유나 효율성과 같은 개념으로 대체되어야 한다고도 한다. 이들 주장은 사회정의라는 이상에는 분배를 주관하는 중앙집권적인 인물이나 기관에 의한 명령경제(계획경제)가 반드시 포함되기 마련이라는 주장으로까지 이어진다.

이러한 정의 회의론은 추종자들이 많아서 실제로 정의에 관해 논의할 때 빠지지 않고 거론된다. 그래서 회의론자들은 실질적 정의 원리에 관한 의견 일치가 불가능하므로 당사자 간의 합의나 다수결, 또는 사회적 합의가 곧 정의라는 견해를 제시한다. 바로 이런 맥락에서 적절하고 공정한 절차를 마련하는 데 집중하자는 절차적 정의론이 등장한다. 의견 불일치가 화해 불가능하고 심각하므로 실질적 정의 원리에 합의하기는 어렵지만 절차적 정의 또는 공정성은 확보할 수 있고 실현 가능하다는 얘기다.

그런데 '사회적 합의＝정의'라는 등식이 성립하려면 반드시 충족되어야 하는 전제조건들이 있다. 사회적 합의의 결과가 수용되려면, 그 타협 과정에서 배제되는 개인과 집단 들이 있어서는 안 되며, 참여자 모두에게 자신들의 이해관계와 소망과 관점을 제시할 수 있는 역량과 기회가 비교적 평등하게 보장되어야 한다. 참여조건이 평등하고, 견해를 제시할 수 있는 역량과 기회가 평등해야 한다는 조건이 상당 정도 충족되어야 한다는 것이다. 따라서 '사회적 합의＝정의'라는 등식이 성립하려면 평등이라는 정의의 요청이 반드시 상당 정도 실현되어 있어야 한다. 이런 점에서 다수결이나 사회적 합의가 정의라는 주장은 곧 사회적 평등이라는 사회정의의 요청이 실현되어야 한다는 주장과 별반 다르지 않다. 절차적 정의가 매우 중요한 가치이기는 하지만, 모종의 실질적 정의 원리를 배경으로 삼아야 한다는 뜻이다.

정의 무용론과 정의 회의론의 강력한 도전 앞에서 실질적 정의 원리들을 모색하는 작업은 과연 성공할 수 있을까? 필자는 정의 원리들을 둘러싼 심원한 의견 불일치profound disagreement를 기꺼이 인정하면서도, 정의에 관하여 상이하고 대립되는 의견을 가진 사람들 사이에도 심층적 차원에서 공유하는 근본적인 정의 관념과 원칙 들이 있다는 입장이다. 이런 공통된 기반common grounds을 정의 논의의 모듈module로 삼으면, 정의에 관한 공적 논의에 필요한 구체적이고 공통된 정의 원리들을 확보할 수 있다고 생각한다.

이 정의 담론의 공통된 기반은 어떻게 확보할 수 있으며, 그 내용은 무엇일까? 정의의 공통 기반을 찾고자 할 때, 만능인 최고의 정의 원리가 존재하고 이 만능의 정의 원리가 모든 정의 문제에 통용될 수 있다는 생각은 환상이므로 버려야 한다. 균분 원리 또는 시장 원리가 모든 정의 문제의 해법이 될 수는 없다. 동서고금을 막론하고 다양한 정의 문제에 관해 사람들이 공정하다거나 정의롭다고 판단 내리는 경우를 깊이 들여다보면 모종의 패턴 원리들을 발견할 수 있다. 필자가 선택한 방법은 실제로 사람들이 정의 판단을 내릴 때 어떤 생각을 하고 어떤 원리들을 활용하는지 실증적으로 살펴보고, 그런 정의 실천들에 담긴 합리적 취지들을 추려내어 가다듬고 상호 연결하여 정합성 있게 만드는 것이다.

국가와 법은 정의의 수호자일까　　사회의 안녕과 평화를 수호하려면 무엇보다도 유한한 가치와 자원을 둘러싼 사람들 간의 경쟁과 협력, 그로부터 발생하는 분쟁을 공정하고 합리적으로 처리해야 한다. 바로 이 지점에서 정의의 이념과 개념이 등장하며, 정의의 실현을 위해 국가와 법이 필요해진다. 국가와 정치는 사회의 안녕과 평화를 보장하는 데 그 존재 이유가 있지만, 인류의 현실은 사실상 그렇지 않았다.

국가와 법은 해당 사회의 권력관계에 따라 그 형식과 내용이 결정된다. 권력관계가 어떻게 작동하는가에 따라 국가와 법은 지배억압의 수단이 되기도 하고 공정한 협동의 규칙이 되기도 한다. 인류는 국가와 법이 지배억압의 수단이 아니라 공정한 협동의 규칙으로 기능하기를 간절히 소망해왔기 때문에 동서고금을 막론하고 정의를 지향하는 규칙으로써 법을 파악하고자 하는 견해들이 있어왔다.

미국의 법철학자 드워킨[R. M. Dworkin]은 자신의 저서 『법의 제국』에서 "법 안에 있는 법, 법 너머에 있는 법[law within and beyond law]"이라는 표현을 사용하면서 다음과 같이 설명한다.

> 감성이 풍부한 법률가들은 해묵은 문구 하나를 마음속에 소중히 간직하고 있다. 법은 자기 정화작용을 한다는 것이다. 이 문구는 동일한 하나의 법체계에 법의 두 형태 또는 두 단계가 있음을 상정하고 있다. 불순하고 덜 고상한 현재의 법 속에 더 고상한 법이 잠재하고 있어서, 분명히 곡절과 부침이 있고 궁극적으로 완전한 순수함에 이르지는 않겠지만, 시대가 흐름에 따라 앞의 시대보다는 뒤의 시대가 더 낫게, 법 그 자체의 더 순수한 여망에 맞게 점차적으로 변해간다는 것이다.[3]

법에 관한 이런 견해를 국가와 우리 헌법에로 확장 적용해도 될 것이다. "이성적인 것은 현실적인 것이며, 현실적인 것은 이성적인 것이다"라는 헤겔의 유명한 명제"도 이런 측면에서 이해해볼 수 있다.

왜 헌법에 담긴 정의관과 정의 원리를 알아야 하나

한국 사회에서 정의란 무엇인가? 이 근본적인 물음에 제시되는 견해들은 상충하지만, 우리 사회의 근간을 이루는 헌법에서 그 실마리를 찾아볼 수 있다. 헌법은 한 사회의 기본구조가 어떻게 설계되고 운영되는지, 입법 및 판결과 각종 정책들이 어떻게 실현되어야 하는지, 그 근본 원칙과 규범들을 담고 있다. 한국 사회의 기본구조에서 정의正義를 바라보는 우리 사회 구성원들의 오랜 여망과 관념과 지향이 헌법 곳곳에 스며들어 있다는 것이다. 대한민국 헌법의 전문을 보자.

유구한 역사와 전통에 빛나는 우리 대한국민은 3·1운동으로 건립된 대한민국 임시정부의 법통과 불의에 항거한 4·19 민주이념을 계승하고, 조국의 민주개혁과 평화적 통일의 사명에 입각하여 정의·인도와 동포애로써 민족의 단결을 공고히 하고, 모든 사회적 폐습과 불의를 타파하며, 자율과 조화를 바탕으로 자유민주적 기본질서를 더욱 확고히 하여 정치·경제·사회·문화의 모든 영역에 있어서 각인의 기회를 균등히 하고, 능력을 최고도로 발휘하게 하며, 자유와 권리에 따르는 책임과 의무를 완수하게 하여, 안으로는 국민생활의 균등한 향상을 기하고 밖으로는 항구적인 세계평화와 인류공영에 이바지함으로써 우리들과 우리들의 자손의 안전과 자유와 행복을 영원히 확보할 것을 다짐하면서 1948년 7월 12일에 제정되고 8차에 걸쳐 개정된 헌법을 이제

국회의 의결을 거쳐 국민투표에 의하여 개정한다.

이 중에서 "① 모든 사회적 폐습과 불의를 타파하며 ② 자율과 조화를 바탕으로 자유민주적 기본질서를 더욱 확고히 하여 ③ 정치·경제·사회·문화의 모든 영역에 있어서 각인의 기회를 균등히 하고 ④ 능력을 최고도로 발휘하게 하며 (……) 안으로는 국민생활의 균등한 향상을 기하고 (……) ⑤ 우리들과 우리들의 자손의 안전과 자유와 행복을 영원히 확보할 것", 이 부분을 최선으로 해석하면 저 근본적 화두에 답을 제시할 수 있을 것이다.

헌법의 다음 조항들에도 정의 원리들이 담겨 있다. 헌법 제10조 "모든 국민은 인간으로서의 존엄과 가치를 가지며, 행복을 추구할 권리를 가진다. 국가는 개인이 가지는 불가침의 기본적 인권을 확인하고 이를 보장할 의무를 진다"에는 근원적 평등의 이상이 담겨 있고, 헌법 제11조 "① 모든 국민은 법 앞에 평등하다. 누구든지 성별·종교 또는 사회적 신분에 의하여 정치적·경제적·사회적·문화적 생활의 모든 영역에서 차별을 받지 아니한다"에는 사회적 평등의 이상이 반영되어 있다. "① 모든 국민은 능력에 따라 균등하게 교육을 받을 권리를 가진다. ② 모든 국민은 그 보호하는 자녀에게 적어도 초등교육과 법률이 정하는 교육을 받게 할 의무를 진다. ③ 의무교육은 무상으로 한다. (……) ⑤ 국가는 평생교육을 진흥하여야 한다"고 규정한 헌법 제31조는 교육에서의 기회균등 원리를 천명한다.

"① 모든 국민은 근로의 권리를 가진다. 국가는 사회적·경제적 방법으로 근로자의 고용 증진과 적정임금 보장에 노력하여야 하며, 법률이 정하는 바에 의하여 최저임금제를 시행하여야 한다. ② 모든 국민은 근로의 의무를 진다. 국가는 근로의 의무의 내용과 조건을 민주주의 원칙에 따라 법률로 정한다. ③ 근로조건의 기준은 인간의 존엄성을 보장하도록 법률로 정한다. ④ 여자의 근로는 특별한 보호를 받으며, 고용·임금 및 근로조건에 있어서 부당한 차별을 받지 아니한다. ⑤ 연소자의 근로는 특별한 보호를 받는다. ⑥ 국가유공자·상이군경 및 전몰군경의 유가족은 법률이 정하는 바에 의하여 우선적으로 근로의 기회를 부여받는다"고 규정한 헌법 제32조는 노동 영역에서의 정의 이상을 담고 있다.

또한 헌법 제34조 "① 모든 국민은 인간다운 생활을 할 권리를 가진다. ② 국가는 사회보장·사회복지의 증진에 노력할 의무를 진다. ③ 국가는 여자의 복지와 권익 향상을 위하여 노력하여야 한다. ④ 국가는 노인과 청소년의 복지 향상을 위한 정책을 실시할 의무를 진다. ⑤ 신체장애자 및 질병·노령 기타의 사유로 생활능력이 없는 국민은 법률이 정하는 바에 의하여 국가의 보호를 받는다. ⑥ 국가는 재해를 예방하고 그 위험으로부터 국민을 보호하기 위하여 노력하여야 한다"는 매우 중요한 정의 원리를 구체적으로 표현하는데, 기본적 필요의 원칙이나 기본적 역량 증진의 원칙, 또는 이 양자를 포괄하는 사회국가적 정의 원리다.

헌법 제38조 "모든 국민은 법률이 정하는 바에 의하여 납세의 의무를 진다"와 제39조 "① 모든 국민은 법률이 정하는 바에 의하여 국방의

의무를 진다. ② 누구든지 병역의무의 이행으로 인하여 불이익한 처우를 받지 아니한다"는 시민의 의무 이행의 정의를 담고 있다. 그리고 마지막으로 "① 대한민국의 경제질서는 개인과 기업의 경제상의 자유와 창의를 존중함을 기본으로 한다. ② 국가는 균형 있는 국민경제의 성장 및 안정과 적정한 소득의 분배를 유지하고, 시장의 지배와 경제력의 남용을 방지하며, 경제주체 간의 조화를 통한 경제의 민주화를 위하여 경제에 관한 규제와 조정을 할 수 있다"고 규정한 헌법 제119조는 경제적 정의의 원칙을 선언하고 있다.

헌법 조항들을 종합하고 체계적으로 해석하여 우리 헌법과 법질서를 '최선의 작품'으로 만들어주는 정의관과 정의 원리들을 발굴^{發掘}하고 재구성하는 작업이 절실히 필요하다.[5] '살아 있는 헌법과 법^{living constitution}', 사회 구성원들의 해석 실천을 통해 '역동적으로 성장해가는 헌법과 법^{law in action}'이 되려면 어떤 정의관과 정의 원리들에 근거를 두어야 할까? 이 물음의 해답을 찾기 위한 여행을 떠나보자.

차례

제2부 우리 헌법은 무엇을 정의라 하는가

제7장 | 우리 헌법에 담긴 자유와 존엄의 정의관

제8장 | 우리 헌법에 담긴 사회적 평등의 이상

제1부

정의란 무엇인가

제1장

정의의 근본 개념과 역할

——— 이 장에서는 정의의 실질적 원칙들을 탐구하기에 앞서 정의 문제에 근본이 되는 물음
과 원리들을 살핀다. 우선 정의의 개념은 인류가 정의의 역할과 필요를 두고 오랫동안 고민해
온 공통된 이해에서 찾아볼 수 있다. 그래서 우리는 일차적으로 사회정의로서 분배정의를 떠올
린다. 이 사회정의 담론을 규정하는 네 요소는 분배 대상인 재화(자원), 분배 대상자, 분배 기준,
정의 담론의 주체다. 이들 요소를 다양하게 구체화한 것을 '정의관'이라고 부른다면, 이 정의관
이 공통으로 삼는 정의의 대원리는 '각자에게 각자의 몫을 주라', '같은 것은 같게 다른 것은 다
르게 대우하라'이다. 물론 간단한 사례에서 모종의 정의 관념을 추출한 후에 곧바로 적용하는
방식은 피해야 하며 이론적인 연마 과정이 필요하다.

1 국가와 법의 첫째 덕목은 정의

20세기 최고의 정의철학자 존 롤즈^{John Rawls}는 『정의론』을 이렇게 시작한다.

> 사상체계의 첫째 덕목이 '진리'라면, 사회제도의 첫째 덕목은 '정의^{Justice}'다. 이론이 아무리 정밀하고 분명하다 한들 진리가 아니면 배척되거나 수정되어야 하듯, 법과 제도 역시 아무리 효율적이고 잘 정비되었다 한들 정의롭지 않으면 폐기되거나 개선되어야 한다.[1]

정의란 무엇일까? 사람들은 자신들의 행위, 규칙, 법과 제도, 공권력 작용, 국가의 행위를 향하여 정의롭다 혹은 부정의하다고 평가한다. 일상에서 관찰해보면, 정의의 기본 문제는 각자에게 이익과 부담을 분배하고 재화를 나누는 문제임을 알 수 있다. 가령 '물을 정의롭게 마신다'거나 '정의롭게 산행에 나선다'와 같은 표현은 흔히 철학적 유머로 통할 것이다. 그러나 물이 귀한 곳에서 물을 공정하게 분배하거나, 누구에게나 산행에 나설 권리와 기회가 고루 돌아갈 경우에는 '물'과 '산행'에 '정의롭다'는 표현이 사용되어도 어색하지 않다. 사용하는 표현은 다를지 몰라도, 동서고금을 막론하고 '사람들이 가지면 유리한 재화나 지위, 짊어지면 부담이 되는 의무들을 각자에게 어떻게 나누면 옳은가'의 문제는 정의의 기본 문제라고 생각되어왔다. 그렇기에 개개인에게 이익과 부담을 분배하거나 이익과 손해 사이의 균형을 맞추고자 할 때, 우리는 정의를 말한다. 이러한 점을 감안하여 일단 정의의 문제를 '이익과 부담을 옳게 분배하거나 이익과 손해 사이의 균형을 바르게 맞추는 일'의 문제라고 요약해보자.[2]

사람들은 재화나 기회를 분배하거나 부당하게 발생한 손해를 원상회복하려고 할 때 어떤 정의 원칙을 적용해야 하는지를 두고 저마다 달리 생각한다. 그러나 적어도 정의가 왜 필요하고 그 역할은 무엇인지, 정의 원칙이라면 최소한 어떤 모습을 갖춰야 하는지에 대해서는 공통된 생각을 가지고 있다. 정의의 내용이나 실체에 대한 생각은 서로 다르다고 해도 우리가 모두 공통되게 떠올리는 정의의 가장 기초적인 이미와 의의를 정의의 개념the concept of justice이라고 부르기로 하자.[3] 정의의 개념에서 핵심은 우리가 정의의 역할과 필요성에 대해 인류가 깊이 헤아려온 공통된 이해에서 찾을 수 있을 것이다.

요컨대 정의는 개인 및 집단 상호 간의 분쟁을 만인 대 만인의 무력 투쟁이 아닌 공통의 규범을 통해 평화적으로 해결하고 안정된 협동을 이끌어내는 데 필수적인 사회적 덕목이라는 것, 정의는 사회적 협동을 유지하고 증진하기 위해 상과 벌, 혜택과 부담, 권리와 의무 등을 할당하는 원칙들을 제시해야 한다는 것, 정의는 개개인에게 중요한 의미가 있는 희소한 자원을 분배하는 원칙들의 체계라는 것, 이런 관념들이 우리가 정의의 역할과 필요성에 대해 숙고하고 내린 공통된 판단이다.

우리는 자신의 삶과 사회적 경쟁 등에서 유리한 것과 불리한 것 들에 지대한 관심을 가진다. 재산과 지위, 교육의 기회와 좋은 직업처럼 개인의 삶과 사회활동에 유리한 여건이 되는 요인들^{social advantages}(사회적 유리 요인)이 있는가 하면, 가난, 질병, 실업, 천애고아 등과 같이 불리한 여건이 되는 요인들^{social disadvantages}(사회적 불리 요인)이 있다. 국가와 법의 첫째 덕목은 정의라고 할 때, 이는 무엇보다도 먼저 사회적 협동과 경쟁의 기본구조 및 제도에서 사회적 유리 요인과 불리 요인을 사회 구성원 각자에게 올바르게 분배하고, 그 올바른 분배체계가 침해당하면 바로잡는다는 의미를 담고 있다. 사회적 협동이 없으면 아무것도 생산할 수 없고, 따라서 분배할 것도 없기 때문에 사회적 협동체계의 정의로움이나 공정성은 분배정의에서 가장 중요한 주제다. 그래서 우리는 정의라고 하면 일차적으로 사회정의^{social justice}로서 분배정의를 떠올리게 된다.

사회정의 담론의 네 가지 요소　　분배정의의 핵심 문제가 혜택과 부담의 공정한 분배라면, 분배정의의 궁극적 관심사는 분배대상인 혜택과 부담의 성격과 내용을 명료하고 설득력 있게 해명하는 데 있다. 분배정의를 이러한 관점에서 바라보면, 모든 사회정의 담론에는 네 가지 요소가 반드시 들어 있음을 알게 된다. 첫째 요소는 '무엇을 분배할 것인가'라는 물음에서 드러나듯이 분배 대상인 재화나 자원이다. 재화나 자원은 반드시 물질적인 것(돈이나 직장)일 필요는 없고 권리와 의무, 명예와 굴욕, 칭찬과 비난(처벌), 인정과 무시와 같은 비물질적인 것도 포함한다. 무엇을 정의의 대상인 재화로 볼 것인가도 정의 담론에서는 매우 중요한 문제다.

둘째 요소는 재화를 분배받을 자격이 있는 사람은 누구인가 또는 누구에게 재화를 분배할 것인가 하는 '분배 대상자'다. '누가' 재화를 분배받을 자격을 갖는지 결정하는 일은 정의 담론을 형성하는 공동체의 범위와 그 공동체 구성원의 자격을 결정하는 일이기도 하기 때문에, '무엇을' 분배할 것인가라는 재화의 요소 못지않게 정의 담론에서 중요한 역할을 한다.

셋째 요소는 재화를 어떤 기준에 따라 특정 집단 사람들에게 분배하는 것이 정당한가 하는 '분배 기준'이다. 동서양을 막론하고 인류는 '각자에게 각자의 몫을'이라는 원칙을 정의의 근본 기준으로 삼아왔다. 물론 무엇이 각자의 몫인지를 놓고 많은 기준들이 제시되었다. 각자의 필요, 각자의 실력과 업적, 선택과 교환 등이 분배 기준의 후보자로 거론되는 것들이다. 또한 각자의 몫을 정하는 실질적 기준은 아니지만, '일단 기준이 정해졌다면 그 기준을 충족하는 개인들은 평등하게 대우하고 그렇지 못한 개인들은 차등하게 대우하라'는 형식적이고 절차적인 기준(같은 것은 같게, 다른 것은 다르게)도 보편적인 정의 원리로 인정되어 왔다.

사회정의 담론의 넷째 요소는 '누가' 분배 대상인 재화와 분배 대상자, 분배 기준을 결정하는 정의 담론의 주체인가 하는 '주체' 요소다.[4] 정의 담론의 주체는 국가, 국회, 행정부, 사법부인가, 아니면 정치적·경제적·지적 엘리트들인가? 우리는 헌법 제1조 국민주권 원리에 입각해서 당연히 사회정의 담론의 주체는 시민이어야 한다고 말하지만, 사태는 그렇게 간단하지 않다. 만일 시민이 주체라면, 이때의 시민은 단일한 정체성과 가치관을 공유하는 동질의 시민들인가, 아니면 다종다양한 정체성과 가치관과 이해관계를 가진 시민들인가? 후자라면, 다양하고 상충하는 이해관계와 견해를 제시하는 시민들이 어떤 의사결정 절차를 통해 모두가 수긍할 수 있는 정의 원리들을 산출할 것인가? 게다가 누가 시민이고 아닌지를 결정하는 것은 도대체 누구인가? 난민이나 이주노동자는 정의 담론의 주체인가 아닌가? 미래 세대는 정의 담론의 주체인가 아닌가? 이렇게 정의 담론의 주체 문제는 정의와 민주주의의 문제로, 전 지구적 정의global justice의 문제로, 세대 간 정의intergenerational justice의 문제로 가닿는다.[5]

사회정의의 기본은 분배정의   사회정의의 주된 쟁점은 무엇일까? 우리가 소유하거나 누린다면 좋겠다고 높이 평가하는 것들(사회적

유리 요인)에는 돈과 상품, 재산, 직장과 직위, 고등교육 등이 있다. 그런
가 하면 되도록이면 피하기를 바라는 것들(사회적 불리 요인)에는 위험
하고 힘들고 보수가 낮은 노동, 실업, 질병, 빈곤 등이 있다. 사회정의로
서 바라보는 분배정의의 문제는 사회 구성원들의 일생에 중요한 영향
을 미치는 가치와 자원을 분배하여 구성원들 사이에 안정적이고 평화
로운 정치적, 경제적, 사회적, 문화적 관계를 확립하는 데 있다. 바로 이
것이 우리 헌법의 전문에서 선언하고 있고 헌법의 각 규정이 실현하고
자 하는 목표라고 생각한다.

　그런데 분배정의 문제를 다룰 때 조심해야 할 점이 있다. 유치원에
서 교사가 몇 명의 아이들에게 과자를 나누어주는 것, 혹은 부모가 컴
퓨터 게임시간을 자녀 간에 할당하는 것과 같은 간단한 사례에서 모종
의 정의 관념을 추출한 후에 이를 사회제도나 국가의 정의 문제에 곧
바로 적용하는 방식은 피해야 한다.[6] 이런 접근방식에서는 분배정의의
문제가 다음과 같은 도식으로 이뤄진다.

　　사회를 구성하는 일련의 개인들이 있고, 분배되어야 할 혜택이나 일
　　정한 양의 자원이 이미 정해져 있으며, 이것들을 나누어줄 권한과 책무
　　가 있는 단일한 분배 주체가 이 자원들을 특정한 분배 기준(균분, 필요,
　　성과 등)에 따라 어떻게 나눌지 결정한다.

　물론 개인과 개인의 관계에서나 소규모 집단에서 일상생활 중에 발
생하는 분배정의 문제에서 출발하는 것이 유용하기는 하지만, 그것

을 이른바 '사회정의'의 영역에 적용하려면 이론적인 연마 과정을 거칠 필요가 있다. 이런 맥락에서 정의론의 대가인 존 롤즈는 '분배정의'의 문제와 '배당配當정의allocative justice'의 문제를 구별한다. 배당정의의 문제가 분배 결정권자가 ㉠ 개인들 간 협동의 산물이 아닌 일정량의 재화를 ㉡ 단순히 나누어주는 문제라면, 분배정의의 문제는 "사회적 협동의 공정한 체계"를 확립하고 이 체계가 지속되게 규율하는 문제라는 것이다. 사회적 협동체계에서는 재화의 생산과 배당(이른바 좁은 의미의 분배)을 관할하는 사회적 관계들이 핵심인데, 이 사회적 관계들은 해당 사회의 주요한 사회적, 정치적, 경제적 제도들(이를 '사회의 기본구조'라고 하자)을 편제하는 방식과 이를 규제하는 공식적, 비공식적 규범들에 의해 결정된다. 따라서 사회정의로 바라보는 분배정의는 단순히 재화를 나눠주는 문제가 아니라 기본적인 사회구조와 그 규범을 수립하고 운용하는 문제라는 것이 롤즈의 견해다.[7]

사회정의로서 분배정의의 문제가 갖는 특징을 꼽자면 다음과 같다. 사회 내부의 단일한 중앙집권적 분배 주체가 없고, 앞에서 살펴본 간단한 정의 사안과는 달리 분배되기만을 기다리고 있는 고정된 자원 품목도 없다. 또한 분배 대상이 되는 자원들은 매우 복잡한 메커니즘을 통해 너무도 다양하고 상이한 방식으로 창출되고 양도되고 소비된다는 속성이 있다. 자유시장이 경제체제의 주된 메커니즘인 사회에서는 분배가 다양한 개인들 간에 자발적인 교환 과정의 산물이며, 매우 복잡하고 다양한 제도의 틀 아래서 이뤄진다.

앞에서 주의할 점을 언급하긴 했지만, 개인과 개인의 관계에서나 소규모 집단에서 일상생활 중에 마주치는 재화의 분배 문제를 처리할 때, 그 해결책과 저변에 깔린 관념들은 우리가 분배정의를 사회정의로서 고찰하는 데 꽤 유용한 출발점이 된다. 그래서 이제부터는 개인과 개인의 관계에서나 소규모 집단에서의 분배(미시적 차원의 분배)와 정치공동체(사회 전체)에서의 분배(거시적 차원의 분배)를 구별한 후에 무엇이 공정하고 정의로운 분배인가에 관한 사람들의 생각을 각 영역에 맞게 가다듬어보기로 하겠다.

2 사회정의의 기본 원리들

개개인은 출신배경과 유전자 차이 등으로 인해 부당하게 취급되고 열등한 지위에 놓이는 억울함을 당하는 일이 없어야 한다는 것이 인류가 꿈꾸어온 사회정의의 최소 목표다. 그러기 위해서는 누릴 만한 사람이 누리고 가질 만한 사람이 가지도록 하고, 배려할 사람을 배려해야 한다. 그렇다면 어떤 기준들이 이러한 정의의 목표를 달성하는 데 적절할까? 그 내용이 무엇이든 정의 원리는 기본적으로 자의적 차별을 방지해야 하고, 상충하는 이해관계를 균형 있게 조정할 수 있어야 한다. 물론 '자의적 차별'이나 '적절한 균형(형평)'과 같은 표현은 형식적이어서 그 내용이 다양할 수 있다.

앞에서 언급한 정의 담론의 네 가지 요소를 다양하게 해석하고 구체화하여 저마다 정의의 내용을 전개하는 이론들을 '정의관'conception of justice'이라고 부르기로 하자. 정의의 핵심 취지와 목표나 정의 담론의 요소들이 정의의 공통된 개념 틀concept이라면, 이 개념 틀을 구체화한 해석은 '정의관'이다.[8] 정의관(정의론)들은 다양하지만, 이들이 공통으로 수용하는 정의의 기본 원리들이 있다.

각자에게 각자의 몫을   정의의 대원리는 "각자에게 각자의 몫을 주라"이다. 이 원리는 시대와 장소를 막론하고 보편적으로 승인되고 있는 정의의 가장 근본적인 원리라고 할 수 있다. 이 원리에서 '각자의 몫'이라는 요소에 대입될 수 있는 내용은 다양하다. 이 형식적 요소인 '각자의 몫'을 채우는 실질적 기준으로 여러 가지가 제시되어왔다. 그 후보로는 '각자에게 균등하게', '각자가 마땅히 받아야 할 응분의 몫에 따라', '각자가 필요로 하는 바에 따라', '각자의 선택과 교환에 따라', '각자에게 법으로 규정된 바에 따라' 등이 있다.[9] 이들 실질적 기준은 여럿이 동시에 적용될 수 없고, 때로는 서로 충돌한다. 과연 상이한 정의의 실질적 기준들 간의 관계를 설정하는 방법이 있을까? 이 점에 관해서는 뒤에서 다루기로 한다.

이 '각자의 몫'을 정하는 방식에는 두 가지가 있다. 하나는 다른 사람들이 얼마나 가지고 있는지 비교해서 '각자의 몫'을 정하는 상대평가comparative 방식이다. 다른 하나는 다른 사람들의 몫과 비교하지 않고 각자 개인의 몫을 정하는 절대평가noncomparative 방식이다.[10] 학생들의 성적에 적용되는 상대평가와 절대평가를 상상하면 쉽게 이해할 수 있을 것이다. 다른 사람들이 받는 몫과 처우와 관계없이 각자가 응당 가져갈 몫과 처우를 받는 것이 정의롭다는 정의 판단은 절대평가 방식이다. 만일 내가 노예 취급을 받는다면 다른 사람들도 나와 마찬가지로 평등하게 노예 취급을 당하는지와 상관없이 내가 노예 취급을 당하는 것 자체가 부정의하다. 이와는 대조적으로, 항상 다른 사람들이 받는 몫과 처우와 비교해서 각자의 몫과 처우를 결정하는 정의 판단은 상대평가 방식이다.

절대평가 방식과 상대평가 방식의 구별은 우리가 일상생활에서나 정책을 두고 정의를 판단할 때 중요한 역할을 한다. 모든 개인은 인간다운 삶을 누려야 한다는 정의 원리 밑바탕에는 절대평가 방식의 정의 판단이 깔려 있고, 부당한 불평등의 제거나 완화와 같은 평등을 지향하는 정의 원리에는 상대평가 방식의 정의 판단이 작용한다. 뒤에서 살펴보게 될 실질적 정의 원칙들은 상대평가 방식과 절대평가 방식의 성격을 모두 가지고 있거나 어느 한 측면이 강하게 드러날 수 있다. 예를 들어 기본적 필요 원칙은 절대평가의 속성이 두드러지지만 상대평가의 속성도 가지고 있다. 평등 원칙의 경우에는 타인과의 비교를 전제로 한다는 점에서 상대평가의 속성이 강하긴 하지만, 동등한 인간 존엄성이라는 근원적 평등 차원에서는 절대평가의 속성도 가지고 있다.

같은 것은 같게, 다른 것은 다르게　　　　정의의 두 번째 기본 원리는 '같은 것은 같게, 다른 것은 다르게 대우하라'는 요청으로 집약된다. 이 원리는 상대평가 방식의 성격을 지니는 정의 원리다. 한 개인이 받을 몫이 언제나 타인과의 관계 속에서 결정되기 때문이다.[11] '각자에게 각자의 몫을'이라는 정의의 대원리는 타인과 비교하지 않고서도 각자의 몫을 줄 수 있는 반면, '같은 것은 같게, 다른 것은 다르게'라는 원리는 언제나 타인과 비교하는 과정을 거친다.

이 정의의 두 번째 기본 원리는 두 부분으로 구성되어 있다. 하나는 특정 관점(기준)에 비추어 비교해서 같다면 평등대우하라는 요청(같은 것은 같게)이고, 다른 하나는 비교해서 상이하다면 그에 비례해서 불평등 대우(차등대우)하라는 요청(다른 것은 다르게)이다. 불평등 대우의 요청은 "비교 기준 측면에서 똑같지(동등하지) 않은 개인들은 그들 간에 존재하는 차이의 정도에 따라서 비례적으로 차등대우(불평등 분배)할 것"이라는 비례적 대우의 요청이기도 하다.

이 두 가지 요청 중 어떤 요청이 우선할까? 일반적으로 평등대우의 요청이 불평등 대우의 요청보다 우선 적용되어야 한다고 인정된다. 이 것을 이른바 '평등대우 우선성 추정the presumption of equal treatment 원칙'이라고 하는데, 이 원칙은 "비교 기준 측면에서 사람들 사이에 차이점이 있다는 것이 입증될 때까지는 일단 모든 사람을 동등하다고 추정하고 동등하게 대우하라!"는 요청으로 집약된다.[12] 평등대우 우선성 추정 원칙은 '일응一應의 평등대우 원칙'으로도 이해할 수 있다. 여기서 '일응'이란 용어는 일단 우선 평등하게 대우하지만, 여타의 근거와 고려사항 들을 종합하여 판단해서 똑같지(동등하지) 않다면 평등대우의 원칙은 사라지고 불평등 대우(차등대우)의 원칙이 적용된다는 것을 의미한다. 말하자면 일응의 평등대우 원칙은 다음과 같다.

일반적으로 수락 가능한 근거가 불평등 취급 내지 불평등 분배를 정당화하지 않는 한, 협력체의 구성원은 일단 평등하게 취급되고 또 공동협력의 산물인 이익과 부담은 일단 평등하게 분배되어야 한다.[13]

평등대우의 요청이 우선순위를 차지하는 것은 '모든 인간은 본질적으로 동등하다'는 정신 때문이다.[14] '인간의 본질적(근원적) 평등성'에 관해서는 제2부에서 상세히 다루기로 한다.

규칙의 일률적 집행은 부정의를 낳기도 한다

평등대우 원칙은 사람들 사이의 조건이나 속성이 유사하다면 '다른 동료들에 비해서 불리하게 대우받지 않을 권리'가 있으며, 달리 대우하거나 달리 분배할 특별한 사유가 없는 한, 일단 '같은 것은 같게 다루라'는 원리가 우선 적용된다는 내용으로 집약된다. 원칙의 실질적 내용이 어떻든 간에 규칙을 모두에게 두루 일관되게 운용하는 것을 '형식적 정의formal justice'라고 한다. 이 형식적 정의만 존재해도 극도의 부정의는 막을 수 있다.[15]

그런데 평등대우 원칙을 규칙의 일관된 적용이라는 측면으로만 이해하면 '형식적 정의의 역설the paradox of formal justice'로 이어지기도 한다. '형식적 정의의 역설'이란 '어떤 규범이나 법을 모두에게 두루 일관되게 적용하는 것'만이 정의라고 이해할 때 발생하는 역설을 말한다. "법도 극단으로 치달으면 불법의 극치가 된다summum ius summa iniuria"라는 로마법의 법언法諺은 이러한 형식적 정의의 역설을 표현하는 것이라고도 해석할 수 있다.

어떤 의무나 부담을 부과하는 규율을 갑에게는 적용하면서 동일한 조건에 있는 을에게는 적용하지 않는다면, 이는 분명 갑에게 불공정한 처사일 것이다. 이렇게 형식적 평등이 정의의 기본적인 요청임은 분명하지만, 규율을 모두에게 일관되게 적용하는 측면에서만 '법적 정의'의 개념을 파악하게 되면 다음과 같은 명백한 역설을 초래한다.

예를 들어 '모든 유대인을 죽여라'라는 나치체제의 규칙이 있는데 인류애에 입각해서 유대인을 구한다면, 그러니까 동일한 속성을 가진 집단 구성원 중 일부에게는 규칙을 집행하지 않는 방식으로 규칙을 적용한다면 이 행위는 부정의일까? '여성에게는 선거권을 부여하지 않는다'는 규칙을 여성 모두에게 공평하게 적용하면 여성들을 평등하게 대우한 셈이므로, 이것은 정의일까? 규칙의 일관된 적용이 부정의를 목표로 하지 않는다는 점은 명백하다.

앞서 언급한 두 사례처럼 규칙의 일관된 적용과 집행이 명백하게 부정의를 낳는 '형식적 정의의 역설'에서 근본적인 정의 원리를 추출해낼 수 있다. 바로 "부정의를 초래하는 결과를 낳지 않는다면, 규칙을 일관되게 적용하라"는 원리와 "어떤 규칙이 실질적으로 정의로운 규칙 체계에 속하는 한에서만 그 규칙의 일관된 적용은 정의를 보장한다"는 원리가 그것이다. 이로써 우리는 규칙을 일관되고 공평하게 적용하고 집행하는 일은 '부분적 정의partial justice' 또는 '불완전한 정의'라는 상식적인 결론에 도달하게 된다.[16]

절차적 정의의 유형　　　실질적인 정의 원칙들에 관한 의견이 일치하지 않아서 양립할 수 없으므로 실질적인 정의 원칙을 확보하기란 불가능하지만 절차적 정의 또는 절차적 공정성은 실현 가능하다는 절차적 정의론도 그렇고, 사회적 합의가 정의라는 견해도 많은 사람들의 지지를 얻고 있다. 이른바 '절차의 정의 대 결과의 정의'와 같은 대비에서 절차의 정의를 옹호하면서 실질적인 정의 원칙을 탐구하려는 사회 정의라는 개념 자체가 무용하거나 심지어 위험하다고 비판하는 사람들도 많다.[17]

절차적 정의 원리의 내용을 살펴보면 분쟁이 발생했을 때 당사자 양쪽의 주장과 발언을 고루 들어야 한다는 요청, 본인이 관련된 분쟁의 재판관이 되어서는 안 된다는 요청, 분쟁 당사자들이 쟁점에 관하여 자유롭게 의견을 개진하고 합의해서 결과를 도출해야 한다는 요청 등이 있다. 실질적 정의 원칙들에 대한 합의가 없더라도 이런 절차적 정의의 요건을 따라서 도출된 결과라면 정의롭다고 보는 것이 절차적 정의관이다. 최근 원자력발전소 존속/폐지 건과 관련해서 공론화위원회를 구성하고 숙의 과정을 거쳐서 이끌어낸 결론에 따라 정부가 원전정책을 결정한 바 있는데, 이 과정에 담긴 정의 관념이 바로 절차적 정의관이다.

절차적 정의에는 몇 가지 유형이 있다. 롤즈에 따르면, 절차적 정의는 결과의 정당성을 판정하는 기준이 절차와는 별개로 이미 존재하는 경우와, 결과의 정당성이 오로지 절차만으로 판단되는 경우로 나뉜다.[18] 롤즈는 이 두 가지 기본 유형을 세분화하여 '완전한 절차적 정의',

'불완전한 절차적 정의', '순수 절차적 정의', '준^準-순수 절차적 정의'의 네 가지 유형으로 정리한다.

'완전한 절차적 정의perfect procedural justice'란 결과의 정당성을 판정하는 기준이 절차와 별개로 이미 확정되어 있어서 절차의 규정을 기준에 적용하기만 하면 항상 정당한 결과를 산출할 수 있는 경우를 말한다. 예를 들어 케이크를 나눈다고 해보자. 케이크를 정당하게 배분한다는 것이 크기를 똑같이 나눈다는 뜻이라면, 동등한 몫을 산출할 수 있는 배분절차가 있다. 한 사람이 케이크를 자르고 다른 사람들이 차례차례 케이크 조각을 가져간 후에, 자른 사람이 마지막 남은 케이크 조각을 집어가면 된다. 이처럼 정당한 결과가 무엇인지 판단하는 기준이 절차와는 별개로 이미 존재하고 이를 실현하는 절차도 분명하게 마련되어 있는 완벽한 절차적 정의가 전혀 불가능한 것은 아니다. 하지만, 매우 드물다.

'불완전한 절차적 정의imperfect procedural justice'는 정당한 결과가 무엇인지 판정할 수 있는 내용상의 기준은 확립되어 있는데 정당한 결과를 산출하는 절차를 마련하는 것이 불가능한 경우를 말한다. 가장 전형적인 예가 '형사재판'이다. 피고가 범죄를 저질렀다면 유죄로 확정되는 것이 정당한 결과이고, 형사재판 절차는 그 진실을 찾고 확립하는 장치다. 그러나 아무리 형사소송법이 면밀한 검토를 거쳐 제정되고 규정절차들이 정확하고 공평하게 집행된다고 해도 무고한 사람이 유죄로 선언되고 유죄인 자가 무죄로 방면될 가능성이 있다. 이러한 점을 들어 형사재판은 재판절차를 통한 결과를 수용하되 그 결과의 완벽한 정당성을 보증할 수 없어 불완전하다는 의미에서 '불완전한 절차적 정의' 라고 할 수 있다.

'순수 절차적 정의pure procedural justice'는 절차와는 별개로 정당한 결과 가 무엇인지 판정할 수 있는 독립된 내용상의 기준은 없지만, 정확하게 집행되기만 하면 정당한 결과를 낳는다고 인정된 공정한 절차가 있는 경우를 말한다. 이런 절차를 통해 산출된 결과는 정당하고 정의롭다. 가장 전형적인 예가 바로 '제비뽑기'다. 순수 절차적 정의의 제도로 '이 상적인 시장체계'를 꼽기도 한다.

'준準-순수 절차적 정의quasi-pure procedural justice'는 정치적 결정 과정에 서 다수결을 통해 산출된 결과를 가리킨다. 전형적인 예가 국회의원 선 거와 대통령 선거, 대의제의 다수결에 의한 입법절차 등이다. 준-순 수 절차적 정의로서 다수결은 그 절차의 결과가 항상 정당하지는 않 지만 실질적인 권위와 구속력과 합법성은 갖는다. 의회의 다수결 절차 이 외에는 정치적 결정(법률 제정)절차가 현실적으로 없다는 점에서 다수 결 절차는 법률에 민주적 정당성을 부여하는 정치적 결정절차이기 때 문에 순수 절차적 정의의 성격을 갖는다. 다수결 절차 이외에는 정당한 결과를 판정하는 실질적 기준이 없다는 점에서 '불완전한 절차적 정 의'와 다르고, 규정된 절차의 산물이기만 하면 언제나 정당한 결과가 보장되는 '순수 절차적 정의'와도 다르다.¹⁹ 그러나 정확하고 공정하게 집행된 국회의원 선거와 대통령 선거의 결과는 민주적 정당성은 확보 할지 모르지만, 그 내용의 정당성까지 보장되지는 않는다.

절차적 정의의 네 가지 요건   문제는 현대사회에서 발견되는 의사결정 절차의 대다수, 특히 정치적·법적인 의사결정 과정이 '불완전한 절차적 정의'나 '준-순수 절차적 정의'의 성격을 가진다는 데 있다. 우리가 절차적 공정성이나 절차적 정의에 관심을 가지는 까닭은 이를 통해 부당하거나 불공정한 결과를 피할 수 있기를 소망하기 때문이다. 따라서 좋은 결과를 산출한다는 절차적 공정성의 취지를 실현하려면 몇 가지 최소한의 실질적 요건이 절차에 담겨 있어야만 한다.[20]

첫째, 절차가 공정하다고 말할 수 있으려면 특정 개인이나 집단의 이해관계와 주장과 청구에 편파적으로 특혜를 주는 정실주의나 자의적인 집행이 없어야 한다. 형식적 평등 또는 평등대우의 요청이 절차적 공정성에서 중요하게 여겨지는 까닭이다. 요컨대 분배절차에 참여하는 당사자 개개인의 주장이나 청구에 일단 평등한 관심을 보이고, 결정할 때 각자의 청구가 평등하게 고려되어야 한다는 것이다. 그러나 이 '평등한 관심과 고려의 요건'이 분배를 결정할 때 모든 개인의 이해관계와 주장과 청구를 똑같이 옳고 타당하다고 여겨야 한다는 식으로 이해되어서는 안 된다. 그렇게 되면 결정 자체를 내릴 수 없기 때문이다. 피아노 콩쿠르를 예로 들면, 참가자들은 모두 연주할 기회를 얻고 심사위원들은 참가자들의 연주를 전부 듣고 심사할 의무가 있지만, 모든 참가자의 연주 실력이 똑같다고 판단하지는 않는다. 그중에서 더 훌륭한 연주를 판정한다. 이처럼 공적 결정에서도 각자의 주장과 청구를 다 듣고 결정 과정에서 공평하게 고려한 후에 그중 하나가 더 중시되는 근거를 제시해야 한다.

지역 거주민들에게 포장도로와 보건위생을 제공할 의무가 있는 지방자치단체가 정당한 사유 없이 질 좋은 공공서비스를 일부 집단에게만 제공한다면, 그것은 불공정하다. 물론 국가가 어떤 이들에게 다른 이들보다 더 많은 자원을 할애한다는 사실만으로 평등한 관심과 고려의 요건이 침해되는 것은 아니다. 가령 지리학적 요인으로 인해 특정 지역의 도로들이 더 자주 손상된다면, 이 지역의 도로 보수에 더 많은 재정을 지원한다고 해서 각 지역 주민의 이해관계를 부당하게 차별하는 것은 아니다. 지방자치단체가 비장애 학생 학급보다 장애 학생 학급에 학생 일인당 재정을 더 많이 지원한다고 해서 평등한 관심과 고려의 요건을 반드시 침해한 것은 아니다.

　　둘째, 절차가 공정하려면 분배 결정과 관련된 모든 정보가 제시되어야 하고 정확하게 고려되어야 한다. 절차가 공정하려면 절차가 정확해야 한다는 의미에서 '절차의 정확성 요건'이라고 하자. 설령 누가 승소할지 명백하게 보인다고 해도 소송 당사자 양측의 주장을 다 들어야 한다는 소송법의 오랜 법언이 이런 이상을 담고 있다. 사람들은 결정을 내리는 이들이 관련된 모든 정보와 사실관계에 진지하게 주의를 기울이는 과정을 통해 올바른 결과가 산출되기를 바란다.

　　셋째는 '공지성公知性, publicity 요건'이다. 절차가 공정하려면 절차 규칙과 기준이 관련 당사자 모두에게 공개되어 있고, 그들이 이를 이해할 수 있도록 설명해야 한다는 것이다. 또한 혜택의 승인이나 거절 사유도 관련 당사자들이 이해할 수 있게 충분히 제시되어야 한다. 그러면 설령 절차의 결과가 자신이 원한 바는 아니더라도 결정절차에 승복하게 된다.

넷째는 절차가 공정하려면 인간의 존엄을 침해하는 요소가 절차에 포함되어서는 안 된다는 '존엄성 침해 금지 요건'이다. 마약사범인지 여부를 판별하기 위해 그의 위장에 기구를 강제로 삽입하여 구토하게 하는 절차가 있고, 이를 적용하여 집행하면 마약 복용 여부를 정확하게 판별할 수 있다고 가정해보자. 그렇게 산출된 결과가 정확하고 오류가 없을지언정, 그런 절차 자체가 이미 인간 존엄을 침해한다는 사실은 명백하다. 국가가 제공하는 사회복지 혜택을 받으려면 성생활과 같은 내밀한 사생활 정보를 제출하게 하고 심사하는 행정절차도 마찬가지로 인간 존엄을 침해한다. 인간 존엄을 훼손하는 방식으로 관련 당사자들이 행동하도록 요구하는 절차나, 모욕적인 방식이라고 간주되는 처우를 관련 당사자들이 받게 되는 절차는 공정한 절차라고 할 수 없다.

절차적 공정성 또는 절차적 정의의 이러한 네 가지 요건은 결과의 정의를 증진하는 데 기여한다. 결국 이 요건들의 근저에 놓인 이상은 '절차와 관련된 당사자들을 존중하라'는 것이다. 이로부터 우리는 절차적 정의의 관념에는 이미 '평등한 고려와 존중'이라는 모종의 실질적인 정의 기준들이 내장되어 있음을 알 수 있다.

3 인간에게 내장된 공정성 감각

인간이 오로지 자기이익만을 좇는 존재라면, 사회정의란 무의미한 관념이고 헛된 꿈이 아닐까? 물론 인간이 자기이익만을 극대화하려는 존재라고 하더라도 정의는 필요하고 가능하다는 견해를 밝히는 사상가들이 있었고, 심지어 현재에도 이들의 견해는 강력한 힘을 발휘한다. 과연 이기적 인간형을 전제로 하는 정의관은 가능하며 바람직한지 궁금증이 인다.

그동안 인간에게 공정성 감각과 정의 감각이 내장되어 있는지 확인하는 공정성 실험들이 여러 사회와 집단 들을 대상으로 진행되어왔다.[21] 간단한 실험인 최후통첩 게임을 예로 들어보자. 피험자들을 두 집단으로 나누고 한 집단의 구성원들에게 각각 10만 원을 준다. 그리고 돈을 받은 구성원으로 하여금 상대 집단의 구성원들 중 짝이 된 사람에게 일정 금액을 주겠다고 제안하게 한다. 만약 상대방이 제안받은 금액을 수용하면 두 사람은 그 금액대로 나누어 갖지만, 거절하면 실험자가 10만 원을 몰수하여 두 사람 모두 한 푼도 받지 못한다.

경제적 합리성 측면에서만 보자면, 1원보다 많은 금액이 제안되기만 하면 상대방은 그것을 수용하는 게 당연히 이득이다. 하지만 결과는 경제적 합리성에 따른 예측과 달랐다. 가령 1만 원이나 2만 원을 제안받은 상대방들은 대체로 그 제안을 거절했고, 제안자들도 대체로 4만 원 정도를 제안했다고 한다. 상대방이 거절한 이유는 뭔가 공정성에 어긋난다는 것이었다. 제안자도 이 정도면 공정하므로 상대방이 받아들일 것이라고 생각하고 4만 원 정도를 제안했다고 한다. 이후 여러 실험을 거쳐 연구자들은 인간에게 공정성 감각이 내장되어 있을 것이라는 결론에 도달했다.

반복되지 않는 단 한 번의 상호작용에서도 수많은 사람들이 협력한다는 점을 밝힌 '공공재 게임$^{\text{public goods game}}$'과 '신뢰 게임$^{\text{trust game}}$'도 간략하게 살펴보자. 공공재 게임은 상호작용(게임)에 참가한 많은 수의 개인들에게 각각 1만 원을 주고 그중에서 참가자가 원하는 액수를 공공계정에 기부하면 다 모아서 두 배로 불린 후에 참가자 모두에게 균등하게 분배하는 게임이다. 당연히 모두가 전액을 기부해야 집단 전체가 최상의 결과를 얻는다. 하지만 개인적으로 보면 다른 사람들은 기부를 하고 자신은 기부를 하지 않는 전략이 최상의 결과를 낳는다. 그런 계산은 누구나 다 할 것이므로 결국 모두가 기부를 하지 않는 전략을 택할 것이다.

이 공공재 게임을 실제로 실험한 결과는 어떠했을까? 반복되지 않는 단 한 번의 공공재 게임에서 참가자들은 가진 돈의 40~60퍼센트를 기부하는 것으로 공통되게 나타났다. 상호작용이 반복되지 않을 것이므로 다음번 게임에서 보복을 당할 가능성이 전혀 없는데도 사람들은 이타적 행위, 즉 협력을 한다는 이 현상은 인간 행위의 동기에는 이기적 인간상을 넘어서는 요소가 있음을 보여준다.

'신뢰 게임'도 반복하지 않고 단 한 번만 상호작용하는 게임이다. 먼저 참가자들을 제안자와 응답자로 나눈다. 절반인 제안자들에게 각각 일정한 액수(가령 1만 원)의 돈을 주고, 나머지 절반인 응답자들 각각에게 그중 얼마를 줄 것인지 결정하도록 한다. 그런 후 응답자에게 제안자가 낸 금액의 세 배를 주고 다시 응답자로 하여금 제안자에게 되돌려줄 금액을 결정하도록 한다. 가령 제안자 X1이 1만 원 중 5천 원을 응답자에게 주면 그 돈은 세 배인 1만 5천 원으로 불어나 응답자 Y1에게 전달된다. 응답자 Y1은 전달받은 1만 5천 원 중에서 제안자에게 돌려줄 금액을 정하는데, 응답자가 5천 원을 돌려주기로 했다면 제안자와 응답자는 각각 1만 원의 돈을 얻게 된다.

신뢰 게임의 규칙대로 하면 많이 나눌수록 총액은 늘어나 각 개인이 받을 이익도 커진다. 제안자와 응답자 각각의 선택에 따라서 전부를 돌려받을 수도 있고 한 푼도 돌려받지 못할 수도 있다. 자기이익의 극대화를 지향하는 인간의 가설에 따르면, 제안자들은 받은 돈 1만 원을 전부 가지는 편이 유리하고, 응답자들은 세 배로 늘어난 돈을 돌려주지 않고 전액을 챙기는 편이 유리하다. 상대방에 대한 신뢰를 걸고 하는 신뢰 게임은 우선 사람들이 상대방에게 호의를 베풀면 상대방도 호의로 보답하리라는 것을 믿는지, 호의를 베푼 상대방에게 역시 호의로 보답하는지를 묻는 게임이다. 신뢰 게임의 결과는 사람들이 자신의 이익을 어느 정도 희생하고서라도 상대방을 신뢰한다는 점, 상대방이 나를 공정하게 대우한다면 나도 그에 보답하기 위해 내 이익을 희생할 용의가 있다는 점을 보여준다. 유사한 실험들에서 확인된 결과는 역시 사람들은 공평하지 않다고 판단되는 제안을 거부하는 경향이 있다는 것이다.[22] 이는 사람들이 공평하지 않은 제안을 거부함으로써 잃게 될 몫이 보잘것없어서가 아니라 공평하지 않은 제안에 대해서는 응징의 비용을 치르는 한이 있더라도 과감히 거부함으로써 공평하지 않은 상대방을 응징하려 하기 때문이다.

물론 공공재 게임의 메커니즘은 간단하지 않다. 기부하지 않은 참가자가 누구인지 정보를 밝히고 배신자(무임승차자)를 응징하는 규칙을 도입한 후에 공공재 게임을 반복하게 하면 매우 흥미로운 현상이 나타난다. 자신은 한 푼도 기부하지 않고 게임 후에 최고의 이득을 가져가는 무임승차자들을 응징하지 못하는 상황에서 공공재 게임을 반복하면, 이전에는 기꺼이 기부하던 사람들도 기부를 하지 않게 되어 기부 행위가 확연히 줄어든다. 이것이 전달하는 의미는 명확하다. 보복 받을 가능성이 없을 때에도 협력을 하던 사람들이 무임승차자들이 응징당하지 않는 것을 알게 되면 자신도 배신의 전략을 선택하고, 결국에 가서 협력을 지향하던 성향은 그것에 불리한 환경 때문에 소멸하게 된다는 것이다. 이는 무임승차자를 응징하는 규칙과 제도의 중요성을 시사하는 것으로, 협조행위와 신뢰 형성에 법제도가 기여하는 역할을 암시하기도 한다.[23]

상호적 인간형과 공정성 규범　　　　앞서 살펴본 실험들을 통해, 사람들은 상대방이 호의적이면 상대방을 이용만 하는 것이 아니라 역시 호의를 가지고 대응하려 하고, 공정성 규범을 행위 원리로 삼아 행동하려 한다는 점을 확인할 수 있었다. 이러한 경향의 인간형을 '상호적 인간형homo reciprocans'이라고 한다. 이 인간형은 제한적인 이타적 인간형으로서, 상대방이 공정성 규범을 충실히 따르면 상대방을 도울 용의가 있지만, 상대방이 공정성 규범에서 이탈하여 자기이익만을 챙기며 얄밉게 무임승차를 하면 비용이 들더라도 반드시 응징하는 성향을 가진다. 자기이익의 극대화를 지향하는 경제적 인간형homo economicus이 자신의 행위 결과로 돌아올 비용 편익만을 따져서 차지할 보수와 몫에 민감한 인간형이라면, 이 상호적 인간형은 자신의 이익을 극대화하는 방향으로만 행동하지 않고 공정성을 위반하는 타인의 행위에 민감한 인간형이다.[24]

그렇다면 상호적 인간형의 심성에 내장되어 있다고 여겨지는 공정성 규범 감각의 핵심은 무엇일까? 영국의 법철학자 하트[H.L.A. Hart], 그리고 미국의 정치철학자 롤즈는 일상생활에서 흔히 관찰되는 '공정한 경기의 원리[the principle of fair play]'에서 공정성 규범을 추출한다. '공정한 경기의 원리'란 다음과 같은 것이다.

일군의 사람들이 상호 이익이 되는 협동활동[collective action](공동행위)을 규칙에 따라 하고 있고, 협동활동에 참여하는 모든 구성원에게 이득이 되려면 각자의 자유를 제약해야 한다고 하면, 이 자유의 제약을 감수한 사람들은 자신들의 희생으로 혜택 받은 사람들을 향해서 마찬가지의 희생(자유 제약)을 요구할 권리가 있다. 각자가 협동에서의 의무를 분담하지 않으면서 타인들이 협동한 산물로부터 공짜로 이득을 얻어서는 안 된다.[25]

공정한 경기의 원리에 담겨 있는 공정성 규범의 씨앗은 앞서 살펴본 여러 게임에서 발아한다는 점을 알 수 있다. 최후통첩 게임에서 제안자가 공정하지 않은 금액을 제시하면 응답자가 거절하는 태도, 공공재 게임에서 상당한 몫을 기꺼이 공공계정에 기부하려는 태도, 무임승차 행위를 보면 자기 몫을 희생하고 비용이 들더라도 끝까지 응징하려는 태도는 인간이 영리營利만을 추구하는 존재가 아니라는 점을 웅변적으로 보여준다. 유사한 맥락에서 영장류와 인간 어린이들을 대상으로 한 실험을 통해 도덕성과 공정성 감각이 인간의 사회적 상호작용 과정에 내장되어 있다는 결과를 제시한 연구문헌도 참고할 만하다.[26]

사실 이런 결론은 동서고금의 종교적 가르침과 윤리적 가르침 들에서 황금률Golden Rule이나 '기소불욕 물시어인己所不欲 勿施於人(내가 하고자 하지 않는 바는 남에게 억지로 시키지 말아야 한다)'과 같은 원칙으로 이미 제시된 것이다. 이러한 점들을 놓고 볼 때 인간에게는 모종의 정의감이 내장되어 있다고 말해도 무방하지 않을까?

수용소와 같은 극단적인 상황이나 생존경쟁과 같은 치열한 상황에 내몰리지 않는 한, 인간은 여느 상황이라면 대체로 공정성의 규범에 따라 행동한다. 그런데 많은 심리학 관련 실험을 통해 확인된 바이지만, 인간에게 내장되어 있는 이 공정성이나 정의의 감각이 현실에서 꾸준히 발현되려면 일정한 조건이 갖춰져야 한다. 다른 사람들이 모두 또는 대부분 그렇게 한다면 나도 그리 하겠다는, 즉 나만 '바보 또는 호구'가 되기는 싫다는 상호성reciprocity 조건과 무임승차 행위를 응징하는 조건이 최소한 갖춰져야 하고, 배경의 공정성도 어느 정도 무르익어야 한다. 이런 조건들이 지속적으로 충족되고 실현되게 하는 것이 바로 사회정의의 역할이며, 그래서 국가와 법의 첫째 덕목은 사회정의라고 말하는 것이다. 이제 사회정의의 실질적 원칙들인 응분 원칙, 필요 원칙, 계약자유 원칙, 평등 원칙으로 넘어가보자.

제 2 장

응분 원칙 :
노력과 성취가 공정하게 평가받는 사회

───── 응분 원칙은 '각자에게 각자의 몫을' 각자가 '마땅히 받을 응분의 몫'으로 파악한다. 응분 원칙은 우리의 일상적인 정의 관념에 부합하고 선행과 악행에 대한 우리의 자연스러운 도덕적 반응을 반영하므로 분배 정의의 원칙이 될 자격이 있다. 그러나 현실의 불평등을 재능과 노력과 능력의 차이로 정당화하는 시각 때문에 응분 원칙에 대한 의심과 비판이 생겨나게 되었다. 개인이 딛고 선 사회적 위치의 영향을 전혀 받지 않고서 획자가 자신의 재능을 계발하고 행사하려는 의지를 품을 수 있는 기회구조가 제공되어 제대로 노력할 수 있는 환경이 보장되는 상태에서 좋은 성과를 거둔다면, 응분 원칙은 부정의와 불공정을 걸러내는 '필터링'으로도 기능할 것이다.

1 응분의 몫에 따라 배분한다

기업 최고경영자^{CEO}가 여느 노동자와 비교해서 300배의 연봉을 받는 것은 정당하다고 주장하는 이들이 있다. 그리고 10년간 일반 노동자의 연봉이 36퍼센트 증대하는 동안 최고 경영자들의 연봉이 340퍼센트 증대한 것도 적절하다고 주장하기도 한다. 그들은 성실하게 노력해서 탁월한 성과를 낸 사람에게는 그에 상응하는 포상을 주고, 악행을 저지른 자에게는 벌을 내려야 한다는 정의 관념을 근거로 든다.[1] 이러한 정의 관념에 담긴 정의 원칙이 '응분^{應分} 원칙$^{the principle of desert}$'이다. 응분 원칙을 심층적으로 해부하여 과연 기업 최고경영자들의 이런 막대한 연봉이 응분 원칙으로 설명될 수 있는지 알아보자.

정의에 대한 아주 오래된 시원적 관념$^{Ur-justice}$(정의의 원형)은 '각자가 마땅히 받아야 하는 것을 가지는 것 Justice is the getting of what is deserved'이다.[2] 이 관념은 특히 형벌에 관한 정의 관념에서 두드러지게 나타나는데, 죄를 지은 자는 마땅히 그 죄의 경중에 따라 처벌받아야 한다는 응보 형벌관으로 집약된다. 에밀 뒤르켕 E. Durkeim이 말했듯이, "'죄에 비례해서 합당하게 처벌하라'는 규칙이 없는 사회란 존재하지 않는다."[3]

형벌의 정의 관념에서 나타나듯이 응분 원칙은 '각자에게 각자의 몫을'을 각자가 '마땅히 받을 응분의 몫'으로 파악한다.[4] 여기서 우리는 흔히 응분의 몫 desert을 거론할 때, 열심히 노력한 학생이 더 좋은 성적을 받을 응분의 자격이 있다거나, 열심히 노력해서 더 높은 성과를 낸 근로자가 더 많은 임금을 받을 자격이 있다거나, 잘못을 저지른 사람은 처벌을 받아 마땅하다거나, 공동체를 위해 희생된 사람은 마땅히 그 희생에 상응하는 보상을 받아야 한다고 입을 모은다. 이렇게 응분의 몫을 주장할 수 있는 자격을 판단하는 것을 '응분자격 판단 desert judgement(이하 '응분 판단')'이라고 한다. 이런 응분 판단에는 개인의 선행이나 악행, 사회적으로 가치 있는 활동에 자연스럽게 반응하는 우리의 도덕적 감정이나 태도(칭찬이나 비난 등)가 작용하기 때문에 예로부터 응분 원칙을 정의의 기본원칙으로 여겨왔다.[5] 응분 판단에는 반드시 그 근거가 있기 마련이다. 성실한 노력과 뛰어난 재능으로 일군 성과나 업적, 사회에 대한 기여나 희생, 고의적으로 저지른 악행 등이 응분자격 판단의 근거 desert basis(이하 '응분자격 근거')로 거론된다.[6]

우리는 누군가의 타고난 외모나 재능이 뛰어나다고 해서 그 사람에게 응분자격이 있다고 말하지 않는다. 노력이나 행동으로 외모나 재능을 획득한 것이 아니기 때문이다. 응분 원칙은 개인이 스스로 노력해서 일군 성취도나 업적에 따라 응분 원칙이 결정되어야 하고, 근면한 노력과 성과에서 나온 산물이 아닌데도 포상을 받거나 불로소득을 가져가는 것은 부당하다는 우리의 정의에 관한 통념을 반영한다.[7] 고의나 과실로 저지른 잘못에 대해서는 마땅히 벌을 받아야 하지만, 타인의 잘못 때문에 엉뚱하게 또는 저지른 잘못 이상으로 과도하게 벌을 받는다면 그것은 부당한 형벌이 될 것이다. 연좌제에 대한 비판은 응분 원칙에 따른 것이다. 이렇게 보면 응분 원칙은 자신이 받을 몫과 관련된 행위를 스스로 했다면 경제적 보상을 받고, 스스로 선택해서 범행을 저질렀다면 마땅히 형사적 처벌을 받아야 한다는 자발적 선택 및 책임 원칙과 밀접한 관련성을 갖는다.

응분의 판단과 자격의 근거　　　응분 원칙을 분배정의 차원에서 접근하면, 응분 판단의 근거 또는 응분자격의 기준으로 성실한 노력, 성취도, 기여를 꼽을 수 있다. 단순히 뛰어난 재능을 가졌다는 것만으로는 응분자격을 주장할 수 없다. 성실하게 재능을 갈고 닦아서 천부적인 재능을 능숙한 기량으로 발전시켜 일정한 성취활동을 선보일 때 마땅히 포상 받을 응분의 자격이 있는 것이다. '노력과 수고를 들여 일구어낸 일의 결과'라는 의미에서 공적功績이 응분자격을 주장할 만한 일응의 근거가 된다고 할 수 있다.

　특히 경제적 자원이나 기회에 대한 응분의 몫을 주장할 수 있는 응분 근거는 노력이나 기여 중 어느 하나이거나 둘 다이다. 여기서 기여란 한 개인의 작업(활동)이 타인의 선호를 만족시키는 데 기여하는 정도를 말한다. 기여도는 한 개인이 작업을 했을 때 타인의 선호가 만족되는 값과 그 개인이 작업을 하지 않았을 때 타인의 선호가 만족되는 값을 비교해서 그 차이로 결정된다. 한편, 노력(수고)은 활동(작업이나 노동)을 하는 당사자가 투입하는 근면성, 노고勞苦, 기량을 닦는 데 필요한 훈련의 정도, 건강의 위험, 기타 고통들을 포괄한다.[8]

경제적 자원에 대한 응분의 몫economic desert(경제적 응분)을 주장할 만한 응분자격 근거는 노력과 기여를 모두 포함하기도 하므로, 이 둘을 곱해서 응분의 몫의 크기를 산출하는 방안을 생각해볼 수 있다. 이를 {응분의 몫＝(노력×기여)}로 공식화해보자. 가령 누군가가 잔디밭의 풀잎 개수를 노력을 다하여 열심히 셌다고 해도 타인의 선호를 만족시키는 데 기여하지 못한다면, 즉 사회적 협동체계에 기여하지 못한다면 그 노력은 경제적 응분의 근거로 삼지 못한다. 노력과 기여의 양을 서로 곱해서 응분의 몫의 크기가 산출된다면, 천부적으로 피부 결이 고와서 타인의 미적 선호를 충족시키는 사람처럼 전혀 노력하지 않고 기여한 경우와, 노력은 했으나 기여가 전혀 없는 경우에 응분의 값은 0이 된다. 노동시장에서 고용주가 노력보다는 기여와 성과를 중시한다면, 피고용인은 성과를 내는 데 기울인 개인적 노력, 이를테면 기량을 익히는 데 든 개인적 훈련비용에 대해서도 고용주에게 마땅히 고려해 달라고 정당하게 요구할 수 있을 것이다. 물론 경제적 자원의 분배가 오로지 응분 원칙만을 따르는 것은 아니지만, 적어도 노력과 기여를 고려하지 않는 분배에 문제가 있다는 비판은 수긍할 만하다.[9]

응분 원칙은 이처럼 우리의 일상적인 정의 관념에 부합하고 선행과 악행에 대한 우리의 자연스러운 도덕적 반응을 반영하므로 정의의 근본 원리가 될 자격이 있다고 전제하고, 여기에 기초해서 '각자에게 각자의 몫'을 결정하는 것이 사회정의라는 견해, 그리고 이 응분 원칙을 위배한 조치나 제도는 불공정하고 부당하다는 견해가 있다. 이처럼 제도와 법 이전에 보편적으로 타당하다고 인정되는 응분 근거에 따라서 혜택과 불이익을 분배하는지 여부를 심사한 후에 제도와 법이 정의로운지 불공정한지 판단하자는 견해를 '제도 선행적 응분이론preinstitutinal theory of desert'이라고 한다.[10] 이런 시각을 확장하면, 우수한 재능을 가지고 근면하게 노력해서 많은 성과를 낸 사람들은 더 많은 몫을 주장할 응분의 자격이 있기 때문에 재능과 노력과 성과에 따른 불평등은 응분 원칙에 의해 정당화되며, 재산권을 비롯한 소득과 부, 권력과 권한, 사회적 유리 요인의 분배를 규율하는 사회의 기본제도와 법질서도 마땅히 이런 기조 위에서 설계되고 운영되어야 한다는 견해로까지 나아가게 된다. 현실의 불평등을 재능과 노력과 능력(실력)의 차이로 정당화하는 바로 이런 시각 때문에 응분 원칙에 대한 의심과 비판이 생겨나게 되었다.

2 응분 원칙은 제도가 정해준 권리자격일 뿐인가

응분 원칙에 가해지는 첫 번째 비판으로, 제도 선행적 응분이론에 반대하는 견해가 있다. 응분 원칙은 사회정의가 이로부터 시작되고 그것을 근거로 삼아 모든 사회제도를 평가하며 사회정책의 정당함과 부당함을 판별하는 정의의 근본적인 대원칙이 결코 아니라, 오히려 제도가 양산한 정당한 기대이익 관념이나 권리 관념에서 파생된 원칙에 불과하다는 것이다. 제도가 중요시하는 가치에 따라 설정된 목표와 규칙에 의해 형성된 신뢰 이익이나 '정당한 기대legitimate expectation' 관념, 즉 제도가 설정한 요건을 충족하면 몫을 요구할 권리자격이 있다고 여기는 관념이야말로 우리가 가지는 응분 관념의 실체라고 보는 견해를 '제도적 응분이론institutional theory of desert'이라고 한다. 제도적 응분이론에서 비판하는 요지는 다음과 같다.[11]

응분 관념이 제도의 산물이라는 관점에서 보면, 재능 있는 사람들이 자연스럽게 자신의 탁월한 성과에 대한 '응분의 몫'을 주장하는 것은 사회가 그런 종류의 성과와 업적의 산출을 중요하게 여겨서 제도의 목표로 삼았고 그 목표가 달성될 수 있도록 여러 규칙을 수립하고 운용해왔기 때문에 가능한 일이다. 성적이 우수하면 좋은 대학에 갈 응분의 자격이 있다고 생각하는 사람들은 재능과 노력에 기반을 둔 학업 성적을 응분자격의 근거로 삼지만, 사실 이런 응분 관념은 탁월한 학문 성취를 대학의 목적으로 삼은 교육정책과 교육제도로 인해 생겨났을 뿐이다. 따라서 응분 관념은 사회제도와 공적 규칙에 의해 형성된 '정당한 기대'에 그 뿌리를 둔 것에 지나지 않는데도 마치 제도 이전pre-institutional에 자연스럽게 존재하는 관념인 것처럼 혼동한다는 것이다.[12]

이러한 비판은 롤즈의 견해가 출발점이므로, 간략히 살펴보자.[13] 롤즈는 재능이나 근면함, 인내심과 같은 천부적 품성은 자연이 각 개인에게 무작위로 배당한 추첨의 결과natural lottery(자연의 복권)로 보아야 한다고 말한다. 그러면 사회에서 맨 처음 부여한 출발선이 당연히 선택과 노력의 결실인 내 몫이라고 주장할 근거가 없게 되는 셈이다. 자연이 우연히 나에게 준 천부적 재능도 당연히 온전하게 내 몫이라고 여길 만한 응분의 자격은 없다.

롤즈에 따르면, 천부적 재능을 애써 갈고 닦아 능력과 성취로 일구어내는 내 우월한 성품과 근성이 당연히 내 몫이라는 생각도 일부분만 타당할 뿐이다. 내 품성의 형성에는 좋은 가정과 사회적 환경이 크게 영향을 미치므로 전적으로 개인의 선택과 노력의 산물은 아니라는 이유에서다. 이러한 세상살이의 기본이치와 정의의 대원칙과 관련해서 롤즈는 다음과 같이 피력한다.

> 우리는 노력하여 자신의 재능을 발휘한 결과물을 가질 마땅한 도덕적 자격moral desert이 있으며, 재능과 노력의 차이로 생겨난 불평등은 합당하다고 생각한다. 그러나 자신의 재능과 노력은 온전히 자신의 몫이 아니다. 이는 선물로 각자에게 주어진 것gift이다. 그렇기에 우리는 자신의 재능 전체에 대해, 그리고 그 산물에 대해 마땅히 가질 만한 온전한 사격이 있다고 주장할 수 없다.[14]

따라서 나의 천부적 재능과 성품이 순전히 나의 선택과 노력의 산물이라는 주장은 받아들일 수 없다. 누군가 자신이 노력해서 산출한 것이 아닌데도 마땅히 받을 자격이 있다고 주장하면서 그 결과물을 가져가는 경우에, 우리는 공정하지 못하고 불의하다고, 때로는 절도라고까지 비난한다. 자신이 선택하고 노력한 부분에 대해서만 정당한 몫을 주장할 수 있을 뿐이다.[15]

개인의 재능과 노력을 바라보는 시각　　　제도적 응분이론에서 보기에, 근면한 노력을 응분자격의 기준이라고 주장하면서 분배정의의 근거로 삼는 것은 옳지 않다. 다음과 같은 이유에서다. 근면하게 노력하고 성실하게 과업을 수행하는 도덕적 성품이 가치 있기는 하지만, 각 개인이 오로지 자신의 힘으로 그런 성품을 획득했다고는 정당하게 주장할 수 없다. 다른 가정환경에서 또는 다른 사회환경에서 성장했다면 지금과는 다른 덕목을 지녔을 것이기 때문이다. 즉 가정환경과 사회제도가 개인으로 하여금 가치 있는 덕목을 발전시킬 수 있도록 인도한 덕분인 경우가 많으므로 개인이 '자신의 힘으로 스스로 일궈낸 것이니 응분의 자격이 있다'고 주장할 수 없다는 것이다. 근면성실함의 덕목은 칭송과 영예를 안길 근거는 될 수 있을지언정, 타인과 비교해서 경제적 재화를 더 많이 분배할 근거는 되지 않는다.[16]

　탁월한 재능이 더 많은 몫을 받을 응분자격의 근거라는 주장에 대해 제도적 응분이론은 앞에서 설명했듯이 '개개인의 천부적 재능은 자연이 준 우연의 선물이므로, 그 누구도 자신에게 주어진 천부적 재능을 스스로 일궈낸 것이라고 주장할 응분의 자격이 없다'는 발상에서 출발한다. 탁월한 재능과 그 계발이 특별한 경제적 재화를 몫으로 요구할 근거가 되는 것은 사회에서 그 재능이 희소할 때다. 개인적 재능의 경제적 가치는 유사한 재능을 지닌 사람들이 얼마나 많은지 그리고 그 재능을 사회가 얼마나 필요로 하고 선호하는지에 좌우된다. 따라서 탁월한 재능과 그 발휘에 대한 응분의 몫은 재능이라는 응분자격 근거가 아니라 재능에 대한 사회적 필요와 평가에 의해 결정된다. 그런데 재능의 희소성과 재능에 대한 사회적 수요는 응분 관념과 상관없는 기준이다. 결국 우리의 일상적인 응분 판단은 바로 재능의 희소성과 사회적 수요에 따라 결정된 기준에서 비롯된 것이므로 응분자격은 제도 이전에 미리 주어져 있지 않고 제도에 의해 비로소 정해진다는 것이 제도적 응분이론의 핵심 주장이다.[17]

제도적 응분이론은 사회에 대한 기여가 응분자격의 근거라는 주장에 대해서도 비판한다. 우선 특정 개인의 기여행위에 대해 사회 차원에서 감사할 수는 있지만 경제적 재화를 더 많이 분배할 근거로 삼을 수는 없다는 것이다. 협동체계에 기여한 개인의 행위와 성품을 상찬하는 것과 그에 대한 보상으로 경제적 재화를 분배하는 것은 별개의 사안일 뿐더러, 기여행위에 대한 경제적 보상은 응분 원칙이 아니라 해당 협동체계의 속성과 목표에 의해 결정된다는 것이다.[18] 게다가 소수의 사람들로 구성된 협동체계에서라면 몰라도 수많은 사람들의 참여로 이루어진 협동체계에서는 각 개인의 기여도를 정확히 측정하기가 매우 어려워서 응분 원칙이 독립된 분배원칙으로서 제 역할을 할 수 없기도 하다.[19] 따라서 제도가 지향하는 가치와 목표, 전체 분배구조에 비추어서 분배의 정당성을 판별해야 하며, 개인의 활동이 기여한 바를 판단

근거로 삼아 경제적 재화의 분배를 결정할 수는 없다는 것이 제도적 응분이론의 주장이다.[20]

3 응분 원칙은 제도에 선행하는 사회정의 원칙인가

제도적 응분이론은 우수한 개인과 열등한 개인 간에 형성되는 불평등한 위계질서가 응분 원칙에 따른 자연스런 제도라는 견해를 설득력 있게 비판하면서, 응분 원칙의 무분별한 확대 적용에 일침을 가한다. 제도적 응분이론의 이러한 비판은 경청할 만한 가치가 있다.[21] 하지만 응분 원칙을 전적으로 제도가 만들어내는 권리나 정당한 기대에 불과하다고 말할 수 있을까?

첫째, 사회제도가 어떤 식으로든 결정하기만 하면 그로부터 사람들의 기대이익은 생기기 마련이다. 이를 '정당한' 기대에서 형성된 권리자격이라고 주장한다면, 인종차별 제도 아래에서 수립되고 집행되는 부당한 분배 규칙 때문에 형성된 기득권층의 기대이익도 정당한 기대라고 인정해야만 할 것이다. 제도적 응분이론이 얼치기 이론으로 전락하지 않으려면, '분배 규칙과 제도가 정의로울 때에야 비로소 그로부터 형성된 기대이익은 정당한 기대이며, 이 정당한 기대 관념이 응분 판단의 근거다'와 같은 단서가 추가되어야 한다. '사회제도의 정의로움'이라는 단서를 달아야만 한다는 것이다.[22] 사회제도의 정의로움은 현실의 사회제도 이전에 존재하는 기준에 의해 판단되어야 한다. 응분 원칙이 그런 기준들 중 하나일 수 있다.

둘째, 고의로 악행을 저지른 자에게 쏟아지는 도덕적 비난은 사회제도의 법체계가 채택하고 있는 규정과 관계없이 타당하다. 개인의 선택과 성실한 노력과 탁월한 성취활동은 시대나 사회를 불문하고 그 자체로 칭송과 존중을 받는다. 따라서 성실한 노력과 탁월한 성취는 '일응一應의prima facie' 응분 근거가 된다. 여기서 '일응'은 '노력과 성취가 있다면 일단 잠정적으로 응분자격이 있다고 추정'하는 것을 의미한다. 잠정적이기 때문에, 여타의 근거와 고려사항 들을 종합적으로 판단해서 노력과 성취가 아닌 다른 기준에 따라 분배의 몫을 최종결정할 수도 있다는 뜻이다. 가령 노력과 성취에 부당하거나 사악한 목적이 있었다면 응분 근거가 되지 못한다.[23]

역사를 돌아보면, 인간의 자연스러운 도덕적 감정과 반응적 태도를 제대로 반영하지도 않고 존중하지도 않는 사회제도나 규범 들은 불공정하다거나 정의롭지 못하다는 비판을 받아왔다. 이렇게 보면, 의분이나 상찬처럼 악행이나 선행에 대해 인간이 자연스럽게 드러내는 도덕적 감정과 반응적 태도reactive attitudes[24]를 제도적 응분이론은 제대로 반영하지 못한다. 성실히 노력해서 거둔 성취나 사회적 기여에 대해 감사하며 긍정적으로 평가하거나, 무임승차 행위와 불로소득 편취행위를 비난하는 것과 같은 자연스러운 도덕적 감정과 반응 태도가 응분 판단의 원천인데도, 제도적 응분이론은 이 점을 놓치고 있다는 것이다.[25]

셋째, 양반이나 귀족이라는 이유만으로 사회적 특혜와 특권을 부여하는 제도는 개인의 노력과 능력과 성취도가 아니라 신분이나 혈통 등

출신배경을 근거로 몫을 결정하기 때문에 부정의하다는 주장이 줄기차게 제기되어왔다. 개인의 선택과 노력에 기반한 성취수행을 높이 평가하는 응분 원칙은 신분사회에서 체제 전복적인 원칙으로 작용하며, 특권사회에 저항하는 길에서 중요한 역할을 했다. 개인의 노력과 성취 활동과는 무관한 출신배경, 성별, 인종 등의 요인에 따라 특권과 지위와 재화를 분배하는 현상에 항의할 때 원용되는 정의 관념이 바로 응분 관념이었던 것이다.[26]

응분 관념과 응분 원칙은 오로지 제도가 만들어낸 분배 규칙을 집행하는 과정에서 형성된 권리자격이나 정당한 기대에 불과하므로 결코 분배정의의 독자적인 원칙이 될 수 없다는 '강한' 제도적 응분이론은 위에서 든 세 가지 이유 때문에 수용하기 어렵다. 전적으로 제도에 의해 결정되지 않고 제도에 선행해서 그 타당성이 인정되는 응분 근거가 있기 때문이다. 따라서 제도 선행적 응분 관념의 존재를 인정하되, 제도적 응분이론의 합리적 핵심을 수용하여 양자를 조화시키는 견해가 필요하다.

4 공정하고 정의로운 사회에서 응분 원칙은 힘을 발휘한다

롤즈는 제도적 응분이론의 주창자로서, 우리가 태어날 때부터 지니게 된 유리한 사회적 위치나 재능에 대해서는 마땅히 나의 것이라고 요구할 수 있는 도덕적 응분자격이 없다고 주장하면서도, "우리가 성숙한 이후에 닦은 기량과 능력에 대해서까지 마땅한 응분자격이 없다"
고 주장하는 것은 아니라고 인정한다. 이런 점들을 종합해볼 때, 롤즈
도 개인이 순수하게 선택과 노력을 통해 거둔 성취와 기여(공헌)를 인
정하는 전-제도적 응분 관념을 완전히 무시하는 것은 아니라고 여겨
진다.[27] 다만 롤즈는 그런 기량과 능력에 대한 응분의 자격을 가진다고
할 때의 응분은 "공정한 조건에서 획득된 권리자격entitlement earned under fair
conditions"으로 이해하자고 제안한다.[28]

'공정한 조건 또는 제도'라는 단서를 달아놓고 공정한 제도조건에서
형성된 정당한 기대 관념과 권리자격을 응분 관념의 기초로 삼는 롤즈
의 견해는 응분 관념이 현실의 사회제도에 선행해서 존재하는 관념임
을 인정하긴 하지만, 응분 관념이 정의로운 사회제도에서 획득되는 권
리자격이라고 본다는 점에서 공정성과 정의 이전에 존재하는 관념은
아니라는 것 같다. 응분 관념이 공정성과 정의의 내용을 전적으로 결정
하는 힘을 갖지는 않는다는 것이다.

'응분=공정한 사회제도와 분배구조에서 획득한 정당한 기대와 권
리자격'이라는 롤즈의 등식을 수용하면, 응분은 해당 사회제도에 선행
해서 존재하는 관념이기도 하면서 공정한 사회제도와 분배구조를 배
경으로 하여 작동하는 원칙이라고도 할 수 있다. 달리 말하면 응분 관
념은 현실 제도에 선행pre-institutional하기는 하지만, 정의에 선행하는pre-
justicial 관념은 아니라는 것이다.[29] 예를 들어 일제 강점기에 있었던 독립
운동과 친일행위를 판단할 때, 정의로운 대한민국이라는 제도에서 형
성된 응분 관념, 즉 정당한 기대 관념과 권리자격은 독립운동에 담긴

노고와 업적과 헌신과 기여를 중시할 것이다. 만약 열성적으로 친일행위를 하고 일제의 체제 유지에 기여한 사람들에게 대한민국이 칭송과 각종 훈장과 특혜를 준다면, 부정의한 사회라고 비판받을 것이다. 이런 점에서 응분 원칙은 사회제도의 단순한 산물에 그치지 않고 현실의 사회제도를 비판할 수 있는 힘을 갖기도 한다.

여기서 응분 관념이 정의에 선행하는 관념은 아니라는 점을 짚고 넘어가자. 우리 인간 사회에서 분배정의에 대한 의식이 등장하게 되는 기본적 여건을 기억할 것이다. 분배 대상인 자원이 풍족하지 않아서 자원을 둘러싸고 사람들 사이에 경쟁과 갈등이 생기는 반면, 사람들의 기여는 사회적 협동 과정에서 항상 타인들의 협동과 기여에 의존하기 때문에, 공정한 협동의 조건과 협동의 산물을 분배하는 기준에 대한 요구가 반드시 생겨난다. 자원을 어떤 식으로든 분배하게 되면, 그 분배로 유리해지는 집단과 그렇지 못한 집단이 생기기 마련이다. 사회정의로서 분배정의는 평등한 지위와 존엄성을 지닌 시민들에게 부족한 자원을 공정하게 분배하는 사회적 틀인 제도와 규칙을 구체화하는 것이므로, 개인의 재능과 노력의 산물인 능력과 성취를 중시하는 응분 원칙은 바로 인간과 시민으로서의 평등한 지위와 존엄성이라는 목표에 비추어서 그 타당성과 적용 범위가 결정될 수밖에 없다.[30]

따라서 응분 원칙이 여타의 실질적인 분배정의 원칙들을 압도하는 분배정의 원칙으로 작동하려면 반드시 공정한 배경조건이 충족되어야 한다. 출신배경, 인종, 성별 등에 따라서 재능을 계발하고 행사할 기회가 불평등하게 돌아가는 사회에서는 우수한 재능과 실력에 힘입어 좋은 성과를 낸 개인들이 그 성과에 대한 응분자격이 마땅히 있다고 주장하면서 더 많은 몫을 분배해 달라고 요구할 수 없다. 그런 응분자격의 요구가 타당하려면, 출신배경이나 사회적 위치의 영향을 전혀 받지 않고서 각자가 자신의 재능을 계발하고 행사하려는 의지를 품을 수 있는 기회구조가 제공되는 데다가 제대로 노력할 수 있는 환경이 보장되는 상태에서 좋은 성과를 거둘 수 있어야 한다.[31] 탁월한 성취를 일군 개인들이 집단을 이루어서 자신들의 유리한 지위를 영속시키기 위해 능력 계발 수단과 능력 자격요건 자체를 규정하는 과정에 접근할 수 있는 통로와 기회를 독점하지 못하게끔 방지할수록, 그리고 재능을 계발하고 행사할 수 있는 각자의 기회가 공정하게 보장될수록, 탁월한 개인적 성취는 오로지 개인의 노력과 실력으로 일궈낸 것으로서 높이 존중받으며 응분 판단의 진정한 근거가 될 수 있을 것이다.[32] 이러한 점을 종합해보면, 응분 원칙의 타당성은 공정한 기회균등의 원칙이 구현되는 정도에 따라서 인정되며, 그럴 경우에야 비로소 응분 원칙이 적용될 수 있다고 하겠다.[33] 응분 원칙과 기회균등의 원리에 관해서는 제2부에서 살펴보기로 한다.

응분 원칙은 전-세노적인 원직의 성격을 지니므로 응분 원칙에 반하는 제도의 설계와 운용을 비판하는 정의 원칙으로 작동할 수 있다. 하지만 실질적인 기회균등과 같은 정의로운 배경조건이 충족될 때에야 비로소 응분 원칙을 적용할 수 있는 조건이 갖춰진다. 그렇지 못한 불공정 사회에서는 응분 원칙의 근거인 능력, 노력, 성과 자체에 이미 그 사회의 불공정한 분배구조와 법제도가 영향을 미치고 있다. 따라서 불공정한 사회제도에서 쌓아올린 능력, 노력, 성과에 의거해서 응분자격을 주장하는 것은 타당하지 않다. 불공정한 사회제도의 산물인 능력, 노력, 성과는 개인이 홀로 일궈낸 것이라고 할 수 없기 때문이다. 이런 점에서 응분 원칙은 '현실 제도에 선행하는' 원칙이므로 현실 제도를 비판할 수 있는 힘을 지니지만, '배경 정의에 선행하는' 원칙이라고는 할 수 없다.[34]

응분 원칙은 가혹한 원칙이라는 비판도 가능하다. 응분 원칙에 따르면 인생 경로 어딘가에서, 특히 청소년기에 일시적으로 잘못된 선택을 했거나 게으름을 피웠을 경우 마땅히 그에 대한 대가를 치러야 하므로, 인생 낙오자가 되거나 사회에서 열악한 처지에 놓이더라도 불평할 하등의 이유가 없다. 그렇다면 응분 원칙은 너무나 가혹한 분배 원칙이 되는데, 어떻게 그런 원칙이 정의의 원칙일 수 있느냐는 것이다.

응분 원칙을 이렇게 이해하고 적용하는 사람들이 있겠지만, 응분 원칙은 일시적으로 잘못된 선택을 했거나 게으름을 피운 개인들을 가혹하게 내치는 원칙이 아니다. 모든 정의 영역을 아우르며 지배하는 최고의 만능 원리란 없으며, 다원적인 정의 원칙들이 병존한다는 점은 앞에서 강조한 바 있다. 응분 원칙은 최고의 만능 원리가 아니며, 실질적인 분배정의의 유일한 원칙도 아니다. 응분 원칙이 정당하게 적용되는 정의 영역이 있는가 하면 기본적 필요 원칙이 요구되는 정의 영역이 있고, 균분 원칙이 작동하는 정의 영역이 있다.

응분 원칙이 정당하게 적용되는 경우는 개인의 노력과 기여에 불공정한 배경조건이 영향을 미치지 않을 때다. 물론 응분 원칙은 응분자격의 정도에 비례해서 정당하게 차등대우를 할 수 있도록 허용하기는 하지만, 상대적으로 적은 응분의 몫을 분배받은 개인들이 인간다운 삶을 영위하지 못할 정도로까지 전락시키는 원칙은 아니다. 또한 응분의 몫에 따른 불평등을 정당화하면서 우수한 이들의 지배와 능력의 세습제를 옹호하는 원칙도 아니다. 응분 원칙으로 인해 이러한 상황에 빠지지 않도록 방어해주는 또 다른 정의 원칙들이 있다. 이를테면 기본적 필요의 원칙, 평등한 시민의 지위를 보장하는 평등 원칙, 공정한 기회균등의 원칙 등이 있다. 이러한 원칙들을 활용해서 응분 원칙의 적용 대상과 범위를 조율할 수 있다면, 응분 원칙을 비판하는 사람들의 우려를 누그러뜨릴 수 있을 것이다.

5 응분 원칙은 현실의 부정의와 불공정을 걸러낸다

응분 원칙은 분배 대상인 재화에 따라서 또는 분배 상황의 맥락에 따라서 그 기준의 내용이 달리 결정되고, 심지어는 동일한 사안에서도 서로 다른 기준들이 상충한다. 그렇기 때문에 응분 원칙을 현실에서 적용하기가 매우 어렵지 않느냐는 비판이 생겨난다.[35] 이것이 응분 원칙이 부딪치는 두 번째 비판이다. 가령 임금과 승진처럼 경제적 응분 사안에서는 개인이 노력과 기술과 능력을 발휘하여 사회의 공동재산에 기여한 가치가 응분 판단의 근거가 된다. 교육적 응분 사안에서도 노력, 재능, 공동작업에 대한 기여, 도덕적으로 선한 행동, 실력 등이 근거

가 된다. 처벌과 관련해서는 동기, 고의 또는 과실, 범행 정도, 결과의 경중이 근거가 된다.[36]

사안에 따라 응분 기준이 서로 달라서 실용성이 없다는 비판이 꽤 설득력을 갖긴 해도, 모든 응분 판단에 공통된 핵심 기준이 있다. ① 개인 또는 단체가 가치 있는 활동을 스스로 선택해서 노력을 다해 의식적으로 수행했고 ② 스스로의 노력과 힘으로 일구어낸 성과에 적합한 응답이 응분 판단이다. 이런 핵심 기준을 가진 응분 원칙은 분배정의 원칙으로서 다음과 같이 작동한다. 첫째, 소극적으로 작동하는 경우다. 응분 원칙의 내용이 영역마다 달리 구체화되고 제도와 규칙에 따라 다양하게 결정되기 때문에 제도 자체의 정의로움을 판단하는 정의 원칙으로서 제 역할을 하지 못한다는 비판이 있지만, 내용이 구체적으로 확정되지 않은 상태에서도 응분 원칙은 부정의와 불공정을 걸러낼 수 있다. 응분의 관점에서 볼 때 노력과 능력(실력)과 성과와는 무관한 기준에 맞추어 재화나 혜택을 부여하는 제도가 부당하다고 판단할 수 있기 때문이다.[37] 출신배경, 인종, 성별, 종교에 따라 채용을 결정하는 것이 차별이라고 판단하는 이유는 응분 원칙에 어긋나기 때문이다. 이렇게 응분 원칙이 불공정과 부당함을 걸러내는 양상을 '응분 원칙의 필터링 기능'이라고 한다. 응분자격이 없는데도 불로소득을 편취하거나 입학과 입사에서 특혜를 누리는 현상을 비판하는 데 일차적인 기준으로서 응분 원칙은 일정한 역할을 할 수 있다.[38]

둘째, 동일한 응분자격을 갖추면 평등하게 대우해야 하는데, 그렇지 않고 일부에게만 특별히 정당한 사유 없이 더 많은 혜택을 부여하면 부정의하다는 판단을 내릴 때 응분 원칙이 역할을 한다. '동일 노동, 동일 임금' 원칙이 대표적인 예다. 대상자들을 서로 비교 평가할 만한 적절한 응분 판단 근거가 필요하기는 하지만, 적어도 노력과 기여와 성취는 중요한 기준이 된다. 평등대우의 근거로서 응분 원칙이 작동한다는 것이다.

재화나 혜택을 분배하는 구체적인 기준을 적극적으로 명시해주지 못한다고 해도 필터링 기능을 통해 제도의 정의로움과 부당함을 판별하는 데 역할을 한다는 점에서 응분 원칙은 인류가 지닌 공통된 정의 감각의 핵심요소라고 하겠다.[39]

응분 원칙은 일반인의 법감정과도 잘 부합한다. 최근에 공정성에 관한 국민 인식을 조사해보았더니, 응답자의 66퍼센트가 '능력이나 노력의 차이에 따른 보수의 차이는 클수록 좋다'는 의견을 냈으며, 이러한 인식은 소득, 연령, 이념과 무관하게 비슷하게 나타났다.[40] 근무태도(93퍼센트), 자질과 능력(88퍼센트), 업무성과(91퍼센트), 근속연수(84퍼센트)에 대해서는 임금 차이를 두어야 할 조건이라고 생각했지만, 부양가족 수(39퍼센트)나 가정형편(27퍼센트)에 대해서는 그렇지 않았다.[41] 물론 이러한 조사 결과는 한국인이 노력이나 성과에 따른 차등분배를 정의로 여긴다는 점을 의미하는 반면, 필요에 의한 분배를 정의로 보는 시각이 약하다는 점을 시사하는 것이기도 하다. 이 조사 결과를 정의 원리 탐구에 곧바로 원용할 수는 없겠지만, 응분 원칙이 일반 시민들의 일상적인 정의 감정에 뿌리를 내리고 있다는 점은 확인할 수 있다.[42]

자신이 스스로 노력한 결과가 아니거나 노력한 이상으로 불로소득을 가져가는 것을 정당하지 못한 분배로 보는 견해들은 응분 원칙을 근거로 삼는다.[43] 기업 최고경영자들은 일반 노동자나 피고용인에 비해 막대한 연봉을 받는다.[44] 스포츠 분야 스타선수들이 받는 천문학적인 연봉과 달리 최고경영자들의 막대한 연봉에 대해서는 무언가 문제가 있다는 비판이 심심찮게 들린다. 그런 비판의 근저에 깔린 정의 감각은 응분 원칙에서 비롯된다. 일반적으로 스포츠 선수들의 연봉은 스포츠 시장에서 치열한 경쟁을 거쳐 가치를 평가받은 결과이기 때문에 그만한 액수를 받을 응분의 자격이 있다고 여겨지는 반면, 최고경영자들의 연봉은 순수한 시장 요인보다는 그들과 동류인 사람들로 구성된 집단에서 결정된다고 인식되는 경우가 많다. 그래서 피고용인들과 비교해서 최고경영자들이 더 많은 연봉을 받을 수는 있겠지만 현재와 같은 정도의 막대한 연봉을 받을 만한 응분의 자격이 과연 있는지 의문시되는 것이리라.[45]

당연한 말이지만, 응분 원칙이 분배정의의 유일한 기준은 아니다. 가령 필요 원칙은 분배 대상자가 마땅히 받을 응분의 자격이 없어도 재화를 분배해야 한다고 요구한다. 교통사고가 발생해서 부주의한 운전을 한 가해자와 아무런 잘못이 없는 피해자가 동시에 병원으로 이송되었는데 동일하게 위험한 상황일 때, 가해자의 행위에 대한 응분의 처벌로 가해자를 치료하지 말자고 주장할 수는 없다.[46] 올림픽 축구경기에서 금메달을 획득한 팀이 그럴 만한 실력을 반드시 갖춘 건 아니더라도 공정한 경기를 거쳐서 경기 규칙에 따라 우승하였다면 금메달은 정당하게 수여된 것이 된다. 필요, 계약이나 약속은 응분 원칙의 적용을 물리치는 데 원용되는 정의 기준이다. 이처럼 다른 분배 기준들과 응분 기준이 서로 충돌하기도 하고 때로는 응분 원칙이 물러나기도 하지만, 사회적 협동을 위해 노력하고 기여하는 행위를 높이 평가하고 불로소득 편취와 무임승차 행위를 비난하는 도덕적 감정과 태도가 우리 인간의 공정성 감각의 기반임을 인정한다면 응분 원칙이 정의 원칙 중 하나라는 점은 의심할 수 없어 보인다.[47]

제 3 장

필요 원칙:
인간의 존엄에 따른 필요를 보장하는 사회

──── 롤즈는 기본적 필요가 사회정의의 최우선 원칙이라고 역설한다. 기본적 필요의 목록은 인간의 생존과 관련된 빈곤 문제에서 인간의 발전을 위한 역량 발휘까지 확대되어왔다. 소규모 집단의 인간관계에서 통용되던 필요 원칙을 국가 전체에 확장하여 적용하려면, 필요 원칙은 사회정의의 기준으로서 어떻게 객관성을 갖추어야 하고 어떤 필요에 우선순위를 두어야 할까? 코로나19 팬데믹이라는 재난 상황에서 분배 문제를 두고 살펴보자.

사회연대의 이상　　　코로나바이러스 사태처럼 대규모 전염병이 유행할 때 시민들에게 마스크나 보호장비를 어떻게 분배해야 할까? 대학교에서 장학금을 수여할 때에는 어떤 원칙을 따라야 할까? 먼저 개인이 처한 필요의 긴급성에 따라 분배해야 한다는 '필요 원칙the principle of need'을 생각해볼 수 있다. 이 필요 원칙 역시 인간공동체에서 오랫동안 지켜온 정의 원칙이다. 가족공동체나 친족공동체, 종교공동체처럼 공동체의 유대가 강한 곳에서는 각자의 필요에 따라 더 배려하는 경우가 많고[1], 의료 영역에서는 긴급함이 요구되면 인도주의 관점에서 우선 치료받게 하는 오랜 관행도 있다. 장학금 수혜의 경우에도 필요에 따른 분배 원칙이 작동한다.[2]

　　이 필요에 따른 분배가 사회정의론의 관심사로 떠오를 때가 있다. 어떤 재화나 조건 들이 충족되지 않으면 개인의 생명과 삶에 큰 지장을 주고 삶의 기본적 목표를 성취하는 데 중대한 장해가 되어 인간으로서나 시민으로서 제대로 기능할 수 없게 된다고 할 때, 우리는 그런 재화나 조건 들이 개인의 삶에 필요하다고 판단하고 그 필요를 충족시키기 위해 사회적인 조치를 취해야 한다고 생각한다. 사회자원을 노력, 능력, 기여에 따른 응분 원칙에 의거해서만 분배하게 되면 그만한 역량을 갖추지 못한 사람들, 가령 장애인, 만성질환자, 어린이, 노약자 등은 곤궁한 상태에 놓이기 때문에, 이들이 최소한 인간다운 생활을 영위할 수 있도록 재화를 분배하자는 필요 원칙이 사회정의의 원칙으로 자리 잡았다.

사회연대의 이상에 기반한 '필요에 따른 분배 원칙distribution according to needs'이 사회정의의 주된 원칙으로서 등장한 것은 자본주의 체제에서 노동계급의 사람들이 겪는 고통과 비참한 처지가 사회운동의 주요 쟁점으로 부각된 19세기 후반의 일이다. 필요 원칙은 1976년 국제노동기구ILO에 의해 사회정책의 근본원리로 수용되었고[3], 1990년대 이후 신자유주의가 전 지구적 차원으로 확대되면서 빈곤이 세계적 문제로 심각하게 대두되자 다시금 필요 원칙에 대한 관심사가 높아졌다.[4]

필요 원칙이 분배정의의 원칙이 되려면 두 가지 물음에 대한 해답이 제시되어야 한다. 첫째, 필요는 사람마다 각기 다른 주관적 개념인가, 아니면 모두에게 공통되고 보편화된 객관적 개념인가. 둘째, 분배할 자원은 충분하지 않고 사람들의 요구는 충돌할 때 필요 원칙을 적용한다는 것의 의미는 무엇인가.

1 필요는 주관적 개념인가

많은 경험적 연구가 보여주듯이 '필요에 따른 분배' 원칙은 공동체의 유대가 강한 소규모 집단이나 소규모 인간관계에서 분배정의 원칙으로 통용된다. 그렇지만 필요 원칙이 이런 소규모 사회의 상호작용을 넘어서는 사회제도와 국가에도 적용되는 사회정의 원칙이 될 수 있을까 하는 의문이 제기된다. 이 물음에 답하려면 필요 원칙이 각자의 주관적인 욕구나 소망이 아니라 사회정의의 기준으로서 합의될 만한 객관성을 갖출 수 있는지 따져봐야 한다. 또한 필요에 따라 분배할 때 반드시 생겨나는 난제를 해결할 기준이 있는지도 검토해야 한다. 의료자원에 대한 환자들의 필요가 충돌하는 경우처럼, 재화가 모두에게 돌아갈 정도로 충분하지 않아서 모두의 필요를 충족시켜줄 수 없고 각자의 필요가 상이하다면, 어떤 필요에 우선순위를 두어야 하는지 결정해야 한다는 것이다.

사람마다 필요로 하는 것이 다 다르므로, 필요 원칙은 주관적인 판단 기준에 지나지 않아서 사회정의 원칙으로 부적격일까? 사람들은 '원하는 것'과 '필요로 하는 것'의 차이를 안다. 어린아이가 불에 손을 집어넣기를 '원하지만', 그것이 그 아이에게 '필요한' 일이 아닐 수 있다. 걷는 것이 나의 건강에 '필요'하지만, 귀찮아서 나는 걷기를 '원하지' 않을 수 있다. 이런 점들에 비춰볼 때, 우리는 '필요한 것'에는 주관적 소망이나 선호와는 독립해서 존재하는 객관적 요소가 포함된다는 사실을 알게 된다. 무엇을 원하고^{want} 욕구^{desire}하는 것은 개인마다 다를 수 있지만, '필요한 것'은 모든 개인에게 공통되기도 한다. 물이 없으면 살아남을 수 없으므로 물은 시대와 장소와 문화를 초월하여 인간에게 필수적^{necessary}으로 '필요'하다. 개개인이 물을 원하건 원하지 않건 상관없이 물은 인간의 생존에 공통되게 필수적이라는 의미에서 인간에게 '필요한 것(이하 '필요')'이다.

또한 '필요' 개념은 긴급성과 중요성을 담고 있어서 우리 일상생활의 언어 용법과 도덕적 담론에서 특별한 의의를 갖는다. 누군가 곤궁한 처지에 빠져 있을 때, 우리는 '그 사람이 도움을 필요로 한다'고 말하고 그 사람에게 결핍된 것을 제공해서 도와줘야 한다고 생각한다. '단순히 원하는 것'과 '필요로 하는 것' 사이에는 이처럼 규범 측면에서 중대한 차이가 있어서 타인이 절실하게 필요로 할 때에는 '시급하게 무언가를 해야 한다'는 도덕적 부담감이 생긴다. 즉 '필요하다'는 주장$^{need claims}$은 모종의 도덕적 힘을 내장하고 있으며, 나아가 도덕적 의무의 관념은 필요에 의거할 때 제대로 이해할 수 있다. 예로부터 종교 경전은 고아, 나이 든 독거 여성, 노인, 걸인 등을 향한 보살핌의 의무를 강조해왔는데, 이는 빈곤에 대한 필요 원칙이 사회정의와 연대성의 오랜 기준이었음을 보여준다.

사회정의 원칙으로서 필요 원칙과 관련하여 제기되는 질문은 또 있다. 한정된 자원을 둘러싸고 각자의 필요는 충돌하는데 모든 필요를 충족시킬 수 없을 때 이를 어떻게 해결해야 할까라는 물음이다. 가령 자원은 한정되어 있는데 A는 의료지원을 필요로 하고 B는 주거지원을 필요로 한다면, 양자의 필요 중 어느 것에 우선순위를 두어야 할까? 필요로 하는 양에 비례해서 분배하는 방안, 필요가 충족된 결과가 똑같아지도록 분배하는 방안, 최대한 많은 사람들의 필요를 충족시키는 방안, 처지가 열악해서 필요의 정도가 크고 긴급한 사람들을 우선하되 최대한 많은 사람들의 필요가 충족되도록 분배하는 방안을 제시할 수 있다. 이 중 마지막 방안이 가장 설득력 있고 정책적으로도 효과가 높다.[5] 이에 관해서는 제5절에서 살펴보기로 한다.

2 기본적 필요의 범주

개인이 필요로 하는 대상은 다양하다. 내가 컴퓨터 게임을 멋지게 즐기려면 사양이 좋은 컴퓨터가 필요하다. 컴퓨터를 향한 이런 필요를 사회정의의 문제라고 말하기는 어렵다. 따라서 우리는 사회정의의 문제가 되는 필요의 대상을 해명해야 하는데, 이때 필요는 '기본적 필요 basic needs'와 '비-기본적 필요 non-basic needs'의 두 가지 범주로 나뉜다. 사회정의 원칙에서 중요한 것은 기본적 필요의 범주다.

만일 나에게 X라는 재화가 없으면 영양실조, 심각한 심신 질병, 단명短命 등과 같은 중대한 신체적, 정신적 해악이 발생하는 경우에 이런 재화들을 '기본적 필요'라고 한다. 일정량의 음식물, 난방 연료, 옷, 거주지, 의료서비스 등과 같은 재화가 '기본적 필요'에 해당하는 조건들이다. 또한 X라는 재화가 없으면 인간다운 삶을 영위할 수 없거나 직업인으로서, 시민으로서, 부모로서 제대로 사회적 역할을 수행해낼 수 없고, 인간으로서 기본 능력을 발휘할 수 없는 경우에도 X라는 재화는 '기본적 필요'의 범주에 해당한다. 인간으로서의 삶에 필수불가결해서 반드시 충족되어야만 하는 기본적 필요들은 인간다운 삶의 보편적인 전제조건이 된다.[6]

기본적 필요의 범주는 생물학적 생존에 필요한 영양분, 기초의료, 위생 시설 등에 국한되지 않는다. 시대와 사회마다 최소한의 인간다운 삶이 무엇인지에 관해 공유하는 나름의 사회적 기준이 있기 마련이고, 우리는 이 기준에 비추어 삶이 최소한의 선 아래로 떨어지지 않기 위해 충족되어야 할 것들을 기본적 필요의 범주에 포함시킨다. 각 개인이 인간으로서, 사회 구성원으로서 정상적으로 수행해야 할 기능과 역할의 측면에서 '기본적 필요'를 판별할 수 있다는 것이다. 애덤 스미스는 『국부론』에서 이와 유사한 견해를 밝힌 바 있다.

필수품necessaries이란 생활을 유지하기 위해 필수불가결한 상품뿐만 아니라, 그 나라의 관습상 점잖은 사람의 체면 유지를 위해, 심지어 최하층 계급 사람들의 체면 유지를 위해서도, 없어서는 안 될 상품들을 가리킨다고 나는 생각한다. 예를 들어 아마포 셔츠는 엄격하게 말하면 생활필수품이 아니다. 그리스인이나 로마인 들은 아마포 없이도 매우 안락하게 생활할 수 있었다. 하지만 지금은 대부분의 유럽에서 날품팔이라 하더라도 아마포 셔츠를 입지 않으면 다른 사람들 앞에 부끄러워 얼굴을 들지 못할 것이다. 왜냐하면 그것이 없다는 것은 극단적으로 나쁜 행동을 하지 않고서는 누구도 그렇게 될 수 없는 부끄러울 정도의 빈곤 상태를 나타낸다고 모두들 생각하고 있기 때문이다. 마찬가지로 잉글랜드에서는 관습상 가죽신발이 생활필수품으로 되고 있다. 아무리 가난한 사람이라도 평판이 괜찮은 사람이라면 남자건 여자건 가죽신발을 신지 않고 남들 앞에 얼굴을 내밀지는 못할 것이다. 그러므로 생활필수품이란 자연과 사회의 일반적인 예의가 최하층 계급에게조차 필요하도록 만드는 물품이라고 이해해야 한다.[7]

이런 기본적 필요가 충족되지 않으면 개인들은 수치심을 느끼지 않고서는 공적 영역 또는 사회관계의 영역에 도저히 나설 수 없을 것이라는 스미스의 언급은 기본적 필요의 범주에 해당하는 목록만 수정하면 현대사회에도 여전히 통용된다. 사회에서 인정하는 방식으로, 수치심과 모멸감을 느끼지 않고 시민으로서의 역할을 정상적으로 수행해낼 수 있는가에 비추어 필요의 긴급성과 우선성을 판단하자는 것이다.[8]

기본적 필요의 범주에 해당하는 것들은 개인이 자유롭게 자신의 인생 계획을 짜고 실천해갈 수 있도록 해주는 기초이자, 최소한의 자율성 능력을 가지기 위한 필수 전제조건이다.[9] 여기에는 영양가 있는 음식, 깨끗한 물, 주거, 유해하지 않은 노동환경, 유해하지 않은 물리적 환경, 적절한 의료, 아동기의 안전성, 유의미한 일차적 인간관계, 신체적 안전성, 경제적 안전성, 적절한 교육, 안전한 임신과 출산 및 임신중절, 안전한 양육 등이 해당한다. 기본적 필요들이 충족되지 못하면 개인들은 정상적으로 사회적 협동에 참여할 수 없다. 이런 점에서 기본적 필요의 충족 원칙은 여타의 정의 원칙들을 적용하기 위한 전제조건인 셈이다.

사회 갈등이 왜 발생하는지 진단하고 어떻게 해결할 것인지 처방을 내릴 때에도 인간의 기본적 필요를 반드시 고려해야 한다고 주장하면서, 갈등해결학자 강영진 교수는 "답답하고 억울하고 상처받고 서운하고 분노하는 것은 (이런) 니즈가 좌절, 억압, 침해되었을 때 나타나는 증상"이라고 설명하고 인간의 기본적 필요(니즈, 욕구)를 다음과 같이 풀이한다.

인간의 기본적 필요란 생존에 필요한 것 이외에 사회적 존재로서의 인간이 개인적 또는 집단적으로 삶을 영위하는 데 필수적인 것을 말한다. 갈등해결학자들이 공통적으로 인정하는 네 가지 기본적 필요란 안전security, 정체성identity, 자기결정(권)self-determination, 인정(받는 것)recognition이다. 이러한 네 가지 기본적 욕구가 억압되거나 침해되면 반드시 갈등이 발생한다.[10]

갈등해결의 절차적 정의에서도 기본적 필요가 반드시 고려되어야만 한다는 견해는 기본적 필요의 원칙이 사회정의 원칙으로서 중요하다는 점을 잘 보여준다고 하겠다.

3 기본적 필요 원칙은 다른 사회정의 원칙들에 우선한다

이처럼 필요 원칙은 매우 복합적인 구조를 띠고 있다. 어떤 필요 주장을 정의의 문제로 간주할 것인지, 상충하는 필요들 중 어느 것에 우선순위를 둘 것인지, 필요 원칙과 여타의 정의 원칙들이 충돌할 경우 어떻게 해소할 것인지 등의 쟁점들이 해결되어야만 한다는 것이다. 그럼에도 기본적 필요 원칙을 도입하면, 최우선으로 적용되어야 할 사회정의 원칙을 마련할 수 있다.[11]

앞에서 설명한 대로, 기본적 필요는 응분 원칙을 적용하기 위해 반드시 먼저 충족되고 고려되어야 할 전제조건이라고 할 만하다. 롤즈도 자신의 두 번째 대저^{大著}『정치적 자유주의』에서 사회정의 원칙들을 제시하면서, 시민들의 기본적 필요들이 충족되는 것이 시민들이 기본적 권리와 자유 들을 이해하고 유의미하게 행사할 수 있기 위한 필수조건이라고 역설한다. 시민들의 기본적 필요가 먼저 충족되어야 한다는 기본적 필요 원칙이 사회정의의 최우선 원칙이라는 것이다.[12] 미국 철학자 해리 프랭크퍼트^{H. Frankfurt}의 용어를 빌려서 표현하면, 이를 '기본적 필요 충족의 우선 원칙^{the Principle of Precedence}'이라고 할 수 있겠다.[13]

프랭크퍼트에 따르면, 어떤 필요가 우선적 지위를 가질 정도로 중요한 기본적 필요로 간주될 수 있는 것은 그 필요가 충족되지 않으면 당사자에게 즉각적으로 중대한 해악이 발생하고, 또한 그 해악이 당사자가 전혀 통제할 수 없는 성격의 것일 때다.[14] 사람들의 기본적 필요를 충족시키는 데 우선순위를 두어야 한다는 기본적 필요의 원칙은 다음과 같이 표현할 수 있다.

모든 사람이 인간다운 생활을 유지할 수 있도록 기본적 필요에 해당
하는 자원과 서비스를 최우선해서 제공하라.[15]

일단 기본적 필요를 우선시하지만, 기본적 필요 이외의 필요들에 대
해서는 당사자들이 아닌 제3자(국가)가 임의로 우선순위를 정하기보
다는 당사자들이 처지와 주장을 충분히 개진하는 절차를 거쳐야 한다.
민주적인 의사결정 절차를 통해 당사자들의 필요 간에 우선순위가 정
해지거나 시장 메커니즘을 통해 서로의 필요들이 조정되기도 한다. 기
본적 필요를 구성하는 재화나 가치 들의 영역에서는 필요에 따른 분배
원칙이 일단 응분 원칙에 앞서지만, 비非-기본적 필요(통상적인 필요)의
영역에서는 필요 원칙보다는 응분 원칙이나 계약자유 원칙이 우선할
수도 있다.

인간다운 삶을 사회 구성원 각자에게, 인류 구성원 각자에게 보장하
는 것이 우리의 공동의무라는 연대의 이상은 기본적 필요 원칙과 밀접
히 관련되어 있다. 그런데 기본적 필요는 살아 있기는 하지만 목숨만
부지하는 삶, 타인과의 만남과 교류가 없는 삶만을 겨우 가능하게 해준
다는 오해를 피할 수 없다. 기본적 필요 원칙은 최소한의 '생존survival'을
위한 필요의 충족에 국한되고 만다는 것이다. 본래 기본적 필요 원칙은
빈곤 문제에 대처하는 사회정의 원칙으로서 등장하였지만 빈곤을 물
질적 자원의 부족 또는 결핍으로만 이해하면, 기본적 필요 원칙은 생존

에 필수적인 물질적 재화의 제공에 국한되고, 빈곤층 사람들은 복지정책에 의존하는 수동적인 수혜자로 머무르고 만다. 빈곤층 사람들이 실제로 원하고 필요로 하는 것보다는 복지정책 전문가 집단이나 담당 공무원이 '기본적 필요'라고 규정하는 것, 이를테면 의식주, 보건위생, 기초교육 등에 따라 복지정책이 시행되기 때문이다.[16]

이러한 비판에 대처하기 위해 기본적 필요 원칙을 옹호하는 사람들은 인간다운 삶을 향한 빈곤층 사람들의 열망에 관심을 기울이고 인간다운 삶을 영위할 만한 역량 증진에 초점을 맞추는 방향으로 기본적 필요 원칙을 풍부하고 폭넓게 해석하려고 시도한다.[17] 빈곤을 물질적 자원의 결핍뿐만 아니라 비물질적 자원이나 비금전적 자원의 결핍, 인간다운 삶을 누릴 수 있는 역량의 결핍으로도 이해하는 관점에서 접근하면 인간으로서의 잠재력을 발전시킬 수 있는 다양한 기본적 기회들도 기본적 필요 원칙에 포함시키게 된다. 기본적 필요의 목록에 사회관계를 맺는 기본 역량까지 포함시킨 것은 기본적 필요 원칙을 '인간으로서의 잠재력 발전human development'이라는 더 넓은 목표가치의 좌표 안에서 파악했기 때문이다. 그럼으로써 기본적 필요를 제공하면 사람들에게 더 풍부한 삶의 기회가 열리고 인간다운 삶을 영위할 수 있는 역량이 증진되는지 여부가 기본적 필요 원칙의 관심사로 떠올랐다.[18]

이렇게 하여 인간다운 삶에 필수적인 기본적 필요는 인간 존엄의 이상과 인간으로서의 발전이라는 목표와 결합되어, 그 목록이 확장되었다. 공통된 목록을 살펴보면 ① 생존 차원의 기본적 필요 ② 정서 차원의 기본적 필요 ③ 성생활 차원의 기본적 필요 ④ 인식과 이해 차원의 기본적 필요 ⑤ 사회활동 차원의 기본적 필요 ⑥ 여가와 놀이 차원의 기본적 필요 ⑦ 창조적 활동 차원의 기본적 필요 ⑧ 소속감 차원의 기본적 필요 ⑨ 자율성 차원의 기본적 필요 ⑩ 사회적 인정 차원의 기본적 필요 등이 있다.[19] 이렇게 확장된 기본적 필요 원칙이 우리 법질서 안에 반영되어 있는 양상에 대해서는 제2부에서 살펴보기로 하자.

4 기본적 필요의 충족에서 기본적 역량의 증진으로

최근 '역량 정의론capabilities approach'이 국내외적으로 많은 지지를 얻고 있고, 유엔UN의 「인간발전 보고서Human Development Report」의 기본 방법론으로 채택되면서 국제사회나 일국 차원의 정책을 집행하는 데에서도 각광을 받고 있다. 노벨경제학상을 수상한 아마르티아 센, 그리고 철학자 마사 누스바움Martha Nussbaum이 제창하고 주도하는 역량 정의론은 기본적 필요의 충족 이외에도 각 개인들이 소중하게 생각하는 가치와 열망과 인생 계획을 중시하는 선택의 자유를 강조한다. 나아가 선택의 자유가 단지 형식적 자유에 머무르지 않고 실질적 자유가 될 수 있어야 한다고 강조한다. 그럴 때에야 비로소 각 개인이 가치 있다고 생각하는 삶의 내용을 영위해나갈 수 있는 개인적 역량이 증진되고 인간으로서의 잠재력이 충분히 발현된다는 것이다. 단지 재화를 제공하여 인간의 필요만을 충족하는 것으로는 부족하고, 이를 통해 인간으로서나 시민으로서 정상적으로 존재하고 활동할 수 있는 역량의 증진이 사회정의

와 법제와 사회정책의 목표여야 한다는 주장은 경청할 만하다.[20]

역량 정의론에 따르면, 개인이 보유한 재화나 자원뿐만 아니라 자신의 목표를 세우고 달성하는 데 주어진 재화나 자원을 활용할 수 있는 개인별 역량capabilities이 사회정의론의 주된 관심사가 되어야 한다. 가령 약물 중독자는 건강한 사람과 동등한 자원 집합을 제공받더라도 건강한 사람과 비교해서 자신의 인생 목표를 위해 자원을 활용할 역량이 부족하다. 이렇게 제공된 재화나 자원을 활용하여 자신의 목표를 달성하는 수단으로 전환할 수 있는 역량은 사람마다 다르고 실질적 자유를 행사하는 정도도 제각각이기 때문에, 역량이 부족한 사람들에게 그렇지 않은 사람들보다 더 많은 자원을 우선적으로 제공해야 하는 경우가 생긴다.[21]

역량 정의론은 꽤 설득력 있고 매력적이다. 이 책에서도 우리 헌법의 정의 원칙을 발굴할 때 그 발상을 요긴하게 활용할 것이다. 그런데 역량 정의론은 기본적 필요 원칙과 전혀 무관하지는 않다. 역량 정의론을 주창하는 누스바움도 역량 개념을 설명하면서 실제로 '필요의 언어the language of human need'에 많이 기대고 있고, 누스바움의 역량 목록과 기본적 필요의 목록이 실질적 연관성이 있다는 점에서도 이를 확인할 수 있다.[22] 센도 '기본적 역량들basic capabilities'이란 개념을 도입하고, 이를 '삶의 전반에서 우리가 인간으로서 갖춰야 할 여러 기능들 중 기본적이고 중요한 핵심 기능들을 충족할 수 있는 능력'으로 풀이한 바 있다.[23] 역량 개념과 기본적 필요 개념이 유사하다고 단적으로 말할 수는 없지만, 상호보완될 수 있음을 보여주는 예라고 생각한다.

'필요한 것'과 '그저 원하는 것'의 구별, '인간다운 삶에 필수적인 것들'과 '있으면 편리한 것들'의 구별, '충족되지 않으면 인간의 삶에 중대한 해악이 발생하는 기본적 필요들'과 '그렇지 않은 필요들'의 구별을 바탕으로 해서, 기본적 필요 원칙 옹호론자들은 기본적 필요의 목록을 정교하게 발전시키고 충분히 구체화해왔다. 기본적 필요의 개념과 원칙이 가지는 규범적 힘, 곧 긴급성과 우위성을 잘 활용하면, 기본적 역량의 개념과 기준을 구체화할 수 있기 때문이다. 앞에서 살펴보았듯이 기본적 필요에 의거한 견해들은 사회적으로 가장 열악한 처지에 있는 사람들의 필요를 중시한다. 이들의 기본적 필요가 충족되어야만 역량 정의론에서 강조하는 인간으로서나 시민으로서 갖추어야 하는 기본적 역량을 증진할 수 있다. 바로 이 지점에서 역량 정의론을 지지하는 사람도 기본적 필요 원칙을 사회정의 원칙으로서 받아들일 수 있을 것이다.[24] 역량 정의론이 현실에서 정책으로 구체화되고 집행되기 위해서는 기본적 필요 원칙의 통찰력과 방법론이 여전히 유용하다고 여겨진다.[25]

기본적 역량 증진 원칙은 기본적 필요의 제공과 충족도 포괄하지만, 기본적 필요 원칙의 수혜자들이 중요한 공적 의사결정에 효과적으로 참여할 수 있는 정치적 수완이나 의지와 역량을 갖출 수 있는 실질적 기회들에도 주목한다. 기본적 필요를 제공받았을 때 이를 생산적으로 활용하여 평등한 시민으로서 제 역량을 계발하고 발휘할 수 있는 기회를 제공하는 것, 이것이 기본적 역량 증진 원칙이 목표로 삼는 바일 것이다. 현재 사회에서 가장 불리한 처지에 놓여 있어 인간으로서, 시민으로서 제 능력을 계발할 의지도 동기도 자신감도 부족한 시민들에게 적절한 교육과 기본적 소득과 기초의료와 기본주거를 제공함으로써 공적인 영역이나 사회관계에 평등한 시민으로서 참여하고 발언하고 교류할 역량을 갖추게 하는 것이 기본적 역량 증진 원칙이 지향하는 바다.[26]

제2부에서 설명하겠지만, 기본적 필요 원칙과 기본적 역량 증진 원칙은 사회국가 원리 또는 '사회국가적 정의 원리'로 나타난다. 그런 점에서 기본적 필요 원칙과 기본적 역량 증진 원칙은 우리 법질서의 정의 원칙으로서 큰 의미를 갖는다고 생각한다.

5 재난의 정의 원칙으로서 필요 원칙

필요 원칙이 재난 지원에 적용되는 예시　　　코로나바이러스의 대전염과 같은 재난을 겪을 때 사람들은 모두 바이러스 감염 차단에 도움이 될 만한 물품을 필요로 한다. 가장 기본적인 필수품은 마스크나 의료진 보호장비일 것이다. 이러한 필수품이 배분될 때, 또한 질병 재난으로 불가피하게 노동을 하지 못하여 '임금을 받지 못하게 된 사람들'이나 '잊힌 사람들'에게 지원을 제공할 때에는 당연히 필요 원칙이 재난의 정의 원칙으로서 고려되어야 할 것이다. 그런데 질병 재난을 위한 보호물품이나 자원이 사회 구성원 전체에게 충분히 돌아가지 않고 부족할 때, 그리고 사람들의 필요가 서로 충돌할 때에는 필요 원칙의 내용을 구체적으로 어떻게 이해하느냐에 따라 적용 방법이 달라진다.

논의의 편의상 A, B, C 세 명으로 이루어진 사회를 생각해보자. 각자의 필요가 충족되지 못한 상태이며 필요가 충족된 상태를 100이라고 하자. 현재 A의 필요충족도(보유자원의 양)는 90이므로 10의 필요가 충족되지 못한 상태다. B의 필요충족도는 50이어서 50의 필요가 여전히 충족되지 못했으며, C의 필요충족도는 10으로 90의 필요가 충족되어야 한다. 사회가 제공할 수 있는 가용자원의 양을 90이라고 하자.

필요 원칙의 첫 번째 버전은 사람들의 필요에 비례해서 물품과 자원을 제공하는 '필요도 비례 원칙the proportionality principle'이다. 필요도 비례 원칙에 따르면, A와 B와 C의 필요 정도 비율은 1:5:9이므로, 90의 가용자원은 A, B, C 각각에게 6, 30, 54씩 제공된다. 그런데 이 필요도 비례 원칙은 자원을 제공받아서 각각의 필요가 충족된 결과를 고려하지 못한다. A, B, C 각자의 필요 충족 결과는 96, 80, 64이다. 가장 열악한 처지에 놓여 있는 C의 상태는 여전히 나쁘다.

필요 원칙은 이런 단점을 고려해서 열악한 처지에 놓인 사람의 필요를 우선하여 가중치를 부여하는 방향으로 접근해야 한다. 이것을 '최약자 필요 우선 원칙the priority principle'이라고 한다. 문제는 사회의 가용자원 90을 전부 C에게 제공하여 최종 분배 결과를 A는 90, B는 50, C는 100으로 만들어야 하는가이다. 이렇게 적용된 필요 원칙을 절대적 또는 엄격한 '최약자 우선 원칙the strict priority principle'이라 할 수 있는데, 그러면 B에게 가혹한 결과를 초래한다.

따라서 최약자 필요 우선 원칙은 절대적 우선 원칙보다는 '완화된 우선 원칙^{the moderate priorty principle}'으로 접근해야 할 것이다. 가령 90의 가용자원 중 65를 C에게 주어 75로, B에게는 25를 주어 75로 만드는 방법이 있다. 이렇게 하면 최종 분배 결과는 A가 90, B가 75, C가 75가 된다. 마침내 최약자의 필요를 우선시하면서도 최대한 많은 사람들의 필요가 충족될 수 있도록 분배되었다. 이렇게 적용된 필요 원칙은 '가장 열악한 상태에 처한 사람들의 필요를 우선시하라'는 요청과 '가능한 한 다수의 필요를 충족하여 필요충족도의 불평등을 최대한 줄이는 방향으로 자원을 분배하라'는 요청으로 집약된다. 따라서 필요 원칙은 자원의 차등분배(A에게는 0, B에게는 25, C에게는 75)를 포괄한다.

이렇게 보면, 재난의 정의 원칙으로서 필요 원칙은 재난지원금의 경우에도 '완화된 우선 원칙'으로 적용될 수 있을 것이다. 이렇게 이해된 필요 원칙은 질병 재난과 같은 상황에서 의료진이나 소방대원과 같은 구조요원들의 필요도 우선 고려해야 한다는 요청으로 조정될 수 있다. 이러한 분배 방법이 모두에게 이득이 되고, 특히 재난에 가장 취약한 사람들에게도 도움이 될 것이기 때문이다.

재난의 불평등을 해소하는 정의 원칙   코로나바이러스의 세계적인 유행 전염과 같은 재난이 발생하면 모두가 감염될 위험이 있지만, 실제로 위험에 노출되고 피해를 입는 정도는 소득과 직업 유형에 따라 불평등하게 나타난다. 폭염, 태풍, 지진 등과 같은 천재지변의 경우도 마찬가지다.[27] 미국의 저명한 경제학자이자 클린턴 행정부에서 노동부장관을 역임한 로버트 라이시^{Robert Reich}는 영국 일간지 《가디언》에게재한 논설에서 계급을 네 가지로 분류하고 직업 유형에 따라 재난의 위험에 빠지는 양상을 설명하면서, 재난 불평등을 다음과 같이 보여준다.[28] 첫 번째 계급은 '원격근무가 가능한 전문직 종사자the Remotes'들이다. 노동자의 35퍼센트에 해당하는 이들은 전문·관리·기술 인력으로, 노트북을 가지고 장시간 업무를 해내며 화상회의를 하고 전자문서를 다룬다. 임금은 코로나19 이전과 거의 동일한 수준으로 받는다. 라이시는 이 계급의 전문직 종사자들은 불안과 지루함을 느끼긴 하지만, 무사히 위기를 잘 건널 것이라고 말한다. 두 번째 계급은 '필수적 업무 노동자들the Essentials'이다. 의사·간호사, 재택 간호·육아 노동자, 농장 노동자, 음식 배달(공급)자, 대중교통 운전기사와 트럭 운전기사, 창고·운수 노동자, 약국 직원, 위생 관련 노동자, 경찰관·소방관·군인 등이 그들이며, 전체 노동자의 약 30퍼센트에 해당한다. 위기 상황에서 꼭 필요한 일을 해내기 때문에 일자리를 잃진 않았지만 코로나바이러스 감염의 위험 부담이 뒤따른다. 이들이 위험을 무릅쓰고 필수노동을 하기 때문에 다른 사람들이 사적 격리 상태에서 안전하게 지낼 수가 있다. 여기에는 요양원 등에서 병약자들을 돌보는 돌봄 노동자들도 포함될 것이다. 라이시는 보호장비 부족에 시달리는 수많은 필수 노동자들은 보호장비뿐만 아니라 위험수당도 응당 제공받을 자격이 있다고 말한다.

세 번째 계급은 '임금을 받지 못하게 된 노동자들the Unpaid'이다. 소매점·식당 등 서비스업 종사자들이나 제조업체 직원들은 코로나19 위기로 어쩔 수 없이 무급휴가를 떠나거나 직장을 잃는 처지에 놓여 있다. 빠듯하게 먹고사는 이들 노동자 계급은 가족을 부양하고 생계를 유지하기 위해 현금이 절실히 필요해서 노동을 해야만 한다. 질병 재난으로 인한 경제적 위기의 충격을 고스란히 받는 이들이 노동자 계급에 속한 사람들이다.

마지막 계급은 '보이지 않아서 잊힌 사람들the Forgotten'들이다. 시민들이 볼 수 없는 곳, 이를테면 요양병원이나 정신병원, 교도소나 이민자수용소, 이주민 농장노동자 캠프, 아메리칸 원주민 보호구역, 노숙인 시설 등에 있는 사람들은 물리적 거리 두기가 아예 불가능한 공간에 밀집해서 머무르기 때문에 코로나바이러스 감염 위험이 가장 높다.

미국 사회에서 원격근무가 가능한 사람들을 제외한 나머지 세 계급은 가난하며, 주로 흑인에 라틴계이다. 이들은 첫 번째 노동자 계급과 비교해서 불균형적으로 코로나바이러스에 감염됐다고 라이시는 지적한다. 인구 전체로 볼 때 흑인 비율은 14퍼센트지만, 코로나바이러스 사망자 중 흑인 비율은 33퍼센트에 달한다는 것이다. 또한 미국에서 코로나바이러스 집단감염이 크게 나타난 10곳 중 4곳은 교정시설이었다.

라이시는 이러한 재난 불평등의 심각한 격차를 우려해야 하는 이유를 두 가지 제시한다. 우선, 질병 재난에 각 노동자 계급이 겪는 재난 불평등의 불공정성이다. 그리고 전체 인구의 생명에 닥칠 위험이다. 라이시는 "필수적 노동자들이 충분히 보호받지 못한다면, 임금 미지급 노동자들이 건강보다 경제활동을 우선시해 일터로 돌아간다면, 보이지 않아서 잊힌 사람들이 지금처럼 그대로 잊힌다면, 우리 중 누구도 질병 재난으로부터 안전할 수 없다"고 설득력 있게 경고한다. 비록 미국 사회를 염두에 두고 제시한 분석이기는 하지만, 재난이 개인의 사회경제적 위치에 따라 불평등하게 영향을 미친다는 관점은 한국 사회에도 통용될 보편적인 견해라고 생각한다.[29]

코로나바이러스의 창궐과 같은 재난의 불평등에 직면해서 응분 원칙이나 선택의 자유 원칙이나 균분 원칙이 정의의 원칙으로 적합하지 않다는 점은 분명하다. 그렇다면 재난 불평등을 해소하는 정의 원칙으로서 기본적 필요 원칙은 어떻게 적용되어야 할까? 모두의 생존과 건강과 직업 활동에 필수적인 기본적 필요, 즉 보건의료, 의식주, 이동 등의 기본적 필요들이 공공 서비스로 제공되어야 하고, 노인과 감염 취약 계층을 우선 지원해야 하며, 필수적 업무 노동자들에 대한 안전 지원도 시급하다. 앞에서도 설명했듯이 기본적 필요 원칙은 '가장 열악한 상태에 처한 사람들의 필요를 우선시하라'는 요청과 '가능한 한 다수의 필요를 충족하여 필요충족도의 불평등을 최대한 줄이는 방향으로 자원을 분배하라'는 요청으로 집약되는데, 이는 긴급성과 필수성에 따라서 자원을 차등분배해야 한다는 요청으로 이어진다. 따라서 전기, 수도, 식량, 의약품 등이 안정적으로 제공되어 모두의 생존 필요를 충족시키면서도 가장 열악한 상태에 처한 사람들[30]과 필수적 업무 노동자들의 기본적 필요가 우선시되는 방향으로 기본적 필요 원칙이 적용되어야 할 것이다.

이런 접근법은 기본소득을 둘러싼 논의에도 적용해볼 수 있다. 고용률 66퍼센트인 한국 사회에서 정말로 절박한 상태에 놓여 있고 복지 지원이 절실한 사람들의 상황을 고려한다면, 무조건적 기본소득보다

는 기본적 필요 원칙과 기본적 역량 증진의 원칙에 기반한 사회복지의
제공이 더 설득력 있어 보인다.

제 4 장

계약자유 원칙:
선택의 자유가 존중되는 사회

———— 자유로운 계약과 교환을 통해 각자가 원하는 재화나 서비스를 얻게 되면 그것은 정의롭다고 여겨진다. 인류가 상호작용을 하며 교환하는 과정에서 오래도록 통용되어온 원칙이기도 하다. 그러나 각자가 선택하는 행위의 자발성에만 주목하면 선택의 조건이 되는 배경을 간과할 수 있다. 선택은 인격 발현의 가치를 지니는 행동이며 "충분히 좋은 조건"에서 이루어져야 한다.

1 각자가 선택한 대로 각자에게

자유지상주의libertarianism의 철학적 기초를 놓았다고 평가되는 저서 『아나키에서 유토피아로』에서 로버트 노직Robert Nozick은 사례를 하나 든다. 축구선수로 말하자면 현재의 메시나 호날두에 비견되는 윌트 체임벌린Wilt Chamberlain이라는 당대 최고의 농구선수가 있는데, 그의 농구 실력이 워낙에 뛰어나서 누구나 그의 경기를 보고 싶어 한다. 한 팀의 소속 선수가 되는 조건으로 체임벌린은 홈경기마다 입장권 한 장당 가격에서 25퍼센트를 자기 몫으로 가져간다는 계약을 맺는다. 사람들은 농구경기의 입장권 한 장당 25센트가 관중이 보기를 원하는 선수에게 돌아가도 좋다고 생각한다. 백만 명의 사람들이 기꺼이 체임벌린의 홈경기를 관전하여 시즌이 끝난 후에 체임벌린은 다른 선수들과 비교해

25만 달러를 벌었다. 이렇게 소득의 불평등이 자유로운 선택의 결과라면 무슨 문제가 되겠느냐고 노직은 묻는다.[1]

소유 과정이 정당했고, 강제 없이 자발적인 교환이나 계약을 통해 이전移轉이 이루어졌으면, 그 결과는 정의롭다는 것이 노직의 주장이다. 앞에서 우리는 분배정의의 기본정식을 '각자의 x에 따라 각자의 몫을 주라to each according to his x'로 표현하였는데, 재산 소유의 정당성을 가정한다면 노직의 분배정의 원칙에서 x 자리는 다음과 같이 채워진다. "사람들 각자가 선택한 바에 따라 각자로부터, 타인들에 의해 선택된 바에 따라 사람들 각자에게 주라."[2] 즉 각자가 자유롭게 선택하고 거래한 대로 각자에게 몫이 돌아가면 정의롭다는 것이다. 이 원칙은 "각자가, 그리고 각자 소유한 수단이 생산한 바에 따라 각자에게 몫을 주라to each according to what he and the instruments he owns produces"는 자유시장 사회에서의 소득 분배 원칙으로 표현되기도 한다.[3]

계약자유 원칙 또는 시장 원칙을 최고의 분배 원칙으로 삼는 이들은 개인의 자유로운 선택, 즉 자유의 최고 가치성을 그 근거로 제시한다. 그래서 시장 원칙을 제한하는 입법이나 재분배 정책이 부정의하다고 비판한다. 시장 원칙의 침해는 자유의 침해이며, 이는 곧 인간 존엄의 침해라는 관점에서 국가의 여러 조치와 제도 들의 정당성은 바로 이 시장 원칙에 의해 평가되어야 한다고 주장한다. 계약자유 원칙, 시장 원칙은 중요한 분배 정의 원칙이긴 하지만, 제한될 수 없는 절대적 원칙은 아니다. 그 적용 범위와 한계는 선택의 자유를 우리가 왜 중요하게 생각하는지 고찰하는 데에서 찾을 수 있을 것이다.

사기나 강요, 위협과 협박 등에 의해서가 아니라 자유로운 계약과 교환을 통해 각자가 원하는 재화나 서비스를 얻게 되면 그것은 정의롭다고 여겨진다. 누구나 자신의 재능, 창의력, 노동력을 투입한 산물에 대해서는 소유할 권리를 가지며, 자신의 소유물을 각자가 원하는 대로 자유롭게 계약을 맺어 교환한 결과는 정의롭다는 판단은 인류가 상호 작용을 하며 교환하는 과정에서 오래도록 통용되어온 정의 원칙이기도 하다. '각자가 합의하고 계약한 대로 각자에게each according to one's choice'라는 이 정의 원칙은 법에서는 '사적 자치의 원칙' 또는 '계약자유의 원칙'으로, 경제학에서는 '시장 원칙'으로 불리며 우리의 삶 곳곳에서 실제로 작동하고 있다. 이 원칙이 재화나 서비스의 자연스러운 분배 원칙이라는 점에는 이견이 없지만, 재산권과 계약자유를 최고의 정치도덕 원리로 간주하고 이를 절대적으로 보장해야 한다고 주장하는 고전적 자유주의classical liberalism나 자유지상주의[4]의 옹호자들처럼 이 시장 원칙을 최고의 또는 절대적 정의 원칙으로 삼게 되면 문제는 달라진다.[5] 자발적으로 성사되는 노예계약, 신체장기 매매계약, 대리모 계약, 성매매 계약 등의 사례들은 계약자유 원칙과 시장 원칙이 타당성을 갖추는 조건에 대해, 그 제한의 필요성과 정당성 조건에 대해 숙고하도록 이끈다.

2 선택의 자유가 소중한 이유

선택의 자유는 중요하다. 왜 그런가? 우리는 스스로가 삶의 주인이 되어 삶의 서사를 써나가고 고유한 색깔로 채워나가기를 소망한다. 선택을 통해 학습하면서 옳고 좋은 결정을 내리는 법을 익혀가므로 선택의 결과만큼이나 선택 과정도 중요하게 생각한다. 선택 과정 자체가 인생 계획을 스스로 설계하고 실현해갈 능력이 있음을 느끼고 체험하는 과정이며, 삶에 의미를 부여하고 자신만의 삶의 무늬를 직조해가는 과정이기 때문이다. 인간은 이성적인 선택을 하고 그 선택을 책임질 수 있는 능력이 있으며, 자신이 믿는 가치들에 입각해서 옳고 좋은 결정을 내리는 데 관심을 두는 독립된 개별적 인격체라는 점은 그 누구도, 그 어떤 교리도 합리적으로는 부정할 수 없는 자명한 상식이다. 이러한 존재인 우리는 각자 인생의 길에서 잘못을 저질러도 반성하여 교정할 수 있고 기존의 생각을 수정할 기회가 있음을, 또 이를 통해 성장해갈 수 있음을 익히 알고 있기에 선택의 자유와 자기결정권을 중요하게 생각한다.[6]

이처럼 타인의 종속물로서 타인의 목표 실현을 위한 한낱 수단이 아니라 각자가 자신의 주인이 되어 자기 삶의 저자가 된다는 자주自主와 개별성을 최고의 가치로 삼고 개인 행복의 필수 요소로 여기기 때문에, 우리는 선택의 자유, 계약의 자유, 거래의 자유, 소유할 자유에 중요한 의미를 부여한다. "당사자가 스스로 선택하여 내리는 결정은 인격의 발현으로서 존중받아야 한다는 인격 존엄의 가치를 계약자유의 기초"로 보는 민법학자들의 견해도 이런 사상에 비추어보면 설득력 있게 와닿는다.[7] 이로써 우리는 자유로운 선택이 핵심인 사적 자치 원칙을 민법의 최고 원칙으로 삼고 자기결정권을 헌법의 최고 가치 중 하나로 꼽는 이유를, 그리고 자유가 왜 가치 있고, 어떤 자유들이 중요한지에 대해서도 수긍하게 된다. 이러한 사상은 헌법 제10조의 행복추구권은 일반적 행동자유권과 개성의 자유로운 발현권을 포함한다고 일관되게 설시해오는 헌법재판소의 입장에도 담겨 있다.

행복추구권 속에 함축된 일반적인 행동자유권과 개성의 자유로운 발현권은 국가안전 보장, 질서유지 또는 공공복리에 반하지 않는 한 입법 기타 국정상 최대의 존중을 필요로 한다. 일반적 행동자유권에는 적극적으로 자유롭게 행동하는 자유와 소극적으로 행동하지 않을 부작위의 자유도 포함된다. 일반적 행동자유권은 개인이 행위를 할 것인가의 여부에 대하여 자유롭게 결단하는 것을 전제로 하여 이성적이고 책임감 있는 사람이라면 자기에 관한 사항은 스스로 처리할 수 있을 것이라는 생각에서 인정된다. 일반적 행동자유권이 보호하려는 행동 영역에는 가치 있는 행동만이 아니라 개인의 생활방식과 취미에 관한 사항도 포함되며, 여기에는 위험한 스포츠를 즐길 권리와 같은 위험한 생활방식으로 살아갈 권리도 포함된다. 이 일반적 행동자유권으로부터 계약 체결의 여부, 계약의 상대방, 계약의 방식과 내용 등을 당사자의 자유로운 의사로 결정할 수 있는 계약자유의 원칙이 파생된다. 이는 곧 헌법 제119조 제1항의 개인의 경제상 자유의 일종이기도 하다.[8]

이와 함께 "일반적 행동의 자유는 개인의 인격 발현과 밀접히 관련되어 있으므로 최대한 존중되어야 하는 것이지만, 헌법 제37조 제2항에 따라 국가안전 보장, 질서유지 또는 공공복리를 위하여 법률로 제한될 수 있다"는 점도 강조되어야 한다. 이는 일반적 행동자유권과 개성의 자유로운 발현을 위한 사회적 조건에도 주목할 것을 요구한다.[9] 자신의 삶을 스스로 선택하고 자신의 행동을 책임질 수 있는 자주성이 선택의 자유의 기초가 된다는 생각과 그 사회적 조건의 필요성에 관한 시각은 '우리 헌법이 지향하는 바람직한 인간상'에 관한 헌법재판소의 설시에도 잘 나타난다.

우리 헌법질서가 예정하는 인간상은 '자신이 스스로 선택한 인생관·사회관을 바탕으로 사회공동체 안에서 각자의 생활을 자신의 책임 아래 스스로 결정하고 형성하는 성숙한 민주시민'이다. 사회와 고립된 주관적(원자론적) 개인이나 공동체의 단순한 구성분자가 아니라, 공동체에 관련되고 공동체에 구속되어 있기는 하지만 그로 인하여 자신의 고유 가치를 훼손당하지 아니하고 개인과 공동체의 상호연관 속에서 균형을 잡고 있는 인격체가 우리 헌법질서의 인간상이다. 헌법질서가 예정하고 있는 이러한 인간상에 비추어볼 때, 인간으로서의 고유 가치가 침해되지 않는 한은 입법자는 사회적 공동생활의 보존과 육성을 위하여 주어진 상황에서 일반적으로 기대할 수 있는 합당한 범위 내에서 개인의 일반적 행동자유권을 제한할 수 있다.[10]

이러한 점들은 선택의 자유가 의미를 얻으려면 선택의 배경조건이 공정성을 확보해야 한다는 생각으로 우리를 이끈다. 먼저 민법학자들과 헌법재판소가 자유로운 선택과 결정의 근거로 든 '인격체'란 어떤 속성을 가지며, 개인의 '인격 발현'이란 무엇을 의미하는지 살펴보자.

3 선택의 자유는 인격의 발현이다

인간은 적어도 두 가지 측면의 능력을 소중하게 여긴다. 첫째는 어떤 삶을 살아갈지 스스로 결정하고 추구하며, 살아가면서 필요하다면 인생관과 가치관을 수정할 수 있는 능력이다. 민법이나 헌법에서 말하는 사적 자치 능력과 자기결정 능력이 여기에 해당한다. 둘째는 다른 사람과의 관계에서 나타나는 능력으로서, 교류하고 경쟁하고 협력하는 과정에서 자기 삶에 영향을 미치는 상호작용의 규칙과 협동의 규칙들에 관하여 논의하고 함께 수립하며 그 규칙들에 따라 살아갈 수 있는 '관계적 능력'이다.[11]

평범한 지력과 판단력을 가지고서 사회관계를 맺으며 살아가는 인간이라면 누구나 가치관과 삶의 방식에 관계없이 '내가 어떤 삶을 살 것인가, 그리고 구체적 상황에서 어떤 행동을 해야 중장기적 삶의 목표를 실현할 수 있을까'와 관련된 첫 번째 능력과 '타인과의 관계에서 어떻게 행동할 것인가'와 관련된 두 번째 능력을 발전시키고 발휘하는 일에 관심을 가지고 소중하게 여긴다. 인간의 이 두 가지 능력을 일러

도덕적 능력moral powers이라고 할 수 있다. 평범한 지력과 판단력을 가지고서 사회관계를 맺으며 살아가는 인간이라면 누구나 자신의 삶과 행동에 대해서 그리고 타인과의 관계 속에서 반드시 ① '도덕적 언어'를 사용하고 ② 도덕적 언어를 사용해서 '도덕적 판단'을 내리고 ③ 도덕적 판단을 근거로 삼아 '도덕적 행동'에 나서며 ④ 도덕적 판단과 행동에 따라 그에 대응하는 '도덕적 감정', 가령 옳고 공정한 행동과 그르고 부당한 행동에 대한 상찬과 비난의 감정을 갖게 되기 때문이다.[12]

　여기서 '도덕적'이라는 용어는 인간의 상호작용에서 반드시 등장하게 마련인 특정한 유형의 반응들을 가리킨다. '도덕적 언어'란 옳고 그름, 바람직함, 칭찬과 비난, 행동의 근거에 대한 정당화 요구, 사과 등의 요소와 형식을 담은 언어 표현을 말한다. '도덕적 판단'은 언행의 근거에 대한 정당화나 해명을 요구받았을 때 그에 대해 응답하는 과정에서 옳고 적절하다거나 그르고 부당하다고 평가를 내린 내용이 담긴 진술이다. "네가 어떻게 그럴 수 있니?", "적반하장이다", "세월호 사태는 국가의 직무유기다" 등과 같은 언어 진술이 도덕적 판단의 일례다. 도덕적 판단은 언행을 규율하고 평가하는 기준이 되는 일반적인 규범 원칙들을 담고 있다.[13] 정의 판단은 도덕적 판단 중에서도 분배의 적절함 또는 처벌이나 손해배상의 적절함에 관한 도덕적 판단이다.

　'옳고 그름, 바람직함, 의무와 권리, 요구와 금지 등'의 내용과 표현이 담긴 도덕적 언어를 전혀 구사하지도 않고, 서로에 대한 도덕적 판단도 하지 않는 인간의 삶이란 상상조차 할 수 없다. 그래서 인간이 지닌 두 가지 측면의 도덕적 능력을 인간의 근본을 이루는 능력이라고 말할 수 있는 것이다. 이것이 인격체라는 관념의 핵심이며, 인격 발현은 이 두 능력을 발휘(행사)하는 일이라고 해도 무방하다.

당사자들이 자유롭게 선택한 결과라면 그 결과를 받아들이고 인정해야 한다는 계약자유 원칙이나 시장 원칙 근저에는 '결과는 개인의 선택에 따라 좌우되어야 한다'는 사고가 놓여 있고, 이 사고는 위 두 가지 도덕적 근본 능력을 갖춘 인격체로서의 개인이라는 인간관에서 발원한다. 우리가 각자의 선택에 이토록 중요한 의의를 부여하는 이유는 선택이 우리 각자에게 지니는 가치 때문이다.

선택의 가치는 세 가지 차원으로 구분해볼 수 있다.[14] 첫째, '수단적 가치instrumental value'다. 나는 선택을 통해 나의 목표를 성취할 수 있고, 나의 선호를 만족시킬 수 있다. 둘째, '표출적 가치demonstrative value'다. 30주년 결혼기념일을 맞아 나는 인생 동반자에게 선물을 하려고 한다. 몇 달에 걸쳐 고민하고, 여러 가지 물품을 검토하고, 배우자의 취향과 그동안 쌓은 추억에 걸맞은 기념품을 선택한다. 전문가에게 의뢰하여 물품을 선정하는 방법도 있겠지만, 정성과 시간을 들여 내가 직접 선물을 선택하는 행위에는 배우자를 향한 나의 사랑과 존중이, 우리가 그동안 함께한 삶에 대한 나의 평가가 고스란히 담겨 있고, 그 선택행위를 통해 나의 온 존재가 표출된다. 셋째, 선택이 전송하는 '상징적 가치symbolic value'다. 누군가가 나를 위해 나보다 더 좋은 선택을 해줄 수 있는 경우가 있다. 이를테면 부모나 국가가 나의 미래 혹은 나의 복지를 위해 더 나은 선택을 해줄 수도 있다. 그런데 여기에는 '너는 스스로 제대로 된 선택을 할 수 있는 역량이 없는 미성숙한 존재이며, 나의 보호 아래 있어야 하는 피후견인 지위의 인간이다'라는 메시지가 담겨 있다.[15] 반면 나의 선택행위는 내가 자주성과 독립심을 갖춘 존재라는 자존감의 메시지를 전송한다. 나의 선택행위는 곧 나의 자주성의 표현인 것이다.

적어도 이 세 가지 차원의 가치 때문에 우리는 선택이 우리 인간의 삶에서 중요한 가치를 지닌다고 높이 평가한다. "당사자가 스스로 선택하여 내리는 결정은 인격 발현으로서 존중받아야 한다는 인격 존엄의 가치가 계약자유의 기초"라는 민법학자들의 공유된 견해에서 볼 때 '인격 발현'은 바로 이 선택의 세 가지 차원의 가치를 담고 있는 용어라고 이해해도 좋을 것이다.

4 계약자유 원칙은 언제 보장되는가

인간의 삶에서 선택이 가지는 가치 때문에 선택의 자유를 소중하게 여기지만, 선택의 제한이 정당한 경우도 있다. 대표적 사례가 자동차 안전띠 착용 강제와 오토바이 헬멧 착용 강제다. 이처럼 선택의 자유를 제한당하는 당사자 본인에게 좋은 결과를 낳는 후견주의적 규제가 정당하려면 갖추어야 할 조건이 있다. 누구라도 합당하다고 동의할 만한 후견주의적 규제의 정당화 조건은 다음과 같다. 즉 ① 특정한 선택을 했을 때 선택 당사자가 매우 심각한 해악을 입을 개연성이 높은 경우 ② 선택이 이뤄지는 여건에 비추어서 해당 선택이 선택 당사자의 목표를 실현하거나 선호를 충족시키는지의 여부가 심각하게 의심스러운 경우 ③ 당사자의 선택을 제한하거나 금지함으로써 발생하는 선택의 표출적 가치(인격 발현의 가치)의 침해가 최소한인 경우 ④ 문제의 선택 여건에서라면 대부분의 사람들이 잘못된 선택, 곧 선택 당사자들에게 미칠 해악이 큰 선택을 할 경향이 매우 커서, 후견주의적 규제가 이뤄지더라도 선택의 자유를 제한당하는 그 어떤 집단도 열등하고 미성숙한 존재로 간주될 우려가 없는 경우다.[16] 가령 흔히 '후견주의적 규제'라고 비판되는 최저임금이나 노동시간에 대한 입법적 규제는 노동자들 자신의 복지를 위해 고용계약의 자유를 제한하지만, 위의 정당성 조건을 충족하므로 정당화될 수 있다.

후견주의적 규제 이외에도 선택의 자유를 제한해도 정당한 경우가 또 있다. 민법을 예로 들어보자. 거래 상대방의 궁박窮迫, 경솔 또는 무경험을 이용하여 부당한 재산적 이익을 얻은 계약 또는 거래행위를 불공정한 법률행위로 규정하고 무효로 하는 우리 민법 제104조는 자발적 계약이나 거래가 어떤 것인지를 보여준다. 결혼을 하면 퇴사한다는 고용계약이나 거래의 한쪽이 자신의 독점적 지위나 우월한 지위를 악용하여 부당한 이득을 얻고 상대방에게는 억울한 부담을 부과하는 거래와 같이 개인의 정신적 · 신체적 자유를 과도하게 제한하는 계약, 신체 매매 계약 등을 무효로 하는 민법 제103조도 자발적 계약과 거래의 타당성 조건을 보여주는 예라고 할 수 있다. 이들 사례를 통해 우리는 선택이 내려지는 배경조건background conditions에 주목하게 된다.

예외적 상황이 아니라면, 우리는 자유로운 조건에서 내린 자발적인 선택의 결과를 인정해야 하고 그 결과에 대한 이의를 제기하기 어렵다.

그런데 우리가 선택을 내리는 상황을 영화에 빗대어 상상해보자. 선택의 배경조건은 영화의 배경장면에 해당하고, 우리가 하는 선택행위의 순간은 영화의 주연배우에 해당한다. 우리는 선택의 결과를 바라볼 때 현저하게 눈에 띄는 선택행위라는 주인공만 본다. 반면에 선택의 배경조건은 마치 공기처럼 존재하기 때문에 선택행위만큼 눈에 띄지도 않고 우리가 자각하기도 어렵다. 하지만 선택의 배경조건이 있어야만 선택행위라는 주인공은 그 효과를 낳을 수 있다. 선택의 결과는 선택행위에 좌우된다는 우리의 관념에는 이미 선택의 배경조건이 작동하고 있는 셈이다. 만약 선택을 결정하게 된 배경조건이 열악했다거나 불리했다거나 불공정했다면, 자발적으로 선택했다는 사실은 선택의 자발성을 담보해주지 못하므로 선택의 당사자에게 스스로 한 선택의 결과를 받아들이라고 요구할 수도 없다.[17]

선택의 자유와 계약자유 원칙의 진정한 가치

성매매 여성들이 성매매를 선택하게 되는 상황을 한번 따라가보자. 성매매 여성들의 성매매 선택이 자발적 선택이나 합의라면, 그런 성매매는 여성들의 합당한 '자기결정권'으로 존중하고 합법적으로 인정해야 한다는 주장들이 있다. 성매매 여성으로서의 경험을 담은 책 『페이드 포PAID FOR 성매매를 지나온 나의 여정』의 저자인 레이첼 모랜Rachel Moran은 이런 주장을 펼치는 사람들을 향해 '선택'이 무엇인지에 대한 이해가 매우 빈약하다고 비판하면서 자신의 상황을 이렇게 회고한다.

어린 시절 우리 가족의 삶은 주류 사회로부터 철저히 고립됐는데, 그 사실을 인지하고 고통스럽지만 무감각하게 받아들이며 자랐다. 우리는 이해했다. 그것이 세상에서 우리 자리라는 것을 말이다. 지속적으로 평범한 범주 밖에 살도록 가르쳤다는 측면에서 어린 시절은 나에게 성매매로의 귀결을 예정해두었다. (……) 시간과 환경의 여러 가지 요소들이 완벽하게 한자리에 맞아떨어지면서 성매매가 유일하게 실행 가능한 선택지로서 스스로 그 모습을 드러냈다. 사회적으로 용인되는 자리들에는 생득적으로 적절함과 정상성, 품위가 있었고 슬프게도 나는 저 깊은 곳에서부터 그런 품성이 주어지지 않았다고 느꼈다. 성매매 당사자였을 때에는 이상하게도 한 방향으로 친숙한 리듬이 있었다. 기존에 지니고 있던 사고방식 밖으로 손을 뻗으려고 하지 않았다. 자라면서, 그리고 살아오는 동안 내 속에 지니고 있던 부정적인 자아상에도 도전하지 않았다. 스스로의 가능성을 받아들이는 무척이나 두려운 작업에 착수하느니 차라리 사회에 동화될 수 없음을 수용하는 편이 더 쉬웠다. 잠재된 가능성을 받아들이는 것은 선택으로 느껴지지조차 않았다. 그것이 어떻게 가능할 수 있는지, 그것을 달성하기 위한 첫 번째 단계가 무엇인지조차 전혀 몰랐기 때문이다.[18]

이런 자신의 경험에 비추어 자발적 선택의 관점에서 성매매를 지지하는 사람들을 다음과 같이 비판한다.

성매매 지지자들은 기회의 부족이 선택지의 부족이라는 점을 편의적으로 무시한다. 아주 많은 이들(성매매 여성들)의 삶에서 이런 일이 일어나는 모습을 보아왔기에 실행할 수 있는 선택지의 부재나 존재를 확인하지 않고 선택에 대해 말하는 것은 의미가 없다. 두 가지 이상의 선택지가 없을 때 단 하나의 '선택지'에 성매매 여성들이 진정으로 동의할 수는 없기 때문이다. (……) 실행 가능한 선택지가 없다면 선택지가 없는 것과 매한가지다.[19]

선택의 자유는 우리 인격의 발현과 밀접하게 관련되어 있으므로 소중하며, 사회는 선택의 자유를 보호해야 한다. 그러나 레이첼 모랜의 경험과 견해에서 잘 나타나듯이, 선택의 자유가 우리가 가지는 두 가지 근본적인 도덕적 능력을 보호하기보다는 침해하는 결과를 낳을 때, 그리고 선택의 배경조건이 두 가지 근본적인 도덕적 능력의 발휘를 불가능하게 혹은 극히 어렵게 만들 때, 순간의 자발적 선택이라는 이유로 선택의 자유를 무조건 소중하게 여길 수는 없다.

이렇게 보면 자발적 선택 또는 자율성은 ① 국가나 사회, 타인의 부당한 강제로부터 자유로운 상태에서 선택할 것 ② 선택할 수 있는 정신적·신체적·정서적 능력이 일정 정도 갖추어져 있을 것 ③ 실행 가능한 선택지들available options이 주어질 것이라는 세 가지 요건을 필요로 한다. ①과 ②의 요건은 쉽게 이해가 가므로, ③의 요건에 관해 잠깐 살펴보자.[20]

무인도에서 호시탐탐 자신의 목숨을 노리는 맹수와 함께 사는 여성이 있다고 하자. 이 여성이 하루 종일 할 수 있는 일이라곤 맹수로부터 자신의 목숨을 부지하는 것이다. 모든 사고와 선택과 결정은 문자 그대로 생과 사의 문제와 직결되어 있다. 이 여성은 매 순간 자발적으로 선택을 하고 행동을 취하지만, 이것을 과연 자발적 혹은 자율적 선택이라고 할 수 있을까? 오로지 단 하나의 선택지만 주어졌을 뿐, 실행 가능한 선택지들이 충분하지 않기 때문에 우리는 이 여성의 선택을 자발적 또는 자율적 선택이라고 평가하지 않는다. 즉 "충분히 좋은 조건sufficient good conditions"에서 선택한 결정이 아니라는 뜻이다. 따라서 그 순간 스스로 원해서 선택했다는 의미에서 선택의 '자발성' 여부에 주목하기보다는 '충분히 좋은 조건'에서 선택과 결정을 내렸는지 여부에 주목하는 편이 선택의 무게와 가치를 제대로 인정하는 것이다. 선택지들의 성격과 의미와 결과에 관하여 잘 알지 못할 때, 선택하는 당사자 자신의 주관적 여건이나 선택의 객관적 상황 때문에 가치 있는 선택지들을 살펴보거나 진지하게 고려하지 못할 때, '선택한다는 것'의 가치는 심각하게 훼손되고 만다.[21]

다시 레이첼 모랜의 말로 돌아가면, "같은 급여의 다른 직업이 있을 때, 성매매 직업을 선택하겠는가?"라는 물음에 선뜻 '그렇다'고 답할 성매매 여성은 많지 않다. 날은 춥고 지치고 논은 벌어야 할 때, 승용차 안의 따뜻한 공기에, 앉고 싶다는 소망에, 빨리 돈 벌고 귀가하고 싶다는 심정에 성구매자의 제안을 수락하고 승용차를 타버리는 성매매 여성의 그 순간 선택과 거래·계약은 결코 자발적이지 않다는 레이첼 모랜의 견해는 공감을 불러일으킨다.

5 계약자유 원칙이 정당하게 제한되는 경우

이런 점에서 선택의 자유는 그 근본정신을 실현하기 위해 정당하게 제한될 수 있다. 대법원 판례와 헌법재판소 결정들을 보자.

대법원 판례　　　헌법 제23조 제1항 전문은 "모든 국민의 재산권은 보장된다"고 규정하고, 헌법 제119조 제1항은 "대한민국의 경제질서는 개인과 기업의 경제상의 자유와 창의를 존중함을 기본으로 한다"고 규정함으로써, 우리 헌법이 사유재산 제도와 경제활동에 관한 사적 자치의 원칙을 기초로 하는 시장경제 질서를 기본으로 하고 있음을 선언하고 있다. 이는 국민 개개인에게 자유스러운 경제활동을 통하여 생활의 기본적 수요를 스스로 충족할 수 있도록 하고 사유재산의 자유로운 이용·수익과 그 처분을 보장해주는 것이 인간의 자유와 창의를 보전하는 지름길이고 궁극에는 인간의 존엄과 가치를 증대하는 최선의 방법이라는 이상을 배경으로 하고 있는 것이다. 그러나 한편, 헌법 제119조 제2항은 "국가는 (······) 시장의 지배와 경제력의 남용을 방지하기 위하여 (······) 경제에 관한 규제와 조정을 할 수 있다"고 규정함으로써, '독점규제와 공정거래 유지'라는 경제정책적 목표를 개인의 경제적 자유를 제한할 수 있는 정당한 공익의 하나로 하고 있다. 이는 경제를 자유방임 상태에 둘 경우 경제적 자유에 내재하는 경제력집중적 또는 시장지배적 경향으로 말미암아 반드시 시장의 사유기 제한받게 되므로 국가의 법질서에 의하여 공정한 경쟁질서를 형성하고 확보하는 것이 필요하고, 공정한 경쟁질서의 유지가 자연적인 사회현상이 아니라 국가의 지속적인 과제라는 인식에 그 바탕을 두고 있다.

다시 말하면 사유재산 제도와 경제활동에 관한 사적 자치의 원칙에 입각한 시장경제 질서를 기본으로 하는 우리나라에서는 원칙적으로 사업자들에게 계약체결 여부의 결정, 거래상대방 선택, 거래 내용의 결정 등을 포괄하는 계약의 자유가 인정되지만, 시장의 지배와 경제력의 남용이 우려되는 경우에는 그러한 계약의 자유가 제한될 수 있다 할 것이고, 이러한 제한 내지 규제는 계약자유의 원칙이라는 시민법 원리를 수정한 것이기는 하나 시민법 원리 그 자체를 부정하는 것은 아니며, 시민법 원리의 결함을 교정함으로써 그것이 가지고 있던 본래의 기능을 회복시키기 위한 것으로 이해할 수 있다.[22]

헌법재판소 결정　　　우리 헌법은 제119조 제1항에서 "대한민국의 경제질서는 개인과 기업의 경제상의 자유와 창의를 존중함을 기본으로 한다"고 규정하여 자유경쟁을 존중하는 시장경제를 기본으로 하면서도, 같은 조 제2항에서 "국가는 균형있는 국민경제의 성장 및 안정과 적정한 소득의 분배를 유지하고, 시장의 지배와 경제력의 남용을 방지하며, 경제주체 간의 조화를 통한 경제의 민주화를 위하여 경제에 관한 규제와 조정을 할 수 있다"고 규정함으로써 우리 헌법의 경제질서가 사회정의, 공정한 경쟁질서, 경제민주화 등을 실현하기 위한 국가의 규제와 조정을 허용하는 사회적 시장경제임을 밝히고 있다. 근로자의 고용에 관한 계약의 자유와 기업의 자유는 절대적인 것은 아니므로 사회적 약자의 보호, 독점 방지, 실질적 평등, 경제 정의 등의 관점에서 법률상 제한될 수 있고, 다만 이 경우 헌법 제37조 제2항에 규정된 기본권 제한의 한계를 준수할 것이 요구된다. 고용에 관한 계약의 자유와 기업의 자유 등 경제적 기본권 제한에 대한 위헌심사에 있어서는 헌법 제119조에 규정된 경제질서 조항의 의미를 충분히 고려하여야 한다.[23]

우리 최고 법원의 판결에서 추출해낼 수 있는 점은 두 가지다. 첫째, 선택의 자유 또는 계약자유 원칙이 중요한 정의 원칙으로 작동하려면 "독점 방지와 공정한 거래의 유지", "공정한 경쟁질서"와 같은 공정한 조건이 갖춰져야 한다는 것이다. 둘째, 선택의 자유 원칙은 최고의 정의 원칙은 아니어서 "사회적 약자 보호, 실질적 평등, 경제 정의"와 같은 여타의 분배 원칙들과 충돌할 때 때로는 물러날 수도 있다는 것이다. 선택의 자유에서 파생되는 계약자유 원칙은 우리의 인격 발현과 밀접하게 관련되어 있으므로 중요한 분배 원칙이기는 하지만, 우리가 가지는 두 가지 근본적인 도덕적 능력을 보호하기보다는 심각하게 침해하는 결과를 낳을 때, 계약과 거래의 배경조건이 불공정해서 두 가지 근본적인 도덕적 능력의 발휘를 불가능하게 하거나 극히 어렵게 만들 때, 정당하게 제한될 수 있다. 이런 발상은 우리 헌법재판소와 대법원의 판결에서도 부분적으로 확인할 수 있다.

제 5 장

평등 원칙:
누구나 자유롭고 평등한 시민으로서 존중받는 사회

———— 평등은 사회정의의 핵심 가치로 '평등한 사람들의 사회'의 실현을 목표로 한다. 다만, 평등이 늘 균분을 뜻하는 것은 아니다. 부(富)나 승진, 대학교육의 기회라는 재화를 분배하는 경우에도 사회적 관계를 고려하여 정당한 차등분배가 생기기 마련이다. 따라서 평등 원칙은 기계적 평등을 추구하는 원칙이 아니며 사회적 평등을 지향하는 이상이다. 사회가 외면한 전태일 열사의 '부스러기의 외침'도 엄연한 '목소리'로서 존중되어야 하는 이유다. 사회적 관계의 평등에 주목해서 정당한 분배는 어떠한 기준을 따라야 하는지 살펴보자.

1 균등한 분배는 언제 타당한가

일군의 사람들이 물도 없이 굶주린 채로 사막을 헤매고 있다. 더 이상 걸을 힘도 없이 옹기종기 모여서 절망에 빠져 있을 때, 갑자기 하늘에서 '만나'가 눈처럼 내려온다. 이 '만나'는 과일과 빵의 혼합체와 같은 것이라고 하자. 이 '만나'를 나눈다고 하면, 사람들은 일단 모두에게 균등하게 분배해야 한다고 생각할 것이다.

균분 원칙은 '재화 P를 언제나 각 개인에게 균등하게 분배하라'는 요청(평등분배)이나 균등대우(평등대우)로 집약된다. 문제는 이 원칙이 적용될 수 있는 영역을 확정하는 데 있다. 그렇다면 균분 원칙은 모든 경우에 타당한 것일까? 이 원칙은 모든 인간에게 가장 기본적인 권리들을 분배하는 경우에는 타당한 것처럼 보인다. 가령 선한 사람이든 악한 사람이든, 부지런한 사람이든 게으른 사람이든, 기술자든 초보자든 상관없이 단지 인간이라는 이유로 모든 개인은 공정하게 재판 받을 권리, 평등하게 법의 보호를 받을 권리, 국가정책의 입안자들에게 자신의 이익을 공정하게 배려해줄 것을 요구할 권리, 고문이나 비인간적 대우를 받지 않을 권리, 노예 상태로 전락하지 않을 권리 등을 평등하게 분배 받을 수 있다.

여기까지는 누구도 이의를 제기하지 않을 것이다. 경제적인 부나 승진, 대학교육의 기회라는 재화를 분배하는 경우에도 균등분배의 원칙이 절대적으로 타당할까? 불평등하게 분배할 때 평등하게 분배한 경우보다 더 많은 재화들이 생산되고, 사회적 약자들을 포함하여 대부분의 사람이 이익을 얻게 된다면, 균등분배가 반드시 정의로운 분배는 아닐 것이다. 따라서 균분 원칙이 엄격하게 적용되어야 하는 사회관계 및 재화 영역, 엄격하게 적용될 필요는 없는 사회관계 및 재화 영역, 결코 적용되어서는 안되는 사회관계 및 재화 영역을 구분하는 것이 필요하다.

정의가 자원과 권리의 균분을 요구하는 경우를 살펴보면, 첫째로 분배될 자원이나 재화는 있지만 누구도 그 전부나 일부에 대해 특별한 권리나 요구를 주장할 수 없는 경우가 있다. 가령 일군의 사람들이 우연히 자원이나 재화를 보유하게 되었는데, 그 자원이나 재화에 누구도 기여한 바가 없고 누구도 그것을 특별히 필요로 한다고 주장하지 않는 경우에는 균분이 유일하게 정당한 분배 방법이다. 즉 응분이나 필요나 합의(교환)라는 여타의 정의 원칙들이 작동할 만한 별다른 사유가 혜택의 수혜자들 사이에 존재하지 않을 때 '만나'와 같은 재화의 분배에 적

합한 원칙은 균분이다.[1]

둘째, 공동의 협동작업을 통해 재화나 자원을 산출했지만 참여자 각각이 얼마나 기여했는지 알 수 있는 정보가 불확실하다면, 이런 상황에서 예상할 수 있는 부정의를 최소화하기 위해 정의는 균분을 요구한다. 또한 각자가 필요로 하는 바에 대한 정보가 불확실한 경우에도 균분은 정당한 분배 원칙이 된다.[2]

셋째, 공동체 구성원이기 때문에 평등하게 대우받을 권리자격을 갖게 되는 경우다. 테니스 클럽의 일원이 되면, 테니스 코트를 예약할 수 있는 평등한 기회를 누려야 하며 클럽 운영사항을 결정하는 운영위원회의 일원이 될 수 있는 평등한 자격을 갖는다. 정치공동체의 일원인 시민이 되면 평등한 법적 보호, 평등한 선거권, 평등한 복지수급권 등을 갖게 된다. 어떤 사람을 공동체의 구성원으로 승인하면서도 다른 구성원들이 누리는 이점과 마찬가지의 몫을 동등하게 누리지 못하게 한다면, 그 사람을 부당하게 차별하는 것이다. 공동체의 구성원이라면 누구나 구성원이 누리는 이점을 평등하게 누려야 한다는 평등대우 원칙이야말로 정의가 요구하는 바다.[3]

응분 원칙이나 필요 원칙을 적용하여 합당하게 차등대우를 해야 하는 사안인데도 특별한 사유 없이 엄격하게 균분을 고집하는 것은 부당한 조치라고 할 수 있다. 사람들 간의 합당한 차이를 분별하지 않고, 분배되는 자원과 재화의 고유한 속성을 식별하지 않고, 분배 영역의 고유한 특성을 헤아리지 않고 단순하게 균분을 주장하는 정의론은 존재하지도 않지만, 설령 존재한다고 해도 부정의한 결과를 낳을뿐더러 집행하기도 불가능하다.

이로부터 우리가 알 수 있는 것은 평등 원칙은 균분 원칙으로 환원되거나 축소해서 이해해서는 안 된다는 점이다. 평등 원칙은 어떤 상황에서도 기계적 평등(균분)을 추구하는 원칙이 아니라는 뜻이다. 평등 원칙은 균분 원칙 이상의 풍부한 내용을 담고 있다.

2 어떤 평등이고 무엇의 평등인가

근대의 가장 큰 특징을 꼽으라면 신분의 높고 낮음, 재산의 유무에 영향 받지 않고 모든 사람이 동등한 존엄성을 가진다는 반-신분사회와 평등한 구조의 사회관계를 들 수 있다. 자유와 평등을 근대의 특징으로 언급하는 것 또한 모든 사람이 평등하게 자유를 누릴 수 있는 지위와 권리를 염두에 둔 것이다. 요컨대, 평등의 이상에는 균분 원칙을 넘어서는 무언가가 담겨 있다는 것이다. 세계사를 돌아보면 근대 들어 나타난 사상적, 정치적 운동들의 핵심은 사회적 평등의 이상 추구에 있었다. 양반, 상놈, 귀족, 평민 같은 신분이나 성별에 기초해서 구축된 사회적 · 정치적 위계질서가 그 어떤 도덕적 정당성도 없다는 인식, 사람은 사회관계 전반에서 모두 동등한 시민으로서 인정받고 대우받아야 한다는 사회적 평등의 인식이 근대 정치철학과 법철학의 주춧돌이었다.[4]

'평등한 사람들의 사회' 실현　　　그렇다면 사회적 평등^{social equality}이

란 무엇일까? 우선 평등은 두 종류로 구별할 수 있다. 첫째, 자원이나 재화를 균등하게 분배하거나 특정 권리나 의무를 똑같이 부여하는 '처우 차원의 평등(균분이나 균등대우를 지칭하는 평등)', 즉 균분이 있다. 둘째, 신분의 위계로 등급이 결정되는 신분사회가 아니라 '동등한 지위를 가진 존재로서 서로를 인정하고 대우하는 사회'를 지향하는 평등이 있다. 이 평등은 균분(또는 균등대우)보다는 사람들이 서로를 동등한 존재로 존중하고 타인의 고통에 공감하는 사회의 이상, 곧 평등한 사람들의 사회^{society of equals}를 가리킨다. 가령 영국의 정치철학자 데이비드 밀러는 여기에 해당하는 사회적 이상으로서 평등을 다음과 같이 파악한다.

> 이 두 번째 종류의 평등은 권리나 자원의 분배를 직접적으로 제시하지 않으므로 분배의 평등이라고는 할 수 없다. 사람들이 서로를 동등한 존재로 여기고 대우하는 사회, 즉 사람들을 신분 서열에 따른 범주들로 상이한 계급에 배치하는 신분 분화가 없는 사회를 지향한다는 의미의 평등을 말한다. 그래서 이런 종류의 평등을 지위의 평등^{equality of status} 또는 사회적 평등이라고 명명할 수 있다.[5]

사회적 관계에서의 평등 이상은 신분에 따라 개인의 본래 가치에 등급을 매기는 사회적 신분제도의 철폐에 있다.[6] 사회적 신분제도에는 시대와 사회에 따라 노예제, 농노제, 채무노예제, 봉건제, 왕정, 귀족정, 카스트 제도, 계급 불평등 질서, 인종주의, 가부장제, 식민통치 제도,

성별 · 장애 · 신체적 외관의 특징에 기반한 낙인과 차별제도 등이 포함된다. 사회정의의 핵심으로 꼽히는 평등은 '평등한 사람들의 사회'를 실현하는 일을 진정한 목표로 삼는다. 이렇게 보면 평등의 이상이 '시기심의 감정'에 기반한 것이라는 주장, 즉 남이 잘 되는 것을 시기하여 자신을 망가뜨리는 한이 있더라도 남을 끌어내리려는 감정에 뿌리를 둔 것이라는 주장은 평등에 대한 오도된 이해에서 나왔다고 할 수 있다.

기존의 사회정의론은 주로 자원이나 재화, 권리와 이익, 의무와 부담, 기회 등의 평등 또는 불평등이 바람직한가 여부에만 주목하고, 사회관계에서의 상호 존중이라는 평등 측면은 소홀히 다뤄왔다. 예를 들어, 대학 기숙사에서 인종이나 민족 집단 또는 사회적 신분을 기준으로 샤워 시설이나 화장실 공간을 분리하되 똑같은 수준의 시설이 보장된다고 하자. 이렇게 '공간을 분리하되 평등하게'라는 원칙이 인종이나 민족 집단에 적용된다면 물질적 시설을 균분한 것이므로 정의롭다고 평가할 수 있을까? 남녀 성별에 따른 공간 분리와 같은 정당한 사유가 없는 한, '평등한 공간 분리'의 분배 원칙은 차별이라고 대체로 말할 것이다. 왜 그럴까? 역사적 맥락 때문이다. 역사적으로 특정 인종이나 민족 집단은 저열한 인간집단이자 이등시민이므로 가능한 한 접촉하지 않아야 한다는 고정관념과 편견이 작용해왔다. 그런 낙인이 제도적으로 오랫동안 시행되어왔기 때문에, 인종이나 민족 간에 '평등하게 공간을 분리하여 이용'하게 하는 분배 원칙은 우월한 인간과 열등한 인간의 사회관계를 반영하고 구현한 것으로 봐야 한다.[7]

이런 점에서 사회적 평등을 지향하는 정의관은 평등을 단순한 균분을 넘는 사회적 이상이자 정치적 이상으로 보고 접근한다. 사회적 이상으로서 평등은 시민들이 서로를 동등한 존재로 인정하고 존중하며, 또 그렇게 대우하는 태도를 표출하는 관계의 확립에 관심을 둔다. 정치적 이상으로서 평등은 사회제도 및 법제도와 함께 국가가 시민들을 대우하는 내용과 방식을 중요하게 생각한다. 사회제도와 법제도가 시민들을 소홀히 하거나 무시하고 고의로 해를 끼치려고 하는지 여부도 사회정의의 주요 관심사이기 때문이다. 롤즈의 후기 사상의 정수를 담은 『공정으로서의 정의: 재서술』에서 롤즈는 다음과 같은 견해를 표명하는데, 이 또한 사회적 평등의 이상을 담고 있다고 할 수 있다.

정치사회에서 근본적인 신분은 평등한 시민의 지위, 즉 자유롭고 평등한 사람으로서 모두가 가지는 신분이다. (……) 시민들이 서로를 평등한 사람으로 인정하고 그렇게 여긴다는 점에서 평등은 가장 높은 수준에서 존재한다. 시민으로서 그들의 자기 정체성은 그들이 평등한 사람들로서 관계 맺고 있음을 포함한다. 그리고 그들의 평등한 관계 맺음은 그들의 자기 정체성과 타인에 의해 인정되는 정체성의 일부다. 평등한 관계를 요구하는 조건을 유지하겠다는 그들의 공적이고 정치적인 약속이 그들 간의 사회적 유대를 형성한다.[8]

'몫 없는 사람들의 몫'과 관계의 평등　　　이처럼 평등을 목표로 삼는다는 것은 균분(균등대우)을 넘어서 사회관계에서의 평등, 즉 '관계의 평등relational equality'을 진지하게 고려한다는 뜻이다.[9] 관계의 평등은 '동등한 존엄성을 가진 존재로서, 그리고 시민으로서 평등하게 존중하고 대우하라'는 심층적 차원의 근원적인 평등의 이상을 반영한다.[10] 이에 대해서는 제2부 8장에서 상세히 다루기로 한다.

사회정의의 문제는 단순히 재화나 권리의 균분에 머무르지 않는다고 예리하게 지적한 프랑스 철학자 자크 랑시에르Jacques Rancière는 사회정의에 관한 종래 논의의 문제점으로 감각적인 것의 분배 문제를 전혀 다루지 않았다는 점을 꼽으면서 통찰력 있는 견해를 제시한다.

평등과 불평등의 쟁점들은 우선 감각적인 관계 안에서 작동한다. 가령 공적인 것과 사적인 것을 구성하는 공간들의 분배 속에서, 가시적인 것의 짜임 속에서, 이 가시적인 것이 포함하고 배제하는 것에서, 존재와 상황들을 명명하기 위해서 받아들여지거나 거부된 이름들에서, 어떤 말을 듣거나 듣지 않는 방식에서, 그것을 말로 듣느냐 혹은 소음으로 듣느냐의 방식에서.[11]

예를 들어보자. 1970년 11월 13일, 평화시장 노동자였던 전태일이 인간답게 살고 싶다는 염원을 담아 '근로기준법을 준수하라'고 외치면서 자신의 몸을 불살랐을 때, 그 외침은 '대지의 저주받은 자들'로서 한국 사회의 '부스러기'로 취급되던 노동자들의 '들리지 않던 말'에서 또는 '의미 없는 소음'에서 하나의 의미를 가진 목소리로 전환되었다. '몫 없는 사람들의 몫'은 몫 없는 사람들의 외침이 사회정치적 의미를 갖는 목소리로 바뀌어야만 비로소 정의 담론 속으로 편입되고 정의의 문제로 진지하게 고려된다. 전태일 열사의 사례는 이러한 점을 잘 보여준다. 이처럼 보이지 않던 것에서 보이는 것으로의 전환, 들리지 않던 것에서 들리는 것으로의 전환, 무의미했던 것에서 의미를 갖는 것으로의 전환은 바로 '감각적인 것'의 새로운 분배(배치)를 통해 비로소 가능해지며, '감각적인 것'의 새로운 분배야말로 사회정의의 근본 문제라는 것이 랑시에르의 주장이다.

'무엇을' 분배 대상인 '재화'로 볼 것인지를 결정하는 과정은 사실 재화뿐만 아니라 분배받을 자격을 가지는 분배 대상자를 결정하는 일이기도 하고, 나아가 정의 담론의 주체도 새로이 결정하는 작업이기도 하다. 전태일 열사의 말[12]을 빌리면 "저주받아야 할 불합리한 현실이 쓰다 버린 쪽박"으로서 "사회가 자기 하나를 위해 저희들 전체의 일부를 메마른 길바닥 위에 아무렇게나 내던져버렸던" 수많은 '부스러기들'의 외침이 유의미한 시민의 '목소리'로서 제대로 고려되고, 관심을 받고, 존중받는 사회가 바로 정의로운 사회다. 이런 사회야말로 인류의 염원인 평등의 이상으로서의 사회적 평등 이상이 지향하는 바이리라.

3 불평등은 왜 문제가 되는가

전 세계적으로 불평등이 심각하다. 한국 사회도 예외가 아니다. 사람들이 한국 사회의 불평등 현상을 어떻게 느끼는지 최근에 조사한 결과들을 보면[13], 한국 사회에서 부가 대물림되고 있다는 인식이 전 세대에 걸쳐 공통되게 나타났다. 돈의 영향력은 전례 없이 강해졌지만, 부를 축적할 수 있는 성공의 기회는 매우 제한적이라는 인식이 확산되었다. 대한민국에서는 부모를 잘 만나야 성공할 수 있다는 인식(81.2퍼센트)이 모든 연령대(20대 82.4퍼센트, 30대 80.8퍼센트, 40대 80퍼센트, 50대 81.6퍼센트)에서 고르게 나타났다.

전체 응답자의 87.8퍼센트는 부의 불평등 문제가 심각하다고 직시하고 있는 것으로 조사되었다. 성별(남성 86.4퍼센트, 여성 89.2퍼센트)과 연령(20대 86.4퍼센트, 30대 88.8퍼센트, 40대 85.2퍼센트, 50대 90.8퍼센트)에 관계없이 경제적 불평등이 심각한 수준이라는 인식은 공통적이었다. 일상생활에서 부의 불평등을 체감하고 있다고 말하는 사람들도 10명 중 8명(77.4퍼센트)에 달했다. 부의 불평등이 심화하고 있으며 심각한 문제이므로 사회 공동의 대처가 필요하다는 점에 대해서는 대체로 인식을 같이한다.

우리가 불평등의 완화나 제거, 평등의 증진에 관심을 기울여야 하는 이유는 무엇일까? 평등을 향한 요구는 유산자를 향한 무산자의 시기심을 담은 슬로건이 아닐까?[14] 이러한 의문들을 제기하면서, 미국 철학자 토머스 스캔런Thomas Scanlon은 다음과 같은 해악을 들어 소득과 부의 불평등이 왜 문제가 되는지 보여준다.[15]

첫째, 부의 불평등이 심각해지면 모든 인간은 인종, 성별, 출신, 소득, 지위 등의 차이와 무관하게 동등한 인간 존엄성을 가진다는 근본적 평등의 이상이 심각하게 훼손된다. 부의 불평등이 심각해지면 어떤 집단 사람들은 다른 집단 사람들에 비해 열등한 인간으로 낙인찍히고, 사회적 역할과 직업으로부터 배제되고, 존엄성을 부정당하게 된다. 소득과 부의 심각한 불평등이 만연하게 되면 가난한 집단 사람들은 매우 모욕적인 환경에서 살지 않으면 안 된다. 사회에서 일반적으로 받아들여지는 기준 이하로 살아야만 하고, 다른 사람들 앞에 자신의 그런 모습을 보이지 않을 수 없기 때문에 가난한 사람들은 타인에 의해 열등한 존재로 인식되고, 또한 스스로를 그렇게 인식하게 된다. 다시 말해 부의 불평등이 심각해질수록 극도로 빈곤한 사람들은 외관상으로도 이미 열등한 존재로 보이고, 자신도 그렇다는 점을 알게 되어 스스로를 열등한 존재로 인식하게 된다는 것이다.

둘째, 부의 불평등이 심각해지면 부를 가진 일부 집단 사람들이 타인의 삶을 지배하고 통제하는 부당한 권력을 가지게 된다. 최근 한국 사회에서 화제로 떠오른 '갑'과 '을'의 사회가 불평등의 해악을 보여주는 사례가 되겠다.

셋째, 부의 불평등은 절차적 공정성 원칙과 기회균등의 원리를 심각하게 침해한다. 부의 불평등이 심각해지면 대학 입학이나 취업 등 각종 경쟁에서 성공할 가능성이 각자의 근면과 노력과 실력보다는 태어난 집안의 부에 의해 상당한 영향을 받게 된다. 상응하는 자격이 없는데도 출신배경과 부로 인해 그 몫을 부당하게 차지한 개인들이 경쟁 과정에서 유리한 지위를 차지하여 더 나은 성과를 냈다면, 이는 절차의 공정성 원칙을 심각하게 침해하고 시장질서의 불공정성도 악화할 위험이 커진다.

넷째, 부와 소득의 불평등이 심각해지면 정치적 의사결정 권력에 미치는 영향력의 불평등 또한 강화되어 정치적 차원에서도 불공정성이 증대하게 된다. 이는 그 자체로도 심각한 문제지만, 법과 정책의 정당성을 훼손하여 체제의 정당성에 대한 신뢰를 무너뜨리고 사회적 갈등을 격화시킨다.

다섯째, 부의 불평등 심화는 사회적 신분의 불평등을 초래한다. 출생, 인종, 성별, 종교와 같은 특정 사실에 기반해 특정 집단 사람들이 열등하다는 사회적 통념이 존재하고, 이 때문에 타인에게는 특정 재화에 자유로이 접근하고 이용할 수 있는 권한이 인정되는데 특정 집단 사람들에게는 인정되지 않는 경우가 사회적 신분의 불평등이다. 특정 사회집단의 속성으로 성적 지향 등을 떠올리면 쉽게 이해할 수 있을 것이다.

여섯째, 부의 불평등은 건강 불평등과 심리적 트라우마를 초래하여 불평등이 심화되면 사회 구성원의 심신 건강에 중대한 해악을 가져온다.[16]

일곱째, 부의 불평등은 사회적으로 불리한 처지에 있는 사람들뿐만 아니라 사회적으로 우월한 지위에 있는 구성원에게 미치는 해악도 심각하다. 이 점에 관해서는 좀 더 상세히 살펴보자.

우선, 부의 불평등이 심화되면 사회적으로 우월한 위치에 있는 사람들의 인간으로서 가지는 도덕적 능력이 손상되는 경우가 발생한다. 부의 불평등이 심각한 사회에서는 상층계급 구성원들이 대체로 잔인성, 공감 결핍, 비인간적 심성을 갖게 된다는 것이다. 사회적 계층화 및 그에 따른 억압과 결부되는 경우에는 더욱 그렇다. 이런 현상은 중세 유럽사회, 조선시대, 흑인 노예를 합법화했던 미국, 아파르트헤이트 시대의 남아프리카공화국 등에서 빈번히 관찰된다.[17]

다음으로, 부의 불평등은 사회의 상층계급 구성원들의 인지능력을 왜곡하는 효과를 낳는다. 상층계급의 일원으로 대우받고 자라다 보면 현실에 대한 잘못된 의식과 자신과 타인에 대한 왜곡된 관념을 갖게 되는 경우가 많다. 자신이 속한 기득권 사회(만)의 '정의로움'에 대한 믿음을 유지하려면, 또한 타인에 대한 비인간적 취급과 멸시를 늘 접하면서도 자신의 양심을 유지하려면 그런 관념을 가지지 않을 수 없기 때문이다.[18]

부의 불평등이 야기하는 이러한 해악들과 관련해서, 루소[J. J. Rousseau, 1712~78]는 『에밀』에서 왕가와 귀족계급의 자녀들이 어떤 악덕을 가지게 되는지 생생하게 묘사했다.

왜 왕들은 자신의 신민들에게 연민이 없는가? 자신들을 결코 인간으로 여기지 않기 때문이다. 부자는 왜 가난한 사람들에게 그토록 매정한가? 자신들이 가난하게 되리라는 두려움을 가지고 있지 않기 때문이다. 왜 귀족은 평민을 그토록 멸시하는가? 그들은 결코 평민이 되지 않을 것이기 때문이다. (……) 인간을 사회적인 존재로 만드는 것은 바로 인간의 이런 연약함이며, 우리의 마음을 인간애로 이끌어가는 것은 우리가 공유하는 비참함이다. (……) 나는 아무것도 필요로 하지 않는 사람이 무엇을 사랑할 수 있으리라고 생각하지 않으며, 어떤 것도 사랑하

지 않는 사람이 행복할 수 있다고 생각하지 않는다.[19]

부의 불평등이 심각해지면 잔인한 사회가 된다는 점을 살펴보았다.[20] 이런 점 때문에 불평등에 대해 우려하고, 불평등을 완화하려는 평등주의 정의관이 설득력을 얻는다.

4 평등 원칙은 상호 존중과 관계의 평등을 지향한다

사람들이 시민으로서 사회관계를 맺을 때에는 서로를 동등한 존재로 인정하고 대우해야 하며, 사회제도와 국가 또한 시민들을 동등한 존재로 대우해야 한다. 불평등의 해악을 완화하려는 이러한 평등의 이상이 앞에서 언급한 '사회적 평등'이다. 사회정의의 핵심은 균분을 넘어서 바로 이 사회적 관계의 평등 실현에 있다.[21]

전근대 신분사회의 핵심은 사람들이 신분집단에 따라 선천적 가치가 높은 인간과 낮은 인간으로 구별되고, 그래서 사람들 간의 불평등은 정당하다는 사고에 있다. 이러한 사고의 근저에는 개인이나 집단이 속한 신분에 관한 모종의 평가가 깔려 있다. 사회적 신분에 관한 평가는 사람들 사이에서 말투와 몸짓과 행동으로 표출되고, 심지어는 법제도나 정책으로도 표현된다. 신분사회에서는 하위 인간이 상위 인간에게 조아리며 비굴하게 아첨하는 태도를 보이거나 두려움에 벌벌 떨고, 상위 인간은 위세를 부리고 거들먹거리는 태도를 표출한다. 이런 식의 평가와 표현이 법과 제도 속에 정착되고, 공식적이든 비공식적이든 일상에서 사회규범과 관행으로 유지되고 재생산되면 사회적 신분제도가 확립되는 것이다.

당연히 사람은 모두 다르고 차이가 있다. 하지만 인간이라는 근본적 지위나 시민적 지위의 측면에서 사람은 모두 동등하다는 것, 또한 마땅히 동등한 존재로서 인정하고 인정받고, 대우하고 대우받아야 한다는 요청이 사회적 평등의 이상에서 핵심이다. 예를 들어 토론을 할 때 토론 참가자들이 상호 평등하다는 이상은 이렇게 나타날 것이다.

토론에서 서로가 평등하다는 것이 의미하는 바는 참가자들 각자가 토론에 참여할 권리가 있다는 것, 참가자들 각자의 주장과 논변에 대해 다른 참가자들은 진지하게 경청傾聽하고 응답해야 할 의무가 있다는 것, 재력이나 권력이나 직위 고하나 연령 고하를 불문하고 토론에서 그 누구도 다른 사람들 앞에서 비굴하게 굴거나 비위를 맞출 필요가 없다는 것, 자신의 주장을 펼치려면 스스로가 다른 참가자들보다 열등한 지위에 있다고 표현하는 행동거지나 언행을 할 필요가 없다는 것이다.[22]

그렇다면 사회관계의 관점에서 평등을 파악한다는 것은 모든 사회적 상호작용과 관계에서의 평등을 요구하며 모든 사회관계에서 항상 타인을 동등한 존재로서 대우하고 존중할 것을 요구하는가? 그렇게 행동하지 않으면 곧 사회적 부정의에 해당하는 것일까? 비非공적 영역들에서 타인을 동등한 존재로 존중하고 대우하지 않는 행동들이 윤리적으로 문제 있는 행동이기는 하지만 사회적 부정의로 평가되지 않는 경우도 있을 것이다. 따라서 어떤 경우가 사회적 부정의에 해당하는지 식별하는 기준이 필요하다. 그런 기준이 없다면, 사회관계의 관점에서 평등을 파악하는 견해는 사람들 간의 예의 및 윤리 문제와 사회정의 문제를 구분하지 못한다는 비판을 받게 된다.

대략 두 가지 기준을 제시해볼 수 있다.[23] 첫째, 타인을 동등한 존재로 존중하지 않고 열등한 존재로 비하하거나 천대하는 행동이 시민으로서 살아가는 데 매우 중요한 자원이나 기회를 박탈하는 불이익을 초래하는 경우다. 즉 그런 행동이 직접 부정의한 결과를 가져올 때다. 둘째, 개별적 행위는 부정의에 해당하지 않지만 다수의 개인들이 그런 행동을 반복하여 사회 전반으로 확산되고 그 해악이 누적됨으로써 사람들의 의식에 큰 영향을 미쳐 일상생활에서 특정 집단에 대한 차별 환경이 형성되고 그 특정 집단에 대한 차별이 만연하게 될 위험성이 커지는 경우다. 혐오(증오)표현이 그 대표적인 예이다. 개개인의 세제 사용이 누적되어 강물이 썩어들거나 개개인의 승용차 사용이 누적되어 대기가 심각하게 오염되는 사태와 유사하다고 할 수 있다.

관계의 평등을 지향하는 평등 원칙이 지향하는 목표는 다음과 같다. 우선, 개개인이 동등한 지위를 누리며 사회적 협동 과정에 참여할 수 있는 시민으로서 가져야 할 권리와 의무들을 명시한다. 다음으로, 다른 사회 구성원들의 자의적 권력행사에 예속되고 기본적인 사회적, 정치적 제도들에 참여할 기회를 부당하게 부정 또는 박탈당하는 부정의한 신분질서의 발생을 방지한다. 그리하여 각자가 가지는 잠재성과 개성과 재능을 충분히 계발하고 발휘할 수 있도록 역량을 발전시켜서 각자가 스스로를 존중할 수 있게 만들어주는 사회적 기반을 확립한다.[24]

관계의 평등으로서 평등 원칙은 균분이나 균등대우를 지고지순의 가치로 보지 않는다. 사회관계의 평등은 차등분배를 용인하며 때로는 심지어 요구하기도 한다. 사람들이 사회적으로 맺는 관계에서 동등한 존엄성이 표현되고 실현되려면(사회관계의 평등), 맥락에 따라 어떤 경우에는 균등분배나 균등대우를, 또 어떤 경우에는 차이를 고려하여 차등(불평등)분배나 차등대우를 해야 한다. 그러나 불평등이 동등한 시민으로서 맺는 관계를 훼손할 정도에 이르면, 또는 그 관계를 훼손하리라는 결과가 예상되면 그 불평등은 시정되어야 한다.[25]

5 정당한 균등분배와 정당한 차등분배

균분이 봉사하는 평등의 가치   '평등은 왜 바람직한가?'라는 평등의 가치에 관한 물음은 두 가지 방식으로 해답을 구할 수 있다.[26] 하나는 도구적 접근방식으로, 평등을 통해 다른 가치가 실현된다는 논법이다. 평등이 실현되면 사회 통합과 연대가 증진되고, 사회의 행복 총량이 높아지고, 가난한 사람들의 복지가 더 확대된다고 주장하는 답변이다.[27] 다른 하나는 평등이 다른 가치를 실현하는 수단이기 때문에 바람직한 것이 아니라 평등의 본래 가치가 실현되기에 바람직하다고 주장하는 논법이다. 이른바 평등은 그 자체로 바람직한 가치를 지닌다는

'평등의 본래적 가치 논변' 방식이다.[28]

평등의 본래적 가치 논변 방식은 다시 두 가지로 나뉜다.[29] 첫째, 평등은 최상위 가치로서 여타의 모든 가치 위에 군림하고 압도될 수 없다는 관점에서 평등의 본래적 가치를 옹호하는 방식인데, 하향평준화의 반론에 취약하다. 둘째, 모든 평등이 아니라 특정한 유형의 평등이 본질적으로 정의롭고 가치 있다는 관점에서 평등의 본래적 가치를 옹호하는 방식인데, '모든 인간은 동등한 인간 존엄성을 지닌다'는 도덕적 평등을 근원적 평등으로 보고, 이 평등이야말로 본래적 가치를 가진다는 논지를 편다. 그래서 근원적 평등을 실현하기 위해서는 때때로 불평등 또는 차등분배가 필요하다는 시각을 견지한다. 이러한 시각에 입각하면 당연히 근원적 평등의 내용은 무엇이고, 그 근거는 무엇인지, 분배 정의 차원에서는 근원적 평등이 어떻게 구체화되는지 등의 물음이 제기된다. 이 질문들에 대한 답변은 사회적 평등과 관계적 평등에 비추어서 구할 수 있다.

정당한 차등분배의 기준　　　충분히 정당한 근거 없이 소득과 부의 심각한 격차를 초래하는 사회제도는 불공정하다고 말해도 좋을 것이다. 그런데 불평등 중에는 정당한 불평등이 있다. 균분이 항상 정의로운 분배 방식은 아니며 정당한 불평등 분배도 있다. 부당한 균분도 있고 정당한 불평등(차등분배)도 있다면, 우리는 {정의로운 분배＝정당한 균분(균등대우)과 정당한 차등분배(차등대우)}라는 등식을 이끌어낼 수 있을 것이다. 공정한 시장거래의 결과로 발생한 불평등, 경제적 생산성을 높이는 데 필요한 권리와 권한의 행사로 생겨난 불평등은 일단 정당하다고 볼 수 있다. 이 불평등을 정당화하는 논리 중에 대표적인 것이, 능력이 뛰어나서 성과를 낸 사람들은 더 많은 몫을 받을 자격이 있다는 응분자격론이고, 불평등한 분배는 생산성을 높여서 사회 전체의 파이를 키운다는 논리다. 불평등을 이렇게 정당화하는 논변은 과연 타당한 것일까?

공정한 조건에서 선택의 자유를 정당하게 행사한 결과로 불평등이 발생했거나, 불평등 분배가 없었을 상황과 비교해서 '모두에게 이익 benefit for all'이 된다면, 그 불평등은 정당하다는 것이 정당한 불평등의 일반원칙이다. 그래서 일부에게 지위와 권한과 소득을 더 많이 부여하는 조치가 평등분배일 때보다 사회 구성원 모두의 처지를 낫게 하고 사회 전체에 기여해야 한다는 점이 일반적으로 인정되는 정당한 불평등의 조건이다.[30]

정당한 불평등의 일반원칙은 전통적인 정의 관념들에 의해서도 정당화된다. 이를테면 재능은 '신의 은총'이라는 관념이나, 선천적 재능을 잘 계발하여 발휘하는 데에는 출신배경의 영향도 크고 사회제도도 중요한 역할을 했다는 관념이다. 이런 관념에 따르면, 고액 소득 전체를 온전히 자기 능력과 노력에 대한 포상으로 여기고 마땅히 가질 응분의 자격이 있다고 밀하기는 어렵다. 이는 자신의 부주의나 잘못이 아닌 재해로 심각한 장애를 입은 개인에게 그 불운의 결과를 몽땅 짊어지라고 하는 것이 부당한 처사라는 생각과도 일맥상통한다. 이렇게 보면 큰 권한과 높은 지위와 고액의 소득은 개인의 선천적 재능과 노력만으로는 완전히 정당화될 수 없다. 불평등한 분배가 사회 전체에 기여하여 모두의 처지를 실제로 낫게 만들어줄 때 비로소 그 불평등은 정당화된다. 사회 전체의 파이를 키워서 모두에게 혜택이 돌아간다는 주장은 정당한 불평등 조건 중 일부를 담고 있지만, 불평등한 분배가 실제로 모두의 처지를 낫게 만든다는 점이 입증되어야 그 정당성을 확보할 수 있다.

이렇게 불평등이 정당성을 획득하려면 다음과 같은 경우가 되어야 한다. 첫째, 투입되는 자원은 종전과 마찬가지로 동일한데 이전 상태보다 더 많은 여가의 가능성을 모든 사람들이 누릴 수 있게 되었거나, 더 적은 노고를 투입할 가능성이 생겼거나, 더 많은 재화와 용역을 생산하게 된 경우다. 이런 상황에서는 불평등 분배를 통해 효율성이 증가하여 개인들의 능력이 증대됨으로써 생산성이 높아져서 구성원에게 영향을 미치는 부담(비용)이 증가하지 않고 동일한 자본/토지와 노동시간을 투입하면서도 예전보다 산출물을 높일 수 있게 된다. 둘째, 노동을 더하거나, 노동 강도가 높아지거나, 노동력을 줄이거나, 임금을 줄이거나, 환경을 오염시키지 않고도 구성원들이 이전보다 더 많은 여가를 누리거나, 더 적은 노고를 투입하게 되거나, 더 많은 재화와 용역을 향유하게 된 경우다. 바로 이 두 가지 경우가 불평등 분배를 통해 실제로 모두의 처지가 그 이전 상태보다 나아진 예다. 이런 점을 실제로 입증하지도 않으면서 '법으로 임금을 억제해서 물건을 싸게 만들면, 국가경쟁력이 높아져서 생산성이 증가한다'는 주장은 특정 구성원들에게 비용을 부당하게 지움으로써 생산성을 증가시킨 것이어서 위 요건을 충족

하지 못해 부당한 불평등을 합리화하는 주장에 불과하다고 하겠다.[31]

따라서 불평등의 결과로 생겨난 이득 중 상당 부분이 불평등의 비용을 실제로 짊어지는 사회 구성원들의 처지 개선에 실제로 투입될 수 있는 제도적 환경이 마련될 때 불평등은 정당화될 수 있다. 불평등의 결과로 효율과 생산성이 증가한 경우에는 혜택의 분배도 중요하지만 비용의 분담도 마찬가지로 중요하다. 부담과 비용의 공정한 분배도 정의의 중요한 문제라는 관점에서 보면, '노동유연성'의 결과로 생산성이 증대하더라도 그 비용과 부담을 고스란히 노동자가 짊어진다면 부당하다. 불평등으로 인한 혜택의 공정한 분배만큼, 그 비용의 공정한 부담도 마찬가지로 중요하다는 것이다.[32]

정당한 불평등(차등분배)의 비율이 정확하게 무엇인지 판별해줄 공식은 없지만, 이런 기준들에 비추어 사회적 논의를 시작하고 정책을 결정한다면 정당한 불평등에 관한 사회 구성원들의 합의를 이끌어낼 수 있지 않을까 생각해본다.

제 6 장

사회정의는 어떤 목표와 가치를 지향하는가

——— 이상에서 살펴본 현실 사회의 정의 원칙들은 실제 상황에서 서로 충돌하기 때문에 적용의 우선순위가 필요하다. 따라서 정의관의 정립은 이러한 원칙들을 체계적으로 결합하는 방식을 규정하는 일이 된다. 여기서 강조되는 현실은 불평등 심화의 세계적 추세다. 불평등의 양상이 복합적인 만큼 이에 대한 처방도 복합적이지 않을 수 없다. 아이리스 영, 마이클 왈쩌, 데이비드 밀러 등 정의철학자들의 견해를 살피면서 사회적 평등의 관점에서 다양한 부정의 양상을 검토하고 해결방안을 모색해본다.

지금까지 살펴본 응분 원칙, 필요 원칙, 계약자유 원칙, 평등 원칙은 맥락에 따라 서로 충돌하기 때문에 적용할 때 어떤 원칙을 우선할지 순위를 정해야 한다. 가령 기증받은 장기의 분배 기준은 '대기 순서'인 반면, 병원 응급실에서는 환자의 부나 업적이 아니라 긴급성과 필요에 따라 환자를 치료해야 한다는 것이 예로부터 통용되어온 의료정의 원칙이다.

또한 대학 입학자격을 둘러싼 '기부금 입학' 논쟁을 보면, 대학 입학 자격이라는 자원(또는 유리한 조건)을 분배하는 기준에 관한 사람들의 인식을 파악할 수 있다. 돈이 아니라 실력이나 잠재력, 또는 사회에 기여하게 된 동기 등이 대학 입학자격의 분배 기준이 되어야 한다는 것이다. 시민의 권리와 의무는 외모, 인종, 신분, 부가 아니라 평등 기준에 따라 할당되어야 하고, 그렇지 않으면 부정의하다고 비판한다. 정의 원칙들은 이렇게 다양하다. 그래서 정의 원칙들을 체계적으로 결합하여 정합적인 정의관으로 구성해내는 일이 필요하다.

1 평등주의 정의관과 불평등

현대 정의관의 흐름은 크게 두 가지로 나눌 수 있다. 하나는 평등을 정의의 핵심으로 보고 중시하면서 평등을 지향하고 불평등 격차를 완화하려는 흐름이고, 다른 하나는 이에 반대하여 평등이 아닌 다른 가치, 곧 개인의 선택의 자유나 효율성을 지향하는 흐름이다. 전자를 평등주의(또는 평등 지향) 정의관으로, 후자를 반反평등주의 정의관으로 부르기로 하자. 평등주의 정의관은 존 롤즈의 정의론이 대표적이고, 반평등주의 정의관은 이른바 자유지상주의libertarianism 정의관 또는 고전적 자유주의 정의관으로서 각각 노직이나 하이에크Friedrich A. Hayek가 대표적 학자로 꼽힌다.[1]

앞 장에서 살펴보았듯이, 평등주의 정의관에서 지향하는 평등은 균등분배나 균등대우에 국한되지 않고 '평등한 사람들의 사회'라는 이상을 담고 있다. 모든 인간은 동등한 존엄성을 지닌다는 근원적 평등, 사회는 동등한 사람들 간의 협력체이고 각 개인은 구성원인 시민으로서 동등한 지위를 누리며 그 어떤 개인적 차이와 속성에 상관없이 정치적 권력의 구성 과정과 의사결정 과정에 평등하게 참여하는 시민의 권리와 의무를 보장받는다는 시민적 지위의 평등이 바로 관계의 평등이 구현하려는 이상이다. 이런 점에서 보면, 경제적 이상으로서 평등은 부당한 경제적 불평등을 완화하여 관계의 평등을 보장하고 증진하려는 데 목표가 있다.[2]

평등주의 정의관은 자유롭고 평등한 시민의 지위를 위협하는 불평등, 특히 소득과 부의 불평등이 문제라고 파악하고, 불평등의 격차를 제거하거나 완화하는 데 목표를 둔다. 사회 구성원들의 불평등은 개인의 사회계층, 천부적 재능과 근면성, 삶의 전 과정에서 발생하는 행운과 질병이나 사고, 비자발적 실업 등과 같은 불운의 세 요인에 의해 생겨난다.[3] 평등주의 정의관이 관계의 평등을 위해 불평등을 해소하려면 모든 불평등이 부당한지 아니면 특정한 불평등만 부당한지, 그건 왜인지, 그리고 어떤 평등 또는 무엇의 평등이 바람직하고 추구되어야 하는지에 대해서도 대답해야 한다.

부의 불평등은 언제나 나쁠까? 어느 정도의 불평등이고 어떤 종류의 불평등일 때 불평등은 부당한가? 어떤 불평등이 허용되고, 때로는 정당하며 바람직하다고 여겨질까? 그리고 정당한 평등과 정당한 불평등의 원칙은 무엇일까? 불평등의 원인과 유형이 다양하고, 불평등의 해악도 그러하므로, 불평등에 대한 처방도 복합적이지 않을 수 없다.[4] 난제여서 단순명쾌하게 대답할 수 없지만, 앞에서 설명한 사회적 평등의 관점에서 주요 정의철학자들의 견해를 살펴보면서 해답을 찾아보기로 하자.

2 관계의 평등에서 바라본 사회적 불의

"아이들이 존재하는 작은 세계에서 부정의만큼 잘 이해되고 잘 느껴지는 것은 없다." 디킨스는 『위대한 유산』에서 이렇게 말했지만, 아이들뿐만 아니라 어른들도 명백한 부정의를 맞닥뜨리면 즉각적으로 느끼고 분개한다. 주변에서 광범위하게 자행되는 부정의를 자각하고 그에 분개하며 제거하려는 소망은 인류 역사에서 정의를 향한 노력으로 귀결되었다.[5]

우리 헌법 전문에는 "사회적 불의와 폐습을 타파"한다는 구절이 있다. 부정의란 무엇인지를 살피기 위해 우리 사회에 광범위하게 만연해 있는 사회적 불의와 폐습의 현상들을 포착해낼 이론적 렌즈를 확대해 보자.

물질적 불평등만이 사회적 부정의는 아니다

물질적 불평등으로는 포착되지 않지만, 사회관계에서 많은 사람들이 겪는 사회적 부정의들이 있다. 이는 미국의 정치철학자 아이리스 영Iris M. Young이 설득력 있게 제시한 내용이다.[6] 예를 들어 특정 지역에서 기업 폐쇄 결정에 반대하는 주민들의 저항운동에는 물질적인 분배정의보다 의사결정 권력과 절차를 겨냥한 항의가 담겨 있다. 최근에 사회적 쟁점이 되었던 '밀양 송전탑 건설'이나 '제주 강정마을 해군기지 설립'에 반대하는 주민들의 항의가 이와 유사하다. 또한 미국에서는 티브이나 영화를 통해 흑인과 아랍인을 묘사하는 방식에서 문화적 이미지와 상징이 특정 인종

집단에 대한 부당한 고정관념과 차별을 고착화하는 부정의를 관찰할 수 있다. 이런 현실을 염두에 두고 영은 "우리 사회에는 일차적으로 소득, 자원, 지위 등의 분배에만 국한되지 않는 정의와 부정의의 문제가 상당수 존재한다. 분배에 치중하는 분배 패러다임은 사회구조와 제도적 맥락을 평가 대상으로 삼지 못하므로 정의의 영역을 부당하게 제한한다"고 말한다.[7]

영은 사회정의를 물질적 재화의 분배정의 이상의 것으로 파악하고, 사회정의의 근본적 관심사를 다음과 같이 제시한다. 첫째, 각 개인이 모두 사회적으로 인정받는 환경에서 좋은 기술을 익히고 사용할 수 있도록 제도적 조건을 보장하는 것이다. 둘째, 각자가 자신의 중대사와 관련된 의사결정에 참여할 수 있도록 제도적 조건을 마련해주는 것이다. 셋째, 타인이 나의 발언을 경청할 수 있는 환경에서 나의 느낌과 체험과 관점을 당당하게 표현할 수 있도록 제도적 조건을 제공하는 것이다.[8] 사회정의의 요구를 이처럼 ㉠ 기본적 필요의 충족 ㉡ 유의미한 노동 기술의 연마 ㉢ 사회적 상호작용에의 참여 ㉣ 자기 느낌과 체험과 관점의 자유로운 표현 ㉤ 공적인 토론 및 의사결정에의 참여로 파악하게 되면, '사회적 부정의'는 사회 구성원 중 특정 집단들이 삶에 필요한 기술과 역량을 익히고 사용하는 것을 방지하는 제도적 상황과, 또 이들이 중요한 사안에 대한 의사를 결정하는 과정에 참여하지 못하도록 가로막는 제도적 조건이라고 볼 수 있다.[9]

영은 이러한 사회적 부정의의 현실과 양상으로 다섯 가지를 꼽는다. 바로 ① 착취 ② 노동시장이나 사회적 상호작용에서 쓸모없는 주변부

존재로 내모는 것(주변화) ③ 노동 및 사회 영역에서 의사결정의 힘을
완전히 박탈하여 무권력 존재로 만들어버리는 것(무권력) ④ 무엇이 옳
고 그른지, 어떤 것이 표준이고 정상인지를 결정하는 문화권력을 독점
하는 것(문화제국주의) ⑤ 일상적인 상호작용에서 합당한 이유도 없이
무차별적으로 신체적, 언어적 폭력에 휘둘리게 만드는 것(체계적 폭력)
이 그것이다.[10]

사회적 부정의의 다섯 가지 양상

사회적 부정의로 나타나는 다
섯 가지 양상을 좀 더 자세히 살펴보자.[11]

첫째, 착취exploitation의 부정의는 특정 집단의 노동이 공정한 보상을
받지 못하고 다른 집단들로 부당하게 이전되어 후자의 능력과 권력을
강화시켜주는 관계, 또는 한 집단이 투입한 에너지의 결과물이 그에 상
응하는 보상 없이 체계적으로 다른 집단에게 이득을 주는 관계를 말한
다. 대표적으로 거론되는 것이 노동하는 집단들이 자본을 가진 집단들
에게 착취당하는 관계다. "여성의 노동 과실과 에너지가 남성에게 이
전되어 여성의 에너지와 힘이 전적으로 남성에게 이익이 되도록 사용
되는 현상"인 젠더(성별)관계의 고유한 착취도 있다. 인종관계에서 발
생하는 착취 또한 심각하다. 특정 집단의 인종에 속하는 사람들이 '천
한 노동' 서비스를 제공하고도 제대로 보상을 받지 못하고, 그 서비스
를 받는 특정 인종 사람들의 지위를 높여주는 방식으로 노동력과 에너
지가 이전되기 때문이다. 착취의 부정의를 제거하고 사회적 평등의 정
의를 실현하려면 의사결정 제도 및 관행적인 실천을 새로이 조직하고,

노동 분업을 바꾸어야 하며, 이와 유사한 제도와 구조, 문화의 변화들이 조치되어야만 한다.

둘째, 주변화marginalization의 부정의는 일부 집단 또는 많은 사람들을 노동시장에서 사용할 수 없는 존재로, 또는 노동시장이 사용하려 들지 않는 존재로 만들어버리는 현상을 가리킨다. 다시 말해 "사회적으로 상호작용하면서 인정을 받는 환경에서 자신의 역량을 행사할 수 있는 문화적, 제도적 조건들과 사회적 협동 과정 속에 참여하며 인정받을 수 있는 문화적, 제도적 조건들의 박탈"을 의미한다.[12] 사회 구성원 중 많은 집단을 노동시장에서 추방하여 심각한 물질적 궁핍에, 나아가 생존 위기에까지 몰리게 만들기 때문에 주변화의 부정의는 현대사회에서 가장 위험한 억압 형태다.

노동시장에서 쓸모 있는 기술을 갖지 못한 사회집단들은 주변화의 부정의 상황에 놓이게 된다. 이들은 결국 기술 발전과 사회 변화에 분노를 느끼게 되고 포퓰리즘과 파시즘의 손쉬운 먹잇감이 된다. 주변화의 부정의가 분배 부정의를 넘어서는 부정의라는 점은 부유한 노인 집단을 생각하면 쉽게 이해할 수 있다. 노인들 중 적지 않은 이들이 안락하게 살 수 있는 충분한 수단을 갖추고 있지만 유의미한 사회적 상호작용에서는 배제되는 주변적 지위에 있다. 비록 물질적으로 안락한 삶을 영위할 수 있는 처지에 있다고 해도 주변화된 사람들은 사회에서 쓸모없는 존재로 간주되기 때문에 자존감 결핍이라는 고통 속에서 살아간다. 이 주변화의 부정의가 양산한 희생자로는 노인, 실업자, 전업주부, 장애인을 꼽을 수 있다.

셋째, 노동환경의 의사결정 과정에서 어떠한 권한도, 통제력도, 자율성도 갖지 못하는 무력한 존재로 되어버리는 무권력powerlessness도 사회적 부정의의 주요 양상이다. 이를테면 "노동 분업이 이루어짐에 따라 자신의 기량과 역량을 계발할 기회를 얻지 못하고, 직장생활에서 의사결정 권력도 갖지 못하며, 노동 분업체계에서 가장 하층에 속하는 열등한 지위 때문에 타인들로부터 무시당하고 멸시당하는 현상"을 말한다. 이렇게 타인과의 관계에서 그 어떤 의사결정 권한이나 권력도 일절 갖지 못하는 사람들은 타인의 명령에는 무조건 따라야 하지만 명령을 내리는 권한은 거의 갖지 못한 상태에 처해 있다. 알바생, 인턴, 단기간 미숙련 노동자, 콜센터 전화상담 노동자, 슈퍼마켓 직원 등이 이렇게 '그 어떤 권력도 없음'이라는 사회적 부정의의 희생자다.

노명우 교수의 《경향신문》 칼럼 「약자의 약자 괴롭히기, 익숙한 콜센터 풍경」(2019. 7. 31.)은 그 어떤 권력도 가지지 못하는 콜센터 전화상담 노동자의 고통을 통해 부정의의 이 세 번째 유형을 적나라하게 묘사한다.

책상이 빼곡하게 놓여 있는 콜센터에서 상담사는 전화를 받고 또 받으며 거의 같은 말을 되풀이해야 한다. 같은 말을 되풀이하는 것보다 더 힘든 일은 전화 상담사를 괴롭히는 도구로 사용하는 사람들이다. 그들을 통상 블랙 컨슈머라 부르지만, 왠지 그 호칭보다는 '진상'이 그들에게 어울린다. 진상이 콜센터 노동자에게 욕설을 하고 성희롱을 늘어놓으면, 그 말을 들어야 하는 상담사는 "귓속으로 파고드는 온갖 배설

물을 홀로 외롭게 처리"해야 한다. 진상이 상담사를 괴롭히는 특별한 이유는 없다. 진상은 평범하다. "80퍼센트가 대학생과 휴학생 그리고 얼마 안 되는 취업 준비생"으로 이루어진 비정규직 상담노동자를 전화로 괴롭히는 진상 역시 대개의 경우 약자다. 누군가 그 사람을 화나게 했고, 화나게 한 사람에게 갚아줄 수 있는 처지가 아닌 그 약자는 자신보다 더 약자를 찾아내 진상으로 변신한다. 약자들의 화풀이 폭탄 돌리기 연쇄사슬 중 맨 끝에 있는 콜센터 노동자의 소원은 단 한 가지 (……) "블랙 컨슈머에게 똑같이 욕을 해주는 것, 모든 상담사가 간절히 바라는 것이었다." 하지만 목구멍이 포도청인 상담노동자는 간절한 소원을 절대 행동으로 옮길 수 없다.

넷째, 문화제국주의^{cultural imperialism}라 불리는 사회적 부정의가 있다.[13] 앞의 세 가지 부정의가 주로 노동시장과 관련이 있다면, 문화제국주의는 일상적인 사회관계에서 표출되는 의식 및 행동 기준의 편향성과 연관된 부정의다. 문화제국주의라는 용어는 서구 사회의 백인이 비서구 사회의 사람들을 식민화하면서, 자신들은 '정상'이나 '우수한 존재'로 대우하고 식민지 사람들은 '비정상'이나 '열등한 존재'로 취급하던 제국주의 현상에서 따온 표현이다.

문화제국주의라는 부정의는 지배/주류 집단의 경험, 관점, 의미, 문화, 규범을 보편적이고 표준이며 정상적인 것이라고 규정하는 반면, 다른 집단들에는 '타자'라는 표지를 붙이고 표준에서 벗어난 열등한 존재, 비정상적인 존재, 혐오스러운 존재로 '낙인'을 찍는 데서 생겨난다.

이렇게 열등한 사람들의 주장과 체험과 관점은 '비가시적'이고 무의미한 것으로 여겨지기 때문에 억압받는 집단들이 사회생활에서 얻은 체험과 해석은 사회적으로 거의 표현되지 못하고 반영되지도 않는 반면, 지배집단의 체험과 해석은 억압받는 집단에 고스란히 부과된다. 그럼으로써 문화제국주의의 피해자들은 스스로를 존중하지 못하고, 다른 집단들에게 평등한 시민적 지위를 인정받지도 존중받지도 못하는 부정의 상태에 놓이게 된다.

일제 강점기에 일본인이 조선인을 바라보던 관점과 태도, 조선인이 스스로를 비하하던 태도를 떠올리면 쉽게 이해할 수 있을 것이다. 따라서 일제 강점기에 식량 보급 형편이 조선시대보다 더 나아졌다거나 생산력이 더 높아졌다거나 재산 보유의 정도가 더 늘었다는 등의 이유를 들어 일제 강점의 정당성을 옹호하는 견해는 문화제국주의라는 부정의의 현상과 심각성을 알지 못하는 데에서 비롯된 것은 아닐까 생각한다. 문화제국주의의 부정의가 식민지 시대에만 나타나는 것은 아니다. 지금도 특정 지배/주류 집단의 관점과 문화와 규범이 사람들의 인식 틀을 규정하는 현상이 여전하다는 점에서 영이 문화제국주의라고 불렀던 부정의는 중요한 의미를 갖는다. 변호사, 의사, 교수지만 성소수자인 사람들은 물질적 분배 측면에서는 불리한 처지에 있지 않지만, 문화제국주의의 부정의 상태에 놓여 있다. 이들은 동등한 인간이자 시민으로서 마땅히 받아야 할 존중과 사회적 인정의 측면에서 평등한 구성원으로서 대우를 받지 못한다.

다섯째는 여성, 성소수자, 특정 인종, 이주노동자 등과 같은 특정 집단을 향한 증오 폭력, 증오 살인, 혐오 발언에서 나타나는 '체계적 폭력'이라는 부정의다. 가령 어떤 집단의 구성원들은 자신이 전혀 도발하지 않았는데도 자신의 신체나 재산이 무작위로 언제라도 느닷없이 공격을, 그것도 사람에게 신체적 손상을 입히고 모욕하고 파괴하는 것만이 오로지 동기인 공격을 받을 것이라는 두려움을 일상적으로 안고서 살아간다. 특정 집단에 속하는 정체성을 가진다는 이유만으로 자신과 가족이 언제든지 신체적 공격을 받을 수 있다는 위협 속에서 살아간다는 것 자체가 이런 폭력의 부정의 상태에 놓인 사람들의 자유와 존엄성을 박탈하며, 하루하루 이들의 심력을 소모하게 만든다.[14]

이러한 폭력들은 범죄자나 특이한 성향의 사람들이 특수한 상황에서 자행하는 것이 아니다. 폭력을 행사해도 무방하다거나 용인될 것이라는 모종의 사회적 규칙과 분위기에 편승하여 평범한 사람들에 의해 일상적으로 자행된다는 의미에서 '체계적 폭력systemic violence'이라고 말할 수 있다.[15]

물질적 재화의 분배에만 관심을 두다 보면 이 체계적 폭력이라는 부정의를 예외적인 현상으로 파악하는 오류에 빠지게 된다. 폭력이 나쁘다는 점은 인정하면서도, 그런 행위들을 대부분 극단주의자나 범죄자처럼 문제가 있는 일탈적 개인들이 저지르는 범죄행위로만 생각하기 때문이다. 사회제도와 사회적 관행과 의식이 여성이나 성소수자에 대한 폭력행위를 부추기고 관용한다면, 그런 제도와 관행은 구조적인 부정의다. 강남역 화장실에서 여성을 상대로 발생한 '묻지 마, 살인'도 그렇고 대학가에서, 각종 민간기관과 공공기관에서, 정치권에서 여성에게, 성소수자에게 자행되는 성폭력 언행들은 이런 체계적 폭력의 대표적인 사례라고 하겠다.

아이리스 영에 따르면, 사회적 부정의의 이 다섯 가지 유형은 사회 관계에서 개인과 집단이 억압받고 있는지 여부를 판별할 수 있는 객관적인 기준 역할을 한다. 어떤 집단이 억압받고 있다는 주장을 평가하는 수단으로서, 또는 한 집단이 억압받고 있는지 여부나 어떻게 억압받고 있는지에 관한 논쟁이 벌어졌을 때 어떤 주장이 옳은지를 판별하는 기준으로서 역할을 할 수 있다는 것이다.[16]

가령 노동계급 사람들은 착취당하며 무권력이라는 부정의 상태에 놓여 있지만, 미국에서 백인 남성 피고용인들은 주변화와 체계적 폭력의 부정의는 겪지 않는다. 게이 남성들은 게이라는 점 때문에 착취당하거나 무권력의 억압은 겪지 않겠지만, 심각한 문화제국주의와 폭력은 경험한다. 노인과 장애인은 주변화와 문화제국주의의 억압을, 하나의 집단으로서 여성은 젠더에 기반한 착취와 무권력과 문화제국주의와 폭력이라는 부정의를 겪는다. 미국에서 흑인과 라틴계 미국인들은 사회적 부정의의 다섯 가지 유형을 전부 경험한다. 이들을 힘들게 하는 것은 물질적 불평등 이외에도 사회관계에서 매일 경험하는 경멸, 비하, 모욕, 따돌림, 배제, 폭력, 위협과 같은 사회적 존엄의 박탈이다.[17]

각각의 사회집단이 겪는 부정의의 내용과 방식에는 공통점과 차이점이 있기 때문에, 부정의의 다섯 가지 측면들은 다양하게 조합될 수 있으며 사회집단이 처지에 따라 경험하는 억압의 조합과 측면들도 제각기 다르다. 그렇기는 해도 사회적 부정의의 다섯 가지 기준을 사회집단 각각의 상황에 적용하면, 사회집단이 겪는 부정의들을 하나의 공통된 본질로 환원하지 않으면서, 또한 어느 하나의 부정의가 다른 부정의들보다 더 근본적이라고 주장하지 않으면서도 각각의 사회집단이 겪는 부정의들을 비교하고 측정하는 것이 가능해진다. 이 다섯 가지 판별 기준을 가지고 있으면 사회적 부정의의 모든 종류를 단 하나의 척도로 환원하지 않고도 어떤 집단이 다른 집단보다 더 심한 부정의 상태에 놓여 있는지 객관적으로 판단할 수 있게 된다.[18]

'인지적 부정의'와 '#미투 운동'의 정의론

2019년 한국 사회를 이끌었던 정의운동인 '#미투 운동'은 물질적 불평등과 부정의에 대한 항의만은 아니었다. 그것은 남성과 여성이 맺는 사회관계의 심층에 놓인 부정의를 향하면서, 동시에 인지 차원의 불평등과 부정의를 향한 분노의 외침이었다. '나도 그렇게 당했다'는 '미투 서사'에서 분노의 핵심은 강간, 성폭력, 성희롱 피해자들의 진술과 증언에 대한 조롱과 의심이었는데, 이런 부정의 현상의 속성과 구조를 미란다 프리커Miranda Fricker는 '인지적 부정의epistemic injustice'라는 개념으로 해명해냈다.[19]

프리커의 분석에 따르면, 인지적 부정의는 사회 구성원의 문제 인식과 언어 및 발화 차원에 내재하는 구조적 불평등 때문에 발생한다.[20] 프리커는 인지적 부정의를 '진술과 증언 차원의 부정의testimonial injustice'와, 부당한 체험과 현실을 문제로 인식하고 그에 적합한 개념으로 포착하고 표현하는 차원의 부정의인 '해석 차원의 부정의hermeneutical injustice'의 두 유형으로 나눈다. 첫 번째 유형의 부정의는 어떤 사람이 진술하거나 증언한 내용에 대해, 사회적으로 쌓여온 편견과 고정관념 때문에 그것이 응당 받아야 할 것보다 많은 과도한 신빙성이나 그보다 적은 과소한 신빙성을 부여할 때 성립한다. 인종이나 성별과 관련된 편견이나 고정관념 때문에 경찰이 특정 인종(흑인)이라는 이유로 피해자의 진술을 믿지 않는 것이 대표적인 예다. 성폭력 피해 여성의 진술과 증언도 허다하게 그런 취급을 받아왔다. 남성 중심적 법문화에서는 성폭력 피해 여성의 상황과 심리 등에 대한 이해가 부족하기에 피해자라고 주장하는 여성이 거짓말을 하고 있을 것이라는 편견과 통념이 작동하기 때문이다.[21]

피해 진술이나 증언 이전 단계에서 발생하는 '해석 차원의 부정의'는 지적·문화적 불평등과 불공정 때문에 겪게 되는 사회적 고통을 피해자들이 적절하게 해석해낼 수도 없고 표현할 언어도 갖지 못함으로써 겪는 부정의다. 피해자들이 직접 겪은 고통과 체험을 다른 사람들이 이해하고 공감할 수 있도록 표현하는 것은 고사하고, 해당 사회의 문화 자원 중에서 그런 피해 경험을 문제화하거나 제대로 표현해낼 언어 또는 개념 자체가 아예 없어서 부당하게 불리한 처지에 놓이는 부정의다. 사회집단들 사이에서 사회적 의미를 인식하고 형성하는 인지적 도구의 불평등과 불공정은 앞에서 설명한 문화제국주의 부정의의 한 유형이라고도 할 수 있다. 성적 괴롭힘sexual harassment을 당해온 여성들이 도지히 그것을 문제화해서 표현할 개념이 없었던 경우가 대표적인 예다.

코넬대학교 핵물리학과 실험실 행정총괄직원으로 8년 동안 일해오면서 남성 교수의 집요한 성적 괴롭힘 때문에 정신적·신체적 고통을 겪다가 사직하게 된 여성에게 법적 도움을 주려고 가진 모임에서 '성희롱' 개념이 탄생하던 순간의 일화를 수전 브라운밀러^{Susan Brownmiller}는 다음과 같이 묘사한다.

> 그런 행태를 '성적으로 겁박하기^{sexual intimidation}', '성적 강요^{sexual coercion}', '직장에서의 성적 착취^{sexual exploitation on the job}' 등으로 지칭하면 어떨까 하고 논의하고 있었지만, 이 명칭들 어느 것도 딱 맞아 떨어지는 것 같지 않았다. 은근히 집요하면서도 노골적인 저런 행위들 전체를 포괄하는 뭔가가 필요했다. 그때 누군가가 '희롱^{harassment}'이 어떠냐고 제안했다. 성희롱!! 그 순간 우리 모두 의견이 일치했다. 그래 우리가 원하던 게 바로 그거야, 라고.[22]

물론 여성만이 해석 차원의 부정의를 겪는 것은 아니다. 사회적 의미와 문화적 의미를 형성하는 여러 활동에 참여하지 못하거나 수동적인 역할만을 하는 사회집단들은 대부분 지적 · 문화적으로 주변화된 집단들^{hermeneutically marginalized groups}로서 모두 이런 인지적 부정의의 피해자들이다.[23] 가령 '감정노동', '국가범죄'와 같은 개념이 고안되어 인정되기 전에는 관련 당사자들의 부당한 고통을 표현해낼 개념적 자원이 없었다.[24] 해악으로 인해 부당한 고통을 겪었는데도 말로 표현해낼 수 없다면, 사회적으로도 법적으로도 그 고통은 인정받지 못하게 된다. 특정 사회집단에 속하기 때문에 항상 당하게 마련인 해석 · 표현 차원의 부정의는 '체계적인' 부정의라고 부를 만하다.

이처럼 의미를 형성하고 지식을 생산하는 활동들에서 작동하는 부당한 대우와 불공정 구조는 '인정認定 차원의 부정의injustice in recognition'로 이어진다. 여기에는 배제하기와 침묵시키기, 사회적으로 보이지 않는 존재로 만들어버리고 말해도 들리지 않는 존재로 만들어버리기, 발언의 의미를 왜곡하고 곡해하기, 의사소통 과정에서의 지위를 격하시키기, 지적 권위 차원에서 불공정하게 차등 취급하기, 진술의 신뢰도를 부당하게 불신하기, 발언에 전혀 주목하지 않거나 발언을 아주 하찮게 여기기 등이 있다. 이런 점에서 해석 차원의 부정의는 아이리스 영이 말하는 '무권력'이라는 부정의의 한 형태이기도 하다.[25]

인지적 부정의는 사회적 지위의 주변화marginalization라는 부정의와 물질적 재화 분배의 부정의에서 생겨난다. 이렇게 발생한 인지적 부정의는 또다시 물질적 재화 분배의 부정의와 정치적 대표 차원의 부정의로 이어지면서 지적·문화적 차원의 부정의가 더욱 공고해지는 악순환을 초래한다.[26] 물질적 자원과 인지적 자원의 불평등으로부터 관념, 지식, 규범을 창출하는 문화권력의 불평등이 나타나고 강화되면서, 문화권력의 헤게모니를 쥔 집단들이 만들어서 퍼뜨리는 부정적인 정체성의 고정관념과 편견이 특정 사회집단들에 고착되어 공식적·비공식적 차별들이 제도화되어간다는 의미에서 인지적 부정의는 체계적인 부정의라고 평가될 만하다.[27]

따라서 개인이 고통과 사회적 고통을 다른 사회 구성원들이 이해할 수 있도록 표현하고 전달하는 역량을 갖추는 것, 그런 인지적 자원을 발굴하고 공유하는 것, 인지적 부정의 피해자들의 발언에 주목하고 적

합한 신뢰도를 부여하는 것이 '인지적 정의epistemic justice'의 과제다.[28]

3 정의 원칙은 복합적으로 달성된다

복합적 평등　　　미국 철학자 마이클 왈쩌M. Walzer는 『정의와 다원적 평등』에서 분배될 재화의 속성에 따라 각기 다른 정의 원칙이 적용된다는 견해에 입각하여 동서고금의 인류사회에서 중요하다고 평가해 온 다양한 재화들을 추출하고 재화 각각의 속성에 적합한 분배 기준을 제시한다. 예컨대 경제적 재화는 자유로운 계약과 거래, 교육은 각 개인의 필요와 재능 잠재력, 사회적 명예는 희생과 고귀한 행위, 형벌은 악행에 대한 응분의 처벌, 정치권력은 평등, 공직은 적합한 실력과 전문 능력에 따라 분배하면 정의롭다는 것이다.[29]

　이처럼 왈쩌는 재화 각각의 속성이 무엇인지에 관하여 사회에서 일반적으로 통용되는 관념들을 탐구하면, 재화가 갖는 사회적 의미에서 그 재화의 고유한 분배 기준을 이끌어낼 수 있다고 말한다. 교육자원의 분배 기준을 찾으려면 사회나 사회 구성원들이 교육에 부여하는 가치와 의미를 식별하면 된다는 것이다. 자아 계발, 경제적 기회, 시민적 참여와 같은 가치와 의미가 교육에서 찾을 수 있는 사회적 의미라면, 교육자원은 단순한 균분이 아니라 각 개인의 수요와 재능 잠재력에 따라 분배될 것이다. 분배될 재화의 사회적 의미는 각 사회의 문화 속에서 그 재화에 대해 전해 내려오고 통용되는 인식에 따라 결정된다.[30]

왈쩌는 재화 각각의 고유한 분배 기준들(때로는 응분 원칙, 때로는 필요 원칙, 때로는 계약자유 원칙)이 각자의 영역에만 작동하면서 다른 재화들의 분배 기준을 침범하지 않고 상호 양립하는 상태를 '복합적 평등 complex equality'이라 부르고, 복합적 평등이 달성된 사회관계가 정의로운 상태라고 파악한다. 각각의 분배 영역에서는 평등이 아니라 차등분배가 작동할 수도 있지만, 각 영역에서의 분배가 결합하면 종합적으로 고려할 때 시민의 평등한 지위가 유지된다는 점에서 복합적 평등이다.[31]

왈쩌의 정의관은 세 개의 명제로 구성된다. 첫째, 재화의 분배 원칙은 그 재화의 사회적 의미에 따라 결정된다는 명제다. 둘째, 재화의 사회적 의미는 각 사회의 문화 속에서 찾아야 하므로 사회마다 다를 수 있다는 명제다. 셋째, 분배 영역은 다양하고 각 영역마다 고유한 분배 원칙도 다양한데, 이들 분배 원칙이 각 영역에서 실현되면서 상호 양립하는 상태가 정의롭다는 '복합적 평등' 명제다.[32]

부정의란 무엇인가   왈쩌의 견해에 따르면, 부정의는 재화 각각의 사회적 의미가 무시되고 특정 재화의 분배 기준이 여타 재화들의 분배 기준을 무단히 지배하는 상황에서 발생한다. 즉 특정 영역의 재화가 지니는 사회적 의미에 걸맞은 분배 원칙에 의거해 그 재화를 보유하게 되면, 다른 영역의 재화들도 덩달아 보유하게 되는 경우를 말한다. 예를 들어 돈을 가지면 여타의 사회적 재화, 이를테면 정치권력과 교육 기회 등도 장악하게 되는 사회에서는 돈이라는 사회적 재화에 담긴 분배 기준이 여타 모든 재화의 분배를 지배하는 독점적 분배 기준의 지위를 차지하게 된다. 돈이 시장 영역에서 통용될 때에는 문제가 없었는데, 정치권력이나 교육자원 영역의 분배 원칙으로 군림하면 부정의가 발생한다는 것이다.[33]

이러한 왈쩌의 우려는 한국 사회에서 큰 의미를 갖는다. 시장조사 전문기업 엠브레인트렌드모니터가 전국 만 19~59세 성인 남녀 1,000명을 대상으로 부의 불평등과 복지정책 및 기본소득제 관련 설문조사를 실시한 결과, 무엇보다도 돈의 중요성이 강조되고 부가 대물림되는 경향이 강해지면서 양극화와 부의 불평등이 훨씬 심화된 것으로 나타났다. 먼저 한국 사회에서는 무엇보다도 돈의 영향력이 크다는 사실을 확인할 수 있었다. 절반 이상인 54.9퍼센트가 인간은 무엇을 하든지 우선적으로 돈이 중요하다는 주장에 공감했으며, 나아가 돈이 없으면 사람은 제 몫을 할 수 없다는 의견이 67퍼센트에 달했다. 연령이 높아질수록 돈의 중요성을 강조하고(20대 45.6퍼센트, 30대 52.8퍼센트, 40대 58.8퍼센트, 50대 62.4퍼센트) 돈이 있어야만 제 몫을 할 수 있다고 생각하는 태도가 더욱 뚜렷했다(20대 55.6퍼센트, 30대 64.8퍼센트, 40대 68.4퍼센트, 50대 79.2퍼센트). 돈이 인간을 평가하는 척도라는 생각도 결코 적지 않았다(38.9퍼센트). 논과 권력의 관계에 대한 인식도 중요한 함의를 갖는다. 앞의 설문조사에서 10명 중 8명(80.8퍼센트)이 돈을 가질수록 권력이 증가한다고 바라보는 등, 사회 전반적으로 돈과 권력이 비례한다는 생각이 더욱 강해지는 모습(14년 75.6퍼센트→17년 72.2퍼센트→19년 80.8퍼센트)을 보였다.[34]

이러한 인식 조사는 돈의 영향력이 경제적 영역을 넘어서 권력, 학력, 행복, 사회관계를 지배하는 기준으로 군림한다는 것을 보여주는데, 왈쩌의 복합적 평등이론은 바로 이런 부정의에 대한 처방으로 제시되었다.

정의는 복합적 평등이 달성된 상태 돈이 분배 기준을 독점 · 지배하는 현상dominance과는 달리, 복합적 평등이 달성된 사회에서는 각각의 분배 영역에서 균분이 아니라 차등한 분배 결과가 나올 수 있지만, 종합적으로 고려했을 때 각 영역에서의 차등들이 서로 상쇄되어 결국에는 시민들이 평등한 지위를 누리게 된다는 것이 왈쩌가 주장하는 정의관의 핵심이다. 경제 영역에서 돈을 많이 버는 이들이 있는가 하면, 예술이나 과학 영역에서 명성을 누리는 이들이 있고, 정치 영역에서 대중의 지지를 근거로 더 큰 권력을 얻는 이들이 있지만, 각 영역에서의 차등 또는 불평등이 다른 영역에 영향을 미치지 않게 한다면 시민들의 평등한 지위는 유지된다는 것이다.

앞에서도 언급한 바 있지만, 연예인이나 프로 스포츠 선수가 막대한 부를 획득한 경우와 기업 최고경영자들이 엄청난 연봉을 받는 경우를 비교해서 설명해보자. 전자의 소득 불평등에 대해서는 용납하는 반면, 후자의 소득 불평등에 대해서는 무언가 문제가 있다고 우려한다. 왜일까? 왈쩌의 견해를 적용해보면, 전자의 경우보다는 후자의 경우가 단순히 소득과 부의 불평등으로 끝나지 않고, 많은 사람들의 삶과 운명을 지배하고 통제하는 권력으로 확장되어 정치권력의 불평등, 기회의 불평등, 정치적 의사결정의 불공정성을 낳을 위험성이 높기 때문이다.[35]

따라서 복합적 평등의 관건은 한 영역에 통용되는 정의 원칙이 다른 영역들로 넘나들며 독점적인 정의 원칙으로 군림하게 되는 현상을 차단하는 데 있다.

왈쩌의 복합적 평등이론은 우리 사회의 정의와 부정의를 가늠할 때 유용한 방편이 된다. 그러나 왈쩌의 견해는 어떤 재화의 사회적 의미에 대한 관념이 단일하지 않고 다양하여 서로 충돌하는 상황에 부딪치면 해답이 되어 주지 못한다. 대학교육이나 의료에 대한 사회적 인식이 시장 지향적으로 바뀌어 두 재화의 사회적 의미가 달라졌다고 하자. 그래서 대학교육이나 의료의 분배 기준으로 시장 원칙이 사회적으로 승인된다면, 즉 원한다면 얼마든지 대학 입학이나 응급 치료를 돈으로 구입할 수 있는 상황이 된다면 왈쩌는 이 분배 기준을 정의로운 기준으로 수용할까? 또 정치권력을 돈으로 구입할 수 있다는 사회적 의식이 확산된다면 '정치권력의 획득은 재력에 따라'라는 분배 기준은 정치권력의 분배에 관한 사회적 의미와 합치하므로 정의로운 기준이 될까? 사람들은 다양한 정의의 문제들을 앞에 두고 어떤 판단을 내릴까?

분배징의 원칙의 우선순위　　　분배정의에 대한 사회심리학 연구들이 소규모 집단 사람들 혹은 다양한 국가의 사람들을 대상으로 진행되어왔다.[36] 내용을 간략하게 정리하면 '각자에게 각자의 몫을'이라는 근본 원칙은 정의 문제가 발생한 상황과 맥락에 따라 ① 마땅히 받을 응분자격이 있는 사람에게 재화를 분배해야 한다는 응분 원칙 ② 한 사회에서 정상적으로 인간다운 삶을 영위하려면 최소한으로 필요한 기본 조건들이 갖춰지도록 재화를 분배해야 한다는 기본적 필요 원칙 ③ 재화는 자유로운 선택과 교환 과정을 통해 분배되어야 한다는 자유 계약 원칙 ④ 균분 원칙으로 구체화된다는 것이다.[37]

또한 연구 결과는 사회정의에 대한 사람들의 믿음을 사익의 합리화만으로 단순히 치부할 수 없다는 점을 보여주기도 한다. 정의에 대한 이견이 있는 경우에도 그것이 정의의 근본 원리나 실질적인 정의 원칙들에 대한 이견이라기보다는, 구체적인 상황에는 어떤 정의 원칙을 적용해야 하고, 원칙들이 서로 충돌한다면 어떤 원칙에 우선순위를 두어야 하는지에 관한 이견임을 확인할 수 있었다는 것이다. 또한 연구 결과들은 대부분의 사람들이 사회정의라는 관념을 아주 익숙하게 사용하며 분배정의의 원칙들을 적용하여 현행 사회제도를 평가하고, 정의로운 사회가 어떤 모습일지에 대한 관념을 갖고 있음을 보여준다. 사회정의는 근본적으로 잘못된 환상이어서 사회정의의 강조는 국가에 대한 개인의 예속으로 이어진다는 주장들이 사람들의 정의 의식에 그다지 큰 영향을 미치지 못한다는 것이다.[38]

관건은 네 가지 원칙이 서로 충돌할 때 우선순위를 어떻게 정해야 하는가의 문제를 해결하는 일인데, 사람들은 다원적인 정의 원칙들을 수용하고 분배의 맥락에 따라 분배 원칙들 중 어느 하나를 원용한다는 점이 주목할 만하다. 필요 원칙을 고려할 때 사람들은 진정한 필요와 단순한 선호를 구별하여 주장되는 필요가 기본적 필요에 해당한다고 여겨지면, 보장의 최저 기본선을 설정하고 사람들의 삶이 그 이하로 떨어져서는 안 된다고 정의 판단을 내린다. 또한 응분 원칙과 필요 원칙을 적절하게 조합하여 분배 원칙을 결정하기도 한다. 응분 원칙이 우선 적용될 것으로 여겨지는 고용 분야일지라도 노동자의 필요가 중요하게 고려되어야 한다는 정의 판단을 내린다는 것이다. 이는 사람들이 회사를 단순한 도구적 이익단체로만 여기지 않는다는 것을 의미하며, 최소한 일정 정도의 연대성은 실현해야 한다는 생각을 품고 있음을 보여준다. 고용주도 사회적 책임을 지는 시민이라는 관점이 작동하고 있다는 것이다. 그러나 필요 원칙을 적용할 사안인데 필요의 당사자가 나태했다거나 노력을 게을리했다면 필요 원칙 대신에 응분 원칙을 적용하기도 한다.[39]

평등 원칙에 대한 인식을 살펴보면, 사람들은 현재의 소득이나 부의 불평등 규모가 응분 원칙에 비추어 부당하며 지금보다는 평등한 상태로 나아가야 한다고 생각한다. 기본적 필요를 충족하지 못할 정도로 소득이 열악하다면 이 또한 부당하며, 기본권은 평등하게 보장되어야 한다는 의식을 표명한다. 법 앞의 평등, 정치적 영향력에 접근할 공정한 기회와 같은 이상은 적극 수용한다. 그러는 한편 시민으로서의 평등과, 응분 원칙에 비추어 정당하다고 여겨지는 경제적 불평등 사이에서 오락가락하기도 한다.[40]

앞에서 언급한 경험적 연구들로부터 두 가지 점을 확인할 수 있다. 첫째, 정의에 관한 사람들의 생각은 다원적이며, 분배 기준을 결정할 때 적어도 네 가지 원칙들을 적절히 비교하여 적용의 우선순위를 정한다는 점이다. 둘째, 분배의 사회적 맥락과 분배 대상인 자원과 재화에 따라서 어떤 분배 원칙이 적절할지 결정한다는 점이다.

이런 점들을 놓고 보면, 정의에 관한 대중의 인식이나 해당 사회에서 통용되는 사회적 관념에만 전적으로 의존해서는 안 되고 사회의 지배적인 관념을 비판적으로 판단할 수 있는 정의 기준이 필요하다는 것을 깨닫게 된다.[41] 공정성, 개인 책임, 자유롭고 평등한 시민, 기회균등, 인간의 존엄, 사회적 약자에 대한 고려와 같은 이상과 원리는 분배 영역들을 가로질러 통용될 수 있는 정의의 기본 원리들이며, 각각의 재화를 어떻게 분배해야 옳은지 판단할 때 그 방향을 일러주고 내용의 얼개를 잡아주는 나침반 역할을 한다.[42]

4 사회관계의 맥락에 따라 분배 원칙도 달라진다

영국의 정치철학자 데이비드 밀러[D. Miller]는 앞에서 언급한 사회심리학 연구들을 종합하여 정의의 문제가 등장하는 사회관계의 속성과 분배 원칙 간에 모종의 연관성이 있다는 가설을 제시한다.[43] 요컨대 정서적 유대감이나 연대감으로 결속력이 강하고 공통의 목표와 신조를 공유하는 집단, 가령 가족, 종교공동체, 동아리 등에서는 재화가 분배될 때 균분이나 성과보다는 각자의 필요에 기초한 필요 원칙이 가동된다. 반면 경쟁적인 이해관계의 집단, 즉 이해관계가 첨예하게 충돌하고 집단을 자신의 이해관계를 실현하기 위한 수단으로 인식하는 집단(대표적으로 경제)에서는 기여, 성과, 업적, 실력이라는 기준으로 자원을 분배하는 응분 원칙이 전면에 나선다. 정치공동체 구성원인 시민들의 집단,

가령 근대 입헌 민주주의 사회(국가)라면 적어도 평등한 시민 지위에 필수적인 권리와 의무, 자원과 재화가 평등하게 분배될 것(균분)을 요구한다는 것이다.[44]

밀러는 균분 원칙과 응분 원칙에 초점을 맞추면 다음과 같은 현상을 발견하게 된다고 말한다. 분배가 이루어지는 집단의 속성이 경쟁적인 이해관계의 집단이라면 응분 원칙이 작동하지만, 이 집단에서도 연대 의식이 자라나기 시작하면 그에 따라 균분 원칙으로 이동하기 시작한다. 물론 여기에도 단서조건은 있다. 첫째, 구성원 각자의 노력과 희생으로 공동목표가 달성되는 공동행동collective action 상황에서 무임승차자는 응징되거나 다른 구성원들보다 공동기여의 몫을 덜 받는다는 '공정한 경기의 원리'가 작동한다. 무임승차자에게는 균분 원칙이 적용되지 않는다는 것이다. 둘째, 집단 내부의 상호작용이 일시적으로 존속한다면 응분 원칙이, 상당 기간 존속할 것이라는 기대와 신뢰가 있으면 균분 원칙이 작동한다. 셋째, 어떤 분배 원칙을 채택할지를 두고 집단 구성원들이 토의를 하면 대체로 균분 원칙을 지지할 가능성이 높아진다.[45]

교육이라는 재화의 성격을 경쟁적 이해관계에서 유리한 지위를 차지하기 위한 수단으로 바라보는 도구적 관점에서는 교육자원을 학생 각자가 보여준 성취도(학업성적이나 스펙)에 따라 분배한다. 반면, 정치 공동체 구성원인 미래 시민의 양성이라는 관점에 서면 교육이라는 재화의 속성은 타인과 협력해서 살아가고 정치적 논의에 관여하고 사회생활의 다양한 영역에 참여할 수 있는 역량을 키우는 데 있다. 후자의 관점에서 바라보면, 교육자원을 분배하는 원칙은 역량의 평등 원칙이다. 그러면 현실에 존재하는 역량의 실질적 불평등을 보정하기 위한 기회균등의 원칙이 작동하게 된다. 결국 교육제도 정비와 교육정책 구상에서 도구적 관점과 시민의 관점이 대립하고, 각각의 관점에서 주장하는 정의 원칙들이 충돌하게 된다.[46] 이 양자 중 어떤 관점이 더 바람직한지는 사회 현실, 기회균등의 구조, 개인의 자유로운 삶과 행복에 비추어 판단해야 한다.

이것이 시사하는 바는 분배되는 재화의 본질적 속성이나 지향하는 목적에 관해, 그리고 우리가 서로 맺고 있는 사회관계의 속성에 관해 공동으로 진지하게 숙고할 필요가 있다는 점이다. 분배되는 재화의 속성에 대한 의견이 당연히 일치하지 않을 수도 있으며, 때로는 합의가 불가능할 정도로 의견 불일치가 심각할 수 있다. 그러한 경우에 분배정의 원칙들을 어떻게 조정해야 하는지에 관해 밀러는 명확하게 답을 주지 못한다. 정의를 판단할 때에는 사람들의 인식에 의존하면서, 이 인식에 대한 평가 기준을 제시하지 않는다는 점에서 밀러의 한계가 있다고 하겠다.

5 롤즈의 복합적 정의 원칙

앞에서 설명하였듯이, 사회적 관계의 평등을 강조하는 정의관은 '복합적이고 다원적인 정의'를 추구한다. 관계의 평등을 지향하는 정의관의 목표는 사회적 지위의 서열관계 철폐에 있으며, 사회적 지위의 서열 관계와 불평등이 다양하고 복합적이면 이를 철폐하기 위한 분배정의의 처방 또한 그에 따라 다양하고 복합적이어야 한다. 평등한 존재들의 사회관계 역시 복합적이므로, 분배 원칙도 그에 따라 복합적이어야 한다.

정의론의 역사에서 최고의 명저로 꼽히는 『정의론』에서 존 롤즈는 이러한 복합적 분배 원칙들이 적용되는 영역들과 적용되는 우선순위를 체계적으로 제시하였다.[47] 그의 유명한 정의 원칙들을 재구성하여 정리하면 아래와 같다.

1. **기본적 필요 우선 원칙** : 기본권과 기본적 자유를 현실에서 유의미하게 행사하기 위한 필수조건인 기본적 필요들이 반드시 우선해서 충족되어야 한다.[48]

2. **기본권과 기본적 자유의 최대한 평등 보장 원칙** : 각 시민의 기본권과 기본적 자유는 최대한 광범위하고 평등하게 보장되어야 한다.[49]

3. **정치적 영향력을 행사할 수 있는 공정한 기회의 보장 원칙** : 유사한 자질과 동기를 가진 시민들이 자신들의 경제적 계급·사회적 계급과는 무관하게 정부정책에 영향을 미치고 권한 있는 직위를 차지할 수 있는 공정한 기회가 보장되어야 한다.[50]

4. **공정한 기회균등의 원칙** : 사회적으로 유리한 혜택들이 제공되기에 다수가 선망하는 각종 지위들advantaged social positions, 가령 입학, 인턴십, 취업, 승진 등을 둘러싼 경쟁에서 기회가 모든 시민에게 열려 있어야 하고, 각 개인의 사회경제적 위치와 무관하게 동일한 재능과 성취동

기가 있다면 동일한 성공의 전망이 보장되도록 해야 한다.[51]

5. **차등 원칙(정당한 불평등 원칙)** : 소득과 부와 권한의 불평등 분배는 모두에게 혜택을 가져다주고 사회적 최소 수혜자들의 처지를 가장 낮게 만들어줄 때 정당하다.[52]

롤즈의 정의 원칙들과 그 적용 우선순위는 사회의 기본 뼈대를 설계하고 운영하는 데 초점을 맞추고 있어서, 개개의 다양한 사회관계에 직접 적용되는 원칙은 아니다. 그러나 관계의 평등을 지향하는 평등주의 정의관에서 복합적 분배정의 원칙을 구상할 때 매우 중요한 지침이 된다.[53]

제1부에서는 정의란 무엇인지, 사회정의의 실질적 원칙들로는 어떤 것이 있으며 그 내용은 무엇인지, 사회정의가 지향하는 이상과 가치는 무엇인지를 살펴보았다. 사회정의와 공정성의 이 문법은 정의 담론의 공통 기반이자 모듈로 삼을 수 있을 것인데, 제2부에서는 이를 적용하여 우리 헌법에 담긴 정의관과 정의 원칙을 찾아보고자 한다.

제2부

우리 헌법은 무엇을 정의라 하는가

제 7 장

우리 헌법에 담긴 자유와 존엄의 정의관

—— 우리 헌법에 보장된 자유와 권리는 어떤 모습일까? 헌법재판소는 인간 존엄성의 원리를 그 기준으로 제시하며 인간 존엄성의 실현과 보장에 필수적인 자유를 기본적 자유라고 부른다. 이러한 정의관에 밑돌을 놓은 사상가 칸트가 제시한 내보 근내는 개인이 능력을 계발하고 사회가 '존엄'의 실현을 보장하는 사회다. 이러한 사회적 존엄의 이상은 기본적 필요 원칙과 긴밀한 관련이 있다. 불평등이 낳은 최고의 악인 빈곤 문제와 이의 대상이 되는 '사회적 최소 수혜자'의 지위를 보장하는 헌법의 해석을 살피며 기본적 역량의 증진 방안을 모색한다.

1 자유롭고 민주적인 사회를 위한 정의관

대한민국 현행 헌법은 '자유민주적 기본질서'의 개념과 이념을 제시하고 있다. 자유민주주의는 민주주의 중에서 개인의 자유를 존중하는 사회, 곧 자유롭고 민주적인 사회를 말한다. 이 '자유롭고 민주적인'이라는 수식어에 자유의 평등이라는 이념과 평등한 주권자로서의 시민이라는 이념이 포함되어 있다고 보면, 자유민주정은 어떤 식으로 해석되었든 평등의 이념을 상정하는 셈이다. 이때의 평등은 동등한 인간 존엄성이라는 근원적 평등(도덕적 평등)의 이상, 평등한 시민의 이상, 자유를 최대한 보장하고 최대한의 자유를 각자에게 평등하게 보장한다는 이상을 담고 있는 개념이다.

물론 개개인이 평등하게 최대한의 자유를 누리는 민주주의 사회를 자유민주적 기본질서로 이해한다고 해도 문제는 여전히 남는다. 자유를 어떻게 이해할 것인지, 어떤 자유들이 중요한지, 자유들이 서로 충돌하거나 또는 자유와 평등이 서로 맞선다면 어떻게 해결할 것인지 등의 중요한 문제들이 해소되어야 한다. 이런 점에서 자유민주적 기본질서는 특정 해석에 의해 고정되지 않고, 해석과 논쟁을 통해 그 내용이 부단히 새롭게 채워지는 개념과 이념^{contested concept}이라고 할 수 있다.

최대한 기본적 자유를 평등하게 보장한다　　　자유의 기본요소는 '하고 싶은 대로 하는 것, 그리고 그렇게 하려고 하는데 못 하게 막는 제약조건이 없는 것'이다. 이때 제약조건에는 국가를 비롯한 외부로부터의 강제와 같이 적극적인 제약조건도 있고, 돈을 비롯한 물질적 조건의 결핍과 같이 소극적인 제약조건도 있다. 또한 지식이나 정보, 기술, 자신감과 자존감처럼 행위자의 내적 역량이 부족해서 원하는 바를 하지 못하는 수도 있다.[1] 사회에서 상호작용을 하면서 당연히 자신이 원하는 모든 것을 할 수는 없으므로 자유는 제약당하기 마련이다. 그런데 어떤 자유들은 매우 중요해서 국가나 타인이 쉽게 제약하지 못하도록 강하게 보호해야 하는 경우가 있다. 어떤 자유들을 그런 자유로 분류해야 하고, 그 판단 기준은 무엇일까?

　우리 헌법재판소의 결정례부터 살펴보자. 헌법재판소는 자유와 권리의 중요도를 판단하는 기준으로서 인간 존엄성의 원리를 제시한다.

　우리 헌법구조에서 더욱 중요한 자유 영역과 덜 중요한 자유 영역을 나눌 수 있다면, 이를 판단하는 유일한 기준은 인간의 존엄성이다. 따라서 인간의 존엄성을 실현하는 데 있어서 불가결하고 근본적인 자유는 더욱 강하게 보호되어야 하고 이에 대한 제한은 더욱 엄격히 심사되어야 하는 반면에, 인간 존엄성의 실현에 있어서 부차적이고 잉여적인 자유는 공익상의 이유로 더욱 광범위한 제한이 가능하다고 할 것이다.[2]

헌법재판소는 이 일반 기준을 구체적으로 적용하여 신체의 자유는 "정신적 자유와 더불어 헌법이념의 핵심인 인간의 존엄과 가치를 구현하기 위한 가장 기본적인 자유로서 모든 기본권 보장의 전제조건"[3], "양심의 자유는 우리 헌법이 실현하고자 하는 가치의 핵이라고 할 인간의 존엄과 가치와 직결되는 기본권"[4], "언론출판의 자유, 집회결사의 자유는 인간이 그 존엄성을 지켜나가기 위한 기본적인 권리"[5], 명예의 보호는 "인간의 존엄과 가치, 행복을 추구하는 기초가 되는 권리"[6]이며, 내밀하고 중요한 개인정보 역시 인간의 존엄성이나 인격의 내적 핵심을 이룬다고[7] 설시한다.

이처럼 인간 존엄성의 실현과 보장에 필수적인 자유들을 '기본적 자유basic liberties'라고 한다.[8] 헌법에서 기본권으로 특별히 보장한 자유들, 우리 헌법 제10조에서 제36조에 걸쳐 규정된 자유들이 기본적 자유의 예시다. 이들 기본적 자유를 제대로 행사하지 못하도록 막는 제약조건들은 여타의 자유 제약조건들보다 우선적으로 제거되거나 방지되어야 한다. 이를테면 국가나 공공기관, 사적 단체나 개인 들이 기본적 자유를 위협하는 존재가 된다면 이를 막아야 하고, 물질적 여건이나 개인의 역량 결핍이 기본적 자유의 행사에 장해가 된다면 물질적 여건을 적극 제공하여 개개인이 자유를 실질적으로 행사할 수 있는 기본적 역량을 갖추도록 노력해야 한다는 것이다.

그렇다면 자유로운 사회란 모든 사람이 자기 하고 싶은 대로 행동하는 사회라기보다는 '모든 시민이 근본적이고 중요한 기본적 자유들을 가능한 한 광범위하고 평등하게 향유할 수 있도록 보장하는 사회'를 가리키는 것으로 이해해야 한다. 이렇게 자유사회에서 자유와 평등은 심층적 차원에서 서로 연관되어 있기 때문에, 평등한 자유의 보장을 위해 자유사회는 최소한의 규제가 아니라 합당하고 공정한 규제를 필요로 한다. 그러므로 자유민주주의 사회를 평등보다는 자유를 우선하는 사회로 파악하여 자유와 평등을 대립관계로 몰아가기보다는 다음과 같은 질문을 제기해야 한다. 어떤 자유를 중요한 기본적 자유로 보아야 하는가. 그리고 모든 시민에게 기본적 자유들을 광범위하고 평등하게 보장하려면 어떤 제도가 필요한가.[9]

이렇게 이해된 자유민주적 기본질서라는 개념에서 출발한다면, 우리 헌법이 지향하는 정의관은 '인간의 존엄성과 자주성을 실현하여 행복한 삶을 영위하는 데 필요한 기본적 자유들이 가능한 광범위하고 평등하게 보장되어야 한다'는 이상을 지향하고 천명하고 있다고 해석할 수 있을 것이다.

기본적 자유와 기본권을 평등하게 보장한다　　　우리 헌법은 헌법

제10조에서 제36조에 걸쳐 자유롭고 평등한 시민으로서의 지위 유지와 역량 행사에 필수적인 기본 권리와 자유 들을 제시한다. 이른바 기본적 자유에 대한 권리로서 기본권 중에 자유권의 범주에 속하는 인신의 자유권(생명권, 신체를 훼손당하지 않을 권리, 신체의 자유)과 정신적 자유권(양심의 자유, 종교의 자유, 언론출판의 자유, 집회결사의 자유, 학문과 예술의 자유), 사생활 자유권(사생활의 비밀과 자유, 주거의 자유, 거주이전의 자유, 통신의 자유), 또한 정치적 기본권(정치적 자유, 참정권), 경제적 기본권(재산권, 직업선택의 자유, 소비자의 권리), 청구권적 기본권(청원권, 재판청구권, 국가배상청구권, 범죄피해자구조청구권, 손실보상청구권과 형사보상청구권을 내용으로 하는 국가보상청구권), 사회적 기본권(인간다운 생활권, 근로의 권리, 노동3권, 교육을 받을 권리, 환경권, 쾌적한 주거생활권, 건강권), 그 밖에 헌법에 열거되지는 않았지만 경시되어서는 안 되는 다양한 권리들을 보장할 것을 규정하고 있다. 헌법 제11조에 군이 의거하지 않더라도 모든 시민은 이 기본권들에 대한 평등한 권리를 가진다.

기본권의 평등한 보장 원칙에 따르면 "합리적인 이유 없이 성별, 종교, 장애, 나이, 사회적 신분, 출신 지역, 출신 국가, 출신 민족, 용모 등 신체조건, 기혼 · 미혼 · 별거 · 이혼 · 사별 · 재혼 · 사실혼 등 혼인 여부, 임신 또는 출산, 가족 형태 또는 가족 상황, 인종, 피부색, 사상 또는 정치적 의견, 형의 효력이 실효된 전과前科, 성적性的 지향, 학력, 병력病歷 등을 이유로"(국가인권위원회법 제2조 제3호) 기본권을 달리 보장하는 것은 당연히 금지된다. 시민들 간의 자유롭고 평등한 관계, 곧 사회적 평등의 이상을 훼손하기 때문이다.

다음의 사례를 생각해보자. 일반 사인私人은 자신의 재산이나 전과를 공개당하지 않고 직업생활을 할 자유가 있는 반면, 선출직 공무원이 되려는 사람은 재산과 학력과 전과를 반드시 공개해야 한다. 또한 고위공무원의 비위행위에 대해서는 공개적 보도가 허용된다. 일반 사인과 비교해볼 때 자신의 과오를 사회에 공개되지 않고 재사회화할 권리 측면에서 고위공무원은 불리하다. 얼핏 보면 기본권이 불평등하게 보장되는 것 같기도 하다. 이에 대한 판단 기준은 사회적 평등의 핵심인 평등한 시민이라는 이상에 비추어 '자유의 제한이 더 근본적인 평등한 자유 관계를 복구·유지하거나 강화'하기 위한 것인지 여부다.[10]

고위공무원이나 선출직 공무원은 일반 시민들이 갖지 못한 권한을 보유하고 행사한다. 권한의 이런 불평등이 정당화되는 이유는 전문적이고 공정한 권한 집행으로 인해 창출되는 공익에 있다. 공무원들이 그 권한을 개인적 이익을 위해 남용하게 되면 불평등한 권한 분배가 불평등한 기본권의 분배로 이어지게 되고 자유롭고 평등한 시민들의 관계가 훼손된다. 이런 위험을 방지하기 위해 고위공무원이나 선출직 공무원의 권한을 견제해야 하므로, 일반 사인과 비교해서 기본권에 제한을 두는 것은 정당하다고 볼 수 있다. 공무원의 권한이 자의적 권력으로 변질되어 시민들 위에 군림하지 않게 하려면 공무원이 접근하고 이용하는 정보, 자원, 기회, 인적 네트워크 등이 투명하게 공개될 필요성이 있기 때문이다. 이런 견제장치가 없는 법질서보다는 견제장치가 있는 법질서에서 모든 시민이 최대한 광범위하게 평등하고 자유롭게 향유하는 기본적 자유 및 기본권 보장체계가 강화될 것이다. 이런 사유에 의한 기본권의 불평등한 보장은 이 보장체계에서 가장 적은 자유를 누리는 사람들, 즉 고위공무원과 선출직 공무원도 받아들일 것이다. 그러나 특정 계층이나 집단에 속한다는 이유로 여타 시민들보다 더 적은 기본권 체계를 보장하는 것은 부정의하다.[11]

반면에 기본권의 실질적 불평등, 즉 기본권이 각자에게 평등하게 보장되어 있지만 각 개인의 처지에 따라 기본권 행사 측면에서 불평등이 발생하는 경우는 달리 바라보아야 한다. 실질적 자유는 법문서의 조항이 아니라 각자가 자유롭게 선택한 대로 행동할 수 있게 해주는 권한, 기회, 자원이 제공될 것을 요구한다. 예를 들어 이동의 자유는 모든 시민에게 평등하게 보장되고 있으나, 장애 시민과 교통약자 들이 비장애 시민들에 비해 이동의 자유를 실제로 향유하거나 행사하기는 어렵다. 형식적 측면에서는 평등하게 보장되고 있지만 실질적 자유의 불평등이 있는 셈이다. 이때 장애 시민이나 교통약자에게 이동의 자유를 두배 보장하거나 비장애 시민의 이동의 자유를 절반 감소하는 방안과, 전자의 시민들이 이동의 자유를 실제로 행사할 수 있도록 대중교통 체계와 통행로를 개선하는 방안 중에 어느 것이 더 정당한지는 짐작하는 내도다. 자유를 행사할 수 있는 실제 능력인 실질적 자유의 조건이 사회정의의 목적임을 고려하면, 자연스럽게 사회국가적 정의 원리와 기회균등의 원리가 헌법의 정의 원리로 등장하게 된다.

2 인간의 존엄을 지향하는 정의관

인간의 고유한 가치와 위상　　　우리 헌법 제10조는 "모든 국민은 인간으로서의 존엄과 가치를 가지며, 행복을 추구할 권리를 가진다. 국가는 개인이 가지는 불가침의 기본적 인권을 확인하고 이를 보장할 의무를 진다"고 규정한다. 우리 법질서의 핵심 이념인 동등한 인간 존엄성의 원리를 헌법 제10조에서 천명하고 있다고 해석할 수 있다.[12] 헌법재판소는 헌법 제10조가 가지는 의의를 다음과 같이 설명한다.

> 헌법 제10조는 (……) 모든 기본권의 종국적 목적이나 기본이념이라고 할 수 있는 인간의 존엄과 가치를 규정하고 있다. 이러한 인간의 존엄과 가치 조항은 헌법이념의 핵심으로서 국가는 헌법에 규정된 개별적 기본권을 비롯하여 헌법에 열거되지 아니한 자유와 권리까지도 보장하여야 하고, 이를 통하여 개별 국민이 가지는 인간으로서의 존엄과 가치를 존중하고 확보하여야 한다는 헌법의 기본원리를 선언한 것이다.[13]

우리 대법원 역시 인간 존엄성 원리가 한국 법질서에서 가지는 의의를 다음과 같이 파악한다.

> 헌법 제10조의 인간 존엄성 규정은 헌법규범 가운데에서도 근본규범으로서 모든 국가의 작용 목적과 가치판단의 기준을 제공하고, 모든

법규범 효력과 내용을 해석하는 기준이 되며, 법의 흠결을 보충하는 제1차 원리가 된다.[14]

그렇다면 헌법 제10조에서 "모든 국민은 인간으로서의 존엄과 가치를 가지며 행복을 추구할 권리를 가진다"고 규정한 부분은 어떻게 이해해야 할까? '인간으로서의 존엄과 가치human dignity and worth'는 다양하게 해석할 수 있다. 인간 존엄과 평등의 관계를 살펴보면, 인간 존엄의 개념과 이념이 사용되는 것은 인간 이외의 생물들과 구별되는 인간 고유의 독특한 가치와 위상에 주목할 때다. 따라서 인간 존엄의 개념과 이념은 사람들 사이의 동등한 가치뿐만 아니라, 여타 생물들과는 구별되는 인간 고유의 가치와 속성과 위상도 포함한다.[15] 인간 존엄과 평등은 그 발생맥락에서는 구별되지만, 인류 지성사와 법의 발전사에서 보면 인간 존엄에서 만인 평등사상이 나온다는 근대 계몽주의에서 양자는 결합되었다.

종교 교리의 관점이든 합리주의 철학적 전통의 관점이든 특정한 지역 문화나 사유방식의 관점이든, 각각의 관점에서 나름의 근거에 입각해 합의할 만한 인간의 존엄과 가치의 핵심 이상을 확인할 수 있다. 이렇게 다양한 관점과 견해가 있지만, 인간 존엄의 종교적, 사상적 전통들을 집약하여 철학적 토대로 구축한 철학자로는 칸트Immanuel Kant, 1724~1804를 꼽을 수 있다.

인간 존엄 사상이 추구하는 이상   이런 상상을 해보자. 누군가가 나의 발을 밟아서 고통을 느끼는데, 내가 만일 흑인 노예라면 어떨까? 나는 백인 노예소유주를 향해서나 백인 시민을 향해서 '당신이 나에게 이유 없이 가하는 이 행동은 잘못이다, 그러므로 당신 발을 치워 달라'고 요구할 수 없다. 노예인 나는 '사회적으로 죽은 존재social death'이기에 권리와 의무의 주체로 인정되지 않고, 자신에게 부당한 행위를 저지르는 상대방 백인을 향하여 그런 주장을 펼칠 수 있는 권위를 가진 '인간'으로서 간주되지 않기 때문이다.

하지만 노예가 아닌 보통 시민이라면 이 상황에서 상대방을 향해 '당신이 내 발을 밟고 있으니 당신 발을 치워 달라'고 당당히 요구할 수 있고, 발을 치우지 않으면 당당하게 비난할 수 있다. 그리고 그런 요구와 비난은 타당하다고 여겨진다. 왜일까? 그런 권리가 실정법으로 부여되었기 때문이라고 볼 수도 있다. 헌법과 법률이 그런 권리를 인정해서라고 법률가들은 말하겠지만, 그로부터 또 의문이 생겨난다. 근대 이후의 헌법과 법률은 특정 집단이 아니라 왜 모든 인간에게 그런 법적 권리를 부여하게 되었을까? 그 해답은 동등한 인간 존엄의 사상에서 나온다.

칸트의 사상에 따르면, 누군가 부여하지 않았는데도 오로지 인간이라는 이유만으로 나는 내 발을 밟고 있는 상대방 '너'에게, 그게 누구든 상관없이 발을 치워 달라고 당당하게 요구할 수 있는 도덕적 권위moral authority를 가진다. 상대방 '너'는 발을 치우지 않으면 비난을 듣고 모종의 책임을 지게 된다. 상대방을 향하여 내가 타당한 요구를 하면서 그대로 해달라고 주장할 수 있으려면, '내'가 그런 요구와 주장을 할 수 있는 도덕적 권위를 지닌다는 점이 나와 상대방 사이에 이미 전제되어 있고 승인되어 있어야 한다. 그런 권위를 가진 '내'가 타당한 요구를 했다면, 상대방인 '너'는 그렇게 할 의무를 진다는 점도 전제되어야 한다. 타당한 요구와 주장을 할 수 있는 도덕적 권위를 내가 당연히 가진다는 것은 상대방에게 나의 요구대로 해야 할 의무를 지울 수 있는 권리도 가졌음을 함축한다.[16] 권리 개념은 바로 각 개인의 이런 상호적 권위를 반영하고 있기 때문에 근대 이후의 규범적 담론에서 매우 중요한 위상을 가지는 것이다.[17]

내 주장과 요구가 타당하다면 나는 상대가 누구든 상대방을 향해 주장하고 요구할 수 있는 도덕적 권위를 가지고 있으며, 그런 권위의 원천은 내가 오로지 인간이라는 점에 있다는 것이 인간 존엄의 핵심 사상이다. 신으로부터의 위임, 신분, 권력, 인종, 성별, 연령 등과 같은 요인이 그런 권위의 원천이 되어서는 안 된다는 요청을 인간 존엄의 이상은 천명한다. 이는 모든 개인에게 똑같이 통용된다. 그렇기에 인간 존엄과 인권은 불가분의 관계에 있다.

칸트가 제시하는 인간 존엄의 사상 칸트는 사람의 사회적 유용성이나 사회적 지위나 출신배경 등에 의해 인간의 가치가 결정된다는 견해에 반대한다. 인간 개개인은 다른 개인들로 결코 대체될 수 없는 '고유한 가치inherent worth'를 가지며, 그 자체가 목적Zweck-an-sich인 존재라고 보는 것이다. 그러면서 그 자체가 목적인 인간의 가치를 '절대적 가치absolute value'라고 명명하고 인간 존엄의 기초로 삼았다.[18] 이와 대조되는 견해를 홉스[Thomas Hobbes, 1588~1679]는 다음과 같이 언명했다.

여타의 모든 것과 마찬가지로, 한 인간의 가치는 그 사람의 **가격**[Price]인데, 사람의 가격은 그 사람이 지닌 능력(힘)의 쓰임새에 따라 주어진다. 그래서 (가격으로서) 사람의 가치는 절대적이지 않고 다른 사람들의 수요와 평가에 따라 정해진다.[19]

칸트는 이런 견해에 반대하며 '스스로가 목적인 존재들의 가치[the worth of an end in itself]', 즉 인간의 가치는 상대방에게 또는 사회적으로 유용한 존재인지에 대한 평가에 따라 결정되지 않는다고 강조한다. 칸트는 이렇게 자기 자신과 타인의 주관적 평가에 의해 비교되면서 결정되는 가격을 뛰어넘는 본래의 가치를 '존엄[dignity, Würde]'이라고 명명했다.

도덕적으로 어떻게 행동해야 하는지를 아는 실천이성의 소유자인 도덕적 주체[person]로 간주되는 인간은 가격 이상의 존재다. 왜냐하면 그런 도덕적 주체로서 인간은 타인의 목적 실현을 위한 수단, 심지어는 자기 스스로가 설정한 목적 실현을 위한 수단으로 가치 매겨져서는 안 되기 때문이다. 인간은 그 자체로 목적인 존재로서 가치를 지닌다. 즉 인간은 존엄을 지니며, 바로 이 존엄에 의거하여 인간은 이 세상의 모든 이성적 존재들을 향해 자신을 존중해줄 것을 요구한다.[20]

칸트에 따르면 존엄은 실천이성의 능력을 가진 존재들이 지니는 가치다. 실천이성의 능력이란 여타의 이성적 존재자들이 모두 수용할 수 있는 보편적 행동규범이 어떤 것일지 스스로 생각해서 그 규범을 수립하고, 그에 맞게 자신의 행동 목적을 설정하여 추구할 수 있는 자율성 능력을 말한다. 그리고 이성적 행위자는 이런 자율성 능력을 가진 존재자를 일컫는다. 칸트가 보기에 인간이라면 모두 실천이성의 잠재력을 가지고 있으며, 그 능력은 일상에서 하는 각종 선택과 행위에 실제로 상당 정도 발휘되고 있다.[21] 존엄성 있는 존재로 만들어주는 이 실천이성의 능력은 인간만이 가지고 있는 것은 아닐 테고, 성인成人만이, '정상인'만이 지니는 것은 더더욱 아닐 것이다. 칸트는 대부분의 인간은, 그리고 대부분의 성인과 '정상인'은 그런 능력을 가지고 있기에 신분 고하를 막론하고 동등하게 존엄성을 가진다고 보았다. 칸트가 '자유의지'라고 명명한 '이성적 자율성'이 인간 존엄의 토대라는 칸트의 사상은 다음과 같이 나타난다.

보편적으로 타당하다고 인정될 만한 도덕규범을 스스로 수립하고 그 규범에 따라 행동하는 바로 이 능력이 인간 존엄성의 기초다.[22]

이 관념은 "이성적 존재자로서 인간은 자신이나 타인을 목표 달성에 필요한 한낱 수단mere means으로만 취급해서는 결코 안 되며, 동시에 그 자체로 소중한 가치를 지니는 목적으로도 존중해야 한다"는 '목적 정식(또는 수단화 금지 정식)'으로 구현된다.[23] 이로부터 모든 개인은 인간으로서의 존엄과 가치를 실현하는 기준들에 맞게 존중받을 권리를 가진다는 요청이 나오며, 이 존중받을 권리에 인간의 존엄을 침해하는 방식으로 행동하지 말라는 소극적 의무와 인간의 존엄을 실현하는 방향으로 행동하라는 적극적 의무가 대응한다.

우리 헌법이 지향하는 인간의 존엄 이러한 인간 존엄 사상이 우리 헌법재판소의 결정문에 어떻게 반영되었는지 살펴보자. 우선 헌법재판소는 '자율적으로 선택하고 결정하는 능력'이 인간 존엄의 본질적 핵심이라고 파악한다. 인간의 존엄과 가치, 행복추구권을 규정하는 헌법 제10조는 "개인의 인격권·행복추구권은 개인의 운명결정권이 전제되는 것이고, 자기운명결정권에는 성행위의 여부 및 그 상대방을 선택할 수 있는 성적자기결정권이 포함"된다고 설시한다.[24] 다양한 차원의 자기결정권을 인간 존엄에서 도출하는 결정문[25]들을 보더라도, 우리 헌법재판소는 자율성 능력을 인간 존엄의 핵심으로 보고 있음이 분명하다. 또한 구치소 내부의 과밀수용 행위가 위헌임을 확인한 '헌재 2016. 12. 29. 2013헌마142' 결정문은 이른바 칸트의 '목적 정식'을 원용하여 다음과 같이 설시한다.

헌법 제10조에서 규정한 인간의 존엄과 가치는 (……) 모든 인간을 그 자체로서 목적으로 존중할 것을 요구하고, 인간을 다른 목적을 위한 단순한 수단으로 취급하는 것을 허용하지 아니하는바, 이는 특히 국가의 형벌권 행사에 있어 매우 중요한 의미를 가진다. 인간의 존엄과 가치는 국가가 형벌권을 행사함에 있어서 피의자·피고인·수형자를 다른 모든 사람과 마찬가지로 존엄과 가치를 가지는 인간으로 대우할 것을 요구한다. 그러므로 인간의 존엄과 가치는 국가가 형벌권을 행사함에 있어 사람을 국가 행위의 단순한 객체로 취급하거나 비인간적이고 잔혹한 형벌을 부과하는 것을 금지하고, 행형(行刑)에 있어 인간 생존의 기본조건이 박탈된 시설에 사람을 수용하는 것을 금지한다. 필요최소한의 범위 내에서는 수형자의 기본권에 대한 제한이 불가피하다 하더라도, 국가는 인간의 존엄과 가치에서 비롯되는 위와 같은 국가형벌권 행사의 한계를 준수하여야 하고, 어떠한 경우에도 수형자가 인간으로서 가지는 존엄과 가치를 훼손할 수 없다.

위 헌법재판소 결정에서 4인의 헌법재판관(박한철, 김이수, 안창호, 조용호 재판관)은 다음과 같은 보충의견을 개진하였다.

헌법 제10조는 모든 기본권 보장의 종국적 목적이자 기본이념이라 할 수 있는 인간의 본질적이고 고유한 가치인 '인간의 존엄과 가치'를 천명하고 있(다). (……) 수형자라 하더라도 인간으로서 품위를 지킬 수 있는 수용환경에서 각자의 인격을 형성하고 발전시킬 기회를 가질 수 있도록 함으로써 그들이 다시 자유를 회복하였을 때에는 개인과 공동체의 상호 연관 속에서 균형을 잡고 자신의 인생과 공동체에 대한 책임을 다할 수 있는 인격체로 살아갈 수 있도록 하는 것이야말로 국가형벌권 행사의 궁극적인 목적이자 이를 정당화할 수 있는 근거라고 우리는 믿는다.[26]

칸트로 집약되는 인간 존엄 사상은 인권과 헌법에서 규정하는 기본권의 원천과 관련해서, 그리고 국가와 법질서의 정당성 기초와 관련해서 확고한 지위를 누리게 되었다.[27] 이는 "국가권력은 인간의 존엄과 가치 및 이를 구체적으로 실현하는 기본권을 보장하고 실현하기 위한 수단"이라는 점에서 인간의 존엄과 가치가 "국가와 국가권력의 정당성 원칙"이라는 견해를 일관되게 견지하는 헌법재판소의 다음 결정문에 잘 나타난다.

> (……) 국가는 인간 존엄성을 실현해야 할 의무와 과제를 안게 됨을 의미한다. 따라서 인간의 존엄성은 국가권력의 한계로서 국가에 의한 침해로부터 보호받을 개인의 방어권일 뿐만 아니라, 국가권력의 과제로서 국민이 제3자에 의하여 인간 존엄성을 위협받을 때 국가는 이를 보호할 의무를 부담한다.[28]

그런데 인간의 자율성 능력은 고립된 상태에서 생겨나지 않는다. 자율성 능력의 발생과 발현에는 일정한 사회적 형식과 관계가 필요하다.[29]

사회적 삶 속에서 추구하는 인간 존엄　　　　칸트의 인간 존엄 사상은 동등한 인간 존엄성을 보편적인 도덕 가치이자, 보편적인 정치도덕 가치로 승격시켜놓았다. 고통을 느끼는 능력, 사랑할 수 있는 능력, 스스로를 위해 목적을 수립할 수 있는 능력, 원칙에 따라 판단하고 옳고 그

름을 분별하고 그 분별에 따라 행동하는 능력, 자신의 인생관과 가치관에 입각하여 인생 계획을 세우고 그에 비추어 삶을 꾸리고 선택할 수 있는 능력을 신분 고하와 재산 보유 정도와 무관하게 모든 사람이 일정 수준 이상 지닌다는 점만으로 동등한 인간 존엄의 토대가 될 수 있다.[30]

이러한 점을 고려해서 존 롤즈는 인간의 본성을 어떻게 바라보든지 간에 적어도 고대 그리스로부터 지금까지 맥을 이어온 서양철학과 법의 전통에서 공통된 인간관은 인간을 "사회적 상호작용과 협동작업에 참여하여 일정한 역할을 하면서 다양한 권리와 의무를 행사하고 존중할 수 있는 존재"로 여겨왔다고 지적한다.[31] 이런 인간관에서 보면, 사람은 일생에 걸쳐 사회적 상호작용과 협동 과정에 참여하는 사회적 존재로서 사회적 상호작용과 협동 과정을 규제하는 규칙 수립에 관여할 능력을 일정 정도 가지고 있다. 사회적 상호작용 과정에서 각자가 원하는 대로만 행동할 수는 없으므로 다른 사람들의 정당한 이해관계에 의해 행동반경이 제한되는데, 보통 사람들은 그런 상호 제한이 반영된 공동의 규칙을 준수하면서 행동할 수 있는 능력도 일정 정도 가지고 있다. 인간이 소유한 이런 능력을 롤즈는 '정의감과 관련된 능력the capacity for a sense of justice'이라고 명명한다. 롤즈에 따르면, 보통의 우리는 각자 자신의 삶에서 무엇이 가치 있는지, 의미 있고 행복한 삶이 무엇인지에 대한 나름의 관념을 형성하고 있으며, 그에 따라 인생 목표를 설정하여 추구하고 필요하다면 자신의 관념을 수정할 수 있는 능력도 또한 지니고 있다. 롤즈는 이 능력을 '합리적인 인생 계획과 관련된 능력the capacity for a rational plan of life'이라고 명명한다. 이 두 가지 도덕적 근본 능력을 가진 존재로 인정되고 대우받는다면, 그리고 자유롭고 평등한 시민으로서 이 두 가지 근본 능력을 충분히 계발하고 행사하는 데 필수적인 정치적, 사회적 여건이 제공된다면, 각 개인은 "인간으로서의 존엄과 가치"를 보유한 존재로서 존중된다는 것이 롤즈의 기본 사상이다.

가혹한 정치경제적 조건에서 짐승과 다를 바 없는 비참한 삶을 살면서 수단으로 쓰이고 버려지는 사람들의 고통을 진지하게 고려한다면, 자기결정 능력과 스스로를 목적으로도 존중하라는 칸트의 사상은 인간의 삶 전체, 나아가 삶의 사회적 조건으로까지 확대되지 않을 수 없다. 인간의 존엄이 침해를 당하며 특정 부류의 사람들이 배제되고 부당하게 차별받는 현실에서 인류는 "사회적, 문화적 권리들이 기본 인권과 헌법의 기본권 안으로 포함될 때 비로소 모든 사람은 '동등한 가치'를 가지게 된다"는 교훈을 얻게 되었다는 독일 철학자 하버마스Jürgen Habermas의 주장도 이런 생각을 공유한다.[32] 즉 칸트의 인간 존엄 사상의 핵심을 견지하면서 인간 삶의 총체적 측면으로까지 확장해야 한다는 것이다. 이리하여 스스로를 존중하고 동료 시민들의 존중을 받는다는 의미에서의 '사회적 존엄social dignity'이 인간 존엄의 원리에 도입되어야 한다는 문제의식이 형성되었다.[33]

사회적 존엄을 보장하는 토대   인간 모두에게 동등한 가치와 존엄성의 기반이 되는 두 가지 근본 능력, 즉 정의감과 관련된 능력과 합리적인 인생 계획과 관련된 능력을 계발하고 행사하려면 추가로 필요한 능력들이 있다. 우선, 정의감과 관련된 능력을 위해서는 타인에 대한 관심을 가지는 능력, 자신의 처지와 이해관계만을 추구하지 않는 일정 정도의 자제력, 자신 및 타인의 주장을 뒷받침하는 증거와 논변을 검토하고 변별하는 능력 등이 필요하다. 이 능력들은 일정 정도의 정서적 능력과 도덕적 능력의 발전을 전제로 한다. 둘째, 합리적인 인생 계획과 관련된 능력을 위해서는 감정을 절제하는 능력, 어떻게 살 것인가에 관한 여러 관점과 견해에 주목하여 자기화하는 능력, 다른 사람들이 어떻게 살아가는지에 대한 정보를 검색하고 검토하고 성찰할 수 있는 능력 등이 필요하다.[34]

자유롭고 평등한 시민으로서 이 두 가지 근본 능력을 계발하고 발휘하는 데 추가로 필요한 능력들을 이런 방식으로 확장하고 구체화하여 모아보면, 어떤 사회에서든지 각 개인이 자신의 개성을 충분히 발현하는 데 필수적인 능력들을 목록으로 구성해낼 수 있다. 이에 대한 마사 누스바움의 견해를 인용하여 확장된 필수 능력의 목록을 정리하면 다음과 같다.[35]

① 생명 : 보통의 정상적인 수명대로 삶을 영위할 수 있을 것

② 신체 건강 : 건강한 신체를 유지하고, 적절한 영양을 섭취하고, 주거가 있을 것

③ 신체 온전성隱全性 : 이동의 자유가 있고, 성적 만족을 누릴 기회를 가지고, 생식 · 출산 여부를 결정할 수 있고, 신체에 대한 침해들로부터 안전할 것

④ 감각능력, 상상력, 사유능력 : 느끼고 상상하고 생각하고 추론할 수 있을 것, 그렇게 되도록 교육을 받을 수 있을 것

⑤ 정서능력 : 사랑하고, 슬퍼하고, 열망과 감사와 타당한 분노를 느낄 수 있을 것

⑥ 실천이성 능력 : 어떻게 살아야 하는지에 관한 나름의 견해를 형성하고 자신의 인생 계획을 비판적으로 성찰하여 변경할 수 있을 것

⑦ 관계를 맺는 능력 :

   ⓐ 타인과 더불어 살고, 타인을 인정하고, 그들에게 관심을 보일 수 있는 능력

   ⓑ 자신을 존중할 수 있고 비하당하지 않을 사회적 기반이 있을 것, 동등한 존엄성을 가진 존재로서 대우받을 수 있을 것

⑧ 다른 생물종 및 자연에 관심을 쏟으면서 적절하게 관계를 맺고 살아갈 수 있는 능력

⑨ 여가 능력 : 웃고, 놀고, 여가생활을 즐길 수 있을 것

⑩ 정치적 자율성과 경제적 자율성 능력

   ⓐ 정치적 차원의 통제능력 : 자신의 인생과 삶에 큰 영향을 미치는 정치적 선택 과정에 실제로 참여할 수 있을 것

   ⓑ 경제적 차원의 통제능력 : 재산을 보유할 수 있는 실질적 기회를 누리고, 부당한 차별 없이 구직활동을 하며, 노동환경에 대한 의사결정 과정에 참여할 수 있고 통제할 수 있는 일정 정도의 자율성을 가질 것[36]

이런 필수 능력의 목록은 각 개인이 어떤 사회에 있든 인간으로서, 시민으로서 존엄을 지키고 자신의 개성을 충분히 발현하며 살아가는 데 반드시 필요한 것들이다. 따라서 인간 존엄성의 이상은 이들 필수 능력을 계발하고 발휘하는 데 필요한 자원과 조건, 이를테면 권리와 자유, 기회, 문화 기반, 사회경제적 자원 등이 제공되어야 한다는 사회정의의 이념과 연결된다.[37]

"국가경제 질서의 목표는 모든 시민이 인간 존엄에 걸맞은 삶 menschenwüdiges Dasein 을 영위하도록 하는 것이다"라고 규정한 1919년 독일 바이마르 공화국 헌법 제151조 제1항에는 인간 존엄과 사회정의의 연관성을 반영한 사회적 존엄의 이상이 담겨 있다. "모든 국민은 인간다운 생활을 할 권리를 가진다"고 규정한 현행 우리 헌법 제34조 제1항도 이렇게 확장된 인간 존엄의 사상을 반영한 것이라고 하겠다. 이는 모든 사람은 자신의 존엄에 필수불가결한 경제적, 사회적, 문화적 권리들이 실현될 것을 요구할 권리자격을 가지고 있고, 이들 권리는 인간 존엄에 걸맞은 삶을 보장해준다고 규정한 유엔 인권선언 제22조와 제23조의 사상과도 일맥상통한다. 우리 헌법재판소도 헌법 제34조의 의의를 설명하는 결정문에서 이런 견해를 명백하게 제시한다.

'인간다운 생활을 할 권리'로부터는 (······) 인간의 존엄에 상응하는 생활에 필요한 최소한의 물질적인 생활 유지에 필요한 급부를 요구할 수 있는 구체적인 권리가 상황에 따라서는 직접 도출될 수 있다.[38]

이처럼 사회적 존엄으로서의 인간 존엄 가치는 실정법과 제도의 토대를 이루고 평가하는 기준이 되는 이상이자 원리로서 확고하게 자리를 잡았다. 우리 헌법은 그렇게 천명하고 있고, 우리 헌법재판소와 대법원의 입장도 물론 그렇다.

우리 헌법재판소의 결정례들을 분석해보면, 인간 존엄을 실현하는 방식을 두 가지로 구분하고 있음을 알 수 있다. 하나는 소극적인 방식으로, 수치심이나 모욕감을 주고 고문 등을 하여 '인간의 존엄을 침해해서는 안 된다'는 요청으로 집약된다. 다른 하나는 적극적인 방식으로, '국가는 각 개인이 인간의 존엄에 걸맞은 삶을 영위할 수 있도록 정치적, 사회경제적, 문화적 지원을 제공해야 한다'는 요청으로 집약된다. 구치소 내부의 과밀수용은 수형자의 인간 존엄을 침해하는 것이므로 위헌이라는 헌법재판소의 결정은 소극적인 방식의 일례이고, 인간다운 생활을 할 권리는 "국민소득, 국가의 재정능력과 정책 등을 고려하여 가능한 범위 안에서 최대한으로 모든 국민이 물질적인 최저생활을 넘어 인간의 존엄성에 걸맞은 건강하고 문화적인 생활을 누릴 수 있도록 하여야 한다는 행위규범"이라는 헌법재판소의 결정은 적극적인 방식의 일례라고 할 수 있다. 특히 '물질적인 최저생활을 넘어 인간의 존엄성에 걸맞은 건강하고 문화적인 생활'이란 부분은 단순한 '생존'이 아니라 사회적 존엄의 보장을 요청한다고 해석해도 좋을 만큼 의미심장한 내용을 담고 있다.

우리가 서로를 평등하게 고려하고 평등하게 존중해야 할 의무를 지며, 서로에 대해 똑같은 인권과 기본권을 부여하고 존중하고 유지해야 하며, 똑같은 법을 적용하고 보장해야 한다는 법치주의의 근본원리, 곧 법 앞의 평등은 바로 동등한 인간 존엄성의 이상에서 나온다. 평등 원칙을 천명하는 헌법 제11조와 인간의 동등한 존엄과 행복추구권을 규정한 헌법 제10조가 결합되면서 타인에게 부당한 피해를 끼치지 않는 한에서 자신이 원하는 삶을 영위하고, 자신의 삶에 중요한 영향을 미치는 의사결정에 참여할 기회와 권리가 광범위하게 실질적으로 보장되는 사회, 그리하여 서로가 서로를 최대한 존중하며 대우하고, 또한 각자가 스스로를 존중하는 사회의 규범적 토대가 마련되었다.[39]

3 사회적 존엄의 이상과 사회국가적 정의원리

사회적 존엄과 기본적 필요 원칙 제3장에서 살펴보았듯이 기본적 필요 원칙은 인간다운 삶을 영위하는 데 필수적인 자원과 기회 들을 제공하여 각 개인이 평등한 시민으로서의 지위를 유지하고 사회적 존엄을 갖추는 일에 중요한 역할을 한다. "인간다운 생활을 할 권리는 여타 사회적 기본권에 관한 헌법규범들의 이념적인 목표를 제시하고 있는 동시에 국민이 인간적 생존의 최소한을 확보하는 데 있어서 필요한 최소한의 재화를 국가에게 요구할 수 있는 권리를 내용으로 하고 있다."[40]는 우리 헌법재판소의 입장은 이와 같은 기본적 필요의 원칙을 천명하고 있는 것으로 해석할 수 있다. 여기서 기본적 필요 원칙은 사람들이 '사회에서 사라진 채 겨우 목숨만 부지하고 사는 삶'[41]을 영위하는 것, 즉 문자 그대로 '생존survival'만을 목표로 하는 원칙일까? 우리 헌법 제34조도 인간다운 삶을 이렇게 좁게 이해된 '생존의 권리'로 국한하고 있을까? 헌법 제10조와 제11조에 담긴 정신과 정의 원리들을 살펴보면서 우리는 그렇지 않다는 것을 확인할 수 있었다. 생활능력이 없는 국민에 대한 국가의 보호의무와 인간다운 생활을 할 권리가 헌법재판소의 결정에는 이렇게 담겨 있다.

자본주의 경제의 발달 과정에 있어서 빈곤은 더 이상 개인의 물질적 결핍의 문제가 아니라 사회의 안정을 위협하는 사회 전체의 문제이고, 경제 성장에 의하여 자연적으로 해결될 수 있는 것도 아니라는 인식이 자리를 잡아가면서, 빈곤 문제는 국가의 과제로 인식되었다. 이러한 인식으로부터 현대의 여러 국가는 모든 국민에게 생활의 기본적 수요를 충족시켜줌으로써 건강하고 문화적인 생활을 보장하는 것이 국가의 책무라고 하는 사회국가 원리를 헌법에 규정하게 되었고, 우리 헌법도 제34조 제1항·제2항에서 모든 국민은 인간다운 생활을 할 권리를 가지며 국가는 사회보장·사회복지의 증진에 노력할 의무를 진다고 규정하고 여러 가지 '사회적 기본권'을 폭넓게 규정함으로써 사회국가 원리를 헌법적으로 수용하면서 특히 제34조 제5항에서는 "신체장애자 및 질병·노령 기타의 사유로 생활능력이 없는 국민은 법률이 정하는 바에 의하여 국가의 보호를 받는다"고 규정함으로써 생활능력이 없는 국민에 대한 국가의 보호의무를 명시하고 있다. (……) 모든 국민은 인간다운 생활을 할 권리를 가지며 국가는 생활능력이 없는 국민을 보호할 의무가 있다는 헌법의 규정은 모든 국가기관을 기속(하며) (……) 입법부나 행정부에 대하여는 국민소득, 국가의 재정능력과 정책 등을 고려하여 가능한 범위 안에서 최대한으로 모든 국민이 물질적인 최저생활을 넘어 인간의 존엄성에 맞는 건강하고 문화적인 생활을 누릴 수 있도록 하여야 한다는 행위의 지침, 즉 행위규범으로서 작용(한다.)[42]

기본적 필요 원칙의 내용과 적용 범위를 밝히려면 빈곤이 나타나는 모습과 부작용을 먼저 살펴볼 필요가 있다. 단언하건대 불평등이 낳은 악 중에 최고는 빈곤이다. 빈곤은 단지 소득의 결핍이나 부족만을 뜻하지 않는다. 빈곤을 자세히 들여다보면 세 가지 유형으로 나뉘는데, 이들 유형은 빈곤이 부당하고 나쁘다고 평가받는 이유가 되기도 한다.[43]

첫째 유형은 돈이 없거나 부족해서 그야말로 물리적 생존을 위협하는 '생존에 영향을 미치는 빈곤subsistence status(이하 '생존 빈곤')'이다. 생물학적 존재인 인간의 생명 자체를 위협하는 빈곤을 말한다. 둘째 유형은 돈이 사회적 지위의 표지가 되는 사회에서 소득이 매우 낮아서 가장 하층의 지위에 놓이게 된 구성원들이 겪는 빈곤이다. 저수득층은 유의미한 각종 의사결정 과정에 참여하지 못하거나 참여하더라도 존중받지 못할 가능성이 크다. 이렇게 생존의 위협을 받는 정도까지는 아니더라도, 저소득 또는 빈곤으로 인해 사회 구성원인 시민으로서 존중받기 위한 토대를 박탈당하게 되는 경우의 빈곤을 '사회적 지위에 영향을 미치는 빈곤status poverty(이하 '지위 빈곤')'이라고 한다.[44]

'생존 빈곤'은 다른 사회 구성원들의 소득이 얼마인지와는 상관없이 소득의 절대적 수준 자체가 낮으면 발생한다. 그런 점에서 절대적 빈곤이라고 할 수 있다. 반면에 '지위 빈곤'은 상대적 빈곤이다. 물질적 부가 사회적 지위를 부여하고 그에 따라 사회적 존중과 인정이 위계적으로 분배되는 사회에서는 상대적 빈곤이 갖는 의미가 더욱 중요해진다. 소득이 절대적 수준은 생존 빈곤을 훨씬 넘어서지만 다른 사회 구성원들에 비해 상대적으로 낮은 사람들은 '지위 빈곤'에 처하게 되는데, 이들을 '지위 빈민status poor'이라고도 부를 수 있다.[45]

생존 빈곤과 지위 빈곤이 대비를 보이는 일례는 중국에서 찾아볼 수 있다. 문화대혁명 시기의 중국에서는 빈곤과 부유함의 사회적 의미가 지금과는 달랐다. 당시에는 빈곤이 부끄러움이 아니라 혁명성과 당성黨性을 보여주는 긍정적인 의미를 가졌기 때문에 자긍심과 함께 긍정적인 사회적 지위를 획득했다. 반면에 부유함은 '혁명 적대계급'으로 분류되어 부정적인 의미를 지녔기 때문에 부유층의 사회적 지위가 빈곤층보다 상대적으로 낮았다. 그러나 현대 중국에서는 상황이 역전되어 빈곤이 부정적인 의미를 가지게 되었다.[46] 무소유를 지향하는 금욕적 수행자라면 비록 빈한하더라도 무시나 비하를 당하기보다 사회에서 존중을 받기도 한다. 이런 특별한 상황이 있긴 하지만, 대체로 생존 빈곤은 지위 빈곤으로 이어지기 마련이다.

셋째 유형의 빈곤도 있다. 앞에서 우리는 인간의 필수적인 능력들을 살펴보면서 인간다움의 핵심은 자아 형성력, 자긍심과 자부심, 신체적 능력과 지적 능력을 발휘하여 자기 외부에 무언가를 형성하는 힘에 있다는 것을 알 수 있었다. 이렇게 자아를 형성하고, 자기의식과 목적과 가치관에 따라 행동할 수 있는 주체성을 '행위 주체성agency'이라고 한다. 사람이 행위 주체성을 인정받으려면 반드시 필요한 사회적 기능들을 행사해야 하는데, 이것이 빈곤으로 인해 불가능하거나 어려워질 때가 있다. 이런 상황을 초래하는 빈곤을 '행위 주체성 능력을 훼손하는 빈곤agency poverty(이하 '행위 주체성 빈곤')'이라고 부른다. 행위 주체성 빈곤은 물질적 자원의 결핍 때문에 행위 주체로서의 능력을 가지지도 못하고 행사할 수도 없게 되는 빈곤을 말한다. 물질적 결핍이 행위 주체성 빈곤으로 귀결되면 주체성의 핵심인 자기존중의 결핍이 동반되기 마련이다.[47]

앞에서도 인용했던 애덤 스미스의 『국부론』에서 당대의 사회적 존엄을 표시하던 기초품인 리넨 셔츠나 가죽신발은 경제가 충분히 발전하여 가난한 사람들도 굶어죽지는 않는 현대사회에서 사회적 행위자가 갖추어야 할 것들인 신용카드, 주소, (휴대)전화, 인터넷 이용 가능성 등으로 전환되었다. 만약 이런 기초 필수품들을 갖지 못하여 지위 빈곤과 행위 주체성 빈곤에 시달리고 있다면, 당사자는 사회적 행위 주체로서 정상적인 사회생활을 제대로 할 수 없게 되고, 자긍심과 자부심도 추락한다. 이런 점에서 볼 때 빈곤은 인간의 핵심적 특성인 행위 주체성과 존엄성 그 자체를 심각하게 무너뜨리기 때문에 불평등이 낳은 악 중 가장 나쁜 악이라고 할 수 있다.[48]

이처럼 세 유형의 빈곤은 가난한 사람들에게 열등한 지위의 존재라는 표지를 붙여서 스스로를 '루저' 또는 쓸모없는 인생 실패자로 여기게 만든다. 롤즈는 정의로운 제도가 보장해야 하는 중요한 가치는 각 개인이 '스스로를 존중할 수 있게 해주는 사회적 기반'이라고 강조하면서 다음과 같이 말했다.

자기를 존중self-respect하지 않는다면, 그 어떤 것도 가치 있게 보이지 않을 것이다. 어떤 것들이 우리에게 가치 있다고 할지라도, 자기 존중감이 없다면 그것들을 얻고자 분투하려는 의지 자체를 갖지 못하게 된다. 모든 소망과 활동은 공허하고 헛된 것이 되고, 우리는 무관심과 냉소주의에 빠지고 만다.[49]

자기를 존중한다는 감정의 핵심은 내가 당신과 똑같은 시민으로서 중요한 공적 사안에 대해 동등한 발언권을 행사하고, 나의 이해관계와 관점이 입법 과정에서도 당신의 것과 동등하게 고려될 자격이 있다는 것이다.[50] 이 자기 존중감은 동등한 인간 존엄이 사회적으로 보장될 때 형성될 수 있다. 따라서 기본적 필요의 원칙은 빈곤의 세 유형을 모두 고려하여 단순한 생존 보장을 넘어서 각 개인에게 자기 존중의 사회적 기반을 보장하는 내용으로 확장되어야 할 것이다.

생존이 아닌 인간다운 삶의 보장   빈곤의 세 유형, 곧 생존 빈곤, 지위 빈곤, 행위 주체성 빈곤은 사회적 신분과 직결된다는 점에서 사회 정의의 기본 사안이 된다. 이 빈곤 문제를 다루는 정의 원칙이 기본적 필요의 원칙이라고 했는데, 우리 헌법은 이와 관련하여 어떤 관점을 보이고 있는지, 헌법 제34조를 통해 들여다보자.

제34조 ① 모든 국민은 인간다운 생활을 할 권리를 가진다. ② 국가는 사회보장 · 사회복지의 증진에 노력할 의무를 진다. ③ 국가는 여자의 복지와 권익의 향상을 위하여 노력하여야 한다. ④ 국가는 노인과 청소년의 복지 향상을 위한 정책을 실시할 의무를 진다. ⑤ 신체장애자 및 질병 · 노령 기타의 사유로 생활능력이 없는 국민은 법률이 정하는 바에 의하여 국가의 보호를 받는다. ⑥ 국가는 재해를 예방하고 그 위험으로부터 국민을 보호하기 위하여 노력하여야 한다.

우리 헌법재판소는 헌법의 이 규정들을 해석하면서 "우리 헌법이 자유시장 경제질서를 기본으로 하면서도 사회국가 원리를 수용하여 실질적인 자유와 평등을 아울러 달성하는 것을 근본이념으로 하고 있다"고 파악한다.[51] 그리고 우리 헌법이 지향하는 국가는 "사회정의의 이념을 헌법에 수용한 국가, 사회현상에 대하여 방관적인 국가가 아니라 경제 · 사회 · 문화의 모든 영역에서 정의로운 사회질서의 형성을 위하여 사회현상에 관여하고 간섭하고 분배하고 조정하는 국가이며, 궁극적으로는 국민 각자가 실제로 자유를 행사할 수 있는 그 실질저 조건을 마련해줄 의무가 있는 국가"임을 강조한다."[52]

헌법은 제34조 제1항에서 모든 국민의 "인간다운 생활을 할 권리"를 사회적 기본권으로 규정하면서, 제2항 내지 제6항에서 특정한 사회적 약자와 관련하여 "인간다운 생활을 할 권리"의 내용을 다양한 국가의 의무를 통하여 구체화하고 있다. 우리 헌법은 사회국가 원리를 명문으로 규정하고 있지는 않지만, 헌법의 전문, 사회적 기본권의 보장(헌법 제31조 내지 제36조), 경제 영역에서 적극적으로 계획하고 유도하고 재분배하여야 할 국가의 의무를 규정하는 경제에 관한 조항(헌법 제119조 제2항 이하) 등과 같이 사회국가 원리의 구체화된 여러 표현을 통하여 사회국가 원리를 수용하였다. 사회국가란 한마디로, 사회정의의 이념을 헌법에 수용한 국가, 사회현상에 대하여 방관적인 국가가 아니라 경제·사회·문화의 모든 영역에서 정의로운 사회질서의 형성을 위하여 사회현상에 관여하고 간섭하고 분배하고 조정하는 국가이며, 궁극적으로는 국민 각자가 실제로 자유를 행사할 수 있는 그 실질적 조건을 마련해줄 의무가 있는 국가다.

헌법이 제34조에서 여자(제3항), 노인·청소년(제4항), 신체장애자(제5항) 등 특정 사회적 약자의 보호를 명시적으로 규정한 것은, '장애인과 같은 사회적 약자의 경우에는 개인 스스로가 자유 행사의 실질적 조건을 갖추는 데 어려움이 많으므로, 국가가 특히 이들에 대하여 자유를 실질적으로 행사할 수 있는 조건을 형성하고 유지해야 한다'는 점을 강조하고자 함이다.[53]

이런 이상을 담은 정의 원리를 '사회국가적 정의 원리'라고 하자. 헌법재판소가 일관되게 견지해오고 있는 이 사회국가적 정의 원리는 사회 구성원 각자가 자유를 실질적으로 행사할 수 있는 기본적 역량의 증진을 목표로 한다. 앞에서 살펴본 기본적 필요 원칙은 우리 헌법에서 사회국가적 정의 원리로 수용·발전되었다고도 해석할 수 있다. 이러한 시각에서 「장애인 · 노인 · 임산부 등의 편의 증진 보장에 관한 법률」을 살펴보자.

제1조 : 이 법은 장애인 · 노인 · 임산부 등이 일상생활에서 안전하고 편리하게 시설과 설비를 이용하고 정보에 접근할 수 있도록 보장함으로써 이들의 사회활동 참여와 복지 증진에 이바지함을 목적으로 한다.

제4조 : 장애인 등은 인간으로서의 존엄과 가치 및 행복을 추구할 권리를 보장받기 위하여 장애인 등이 아닌 사람들이 이용하는 시설과 설비를 동등하게 이용하고, 정보에 자유롭게 접근할 수 있는 권리를 가진다.

여러 가지 면에서 미흡한 점이 많지만, 이 법에는 기본적 필요 원칙과 기본적 역량 증진 원칙이 반영되어 있음을 알 수 있다. 향후 풍부하게 해석된 기본적 필요 원칙이 헌법 해석, 입법, 판결, 법해석에 구현될 수 있도록 노력해야 할 것이다.

"모든 영역에서 각인의 기회를 균등히 하고 (······) 국민생활이 균등한 향상을 기하고"라고 규정한 헌법 전문, 인간다운 생활을 할 권리(헌법 제34조 제1항), 사회보장과 사회복지 증진을 위한 국가의 노력의무(제34조 제2항과 제6항), 생활 무능력자의 국가적 보호(제36조 제5항), 근로자의 고용 증진과 적정임금 보장 및 최저임금 제도의 실시(제32조 제1항), 인간 존엄성에 걸맞은 근로조건 기준의 법률제정주의(제32조 제3항), 여성과 연소자의 근로에 대한 특별보호(제32조 제4항과 5항), 근

로3권의 보장(제33조 제1항), 환경권(제35조), 근로의 권리(제32조 제1항),
보건에 관한 국가적 보호(제36조 제3항) 등의 헌법 규정들은 이렇게 풍
부하게 해석된 기본적 필요의 원칙을 반영하며, 이런 헌법의 정신은 제
헌헌법 이래로 지속되고 있다.

– 1948년 제헌헌법 제84조

대한민국의 경제질서는 모든 국민에게 생활의 기본적 수요를 충족할
수 있게 하는 사회정의의 실현과 균형 있는 국민경제의 발전을 기함을
기본으로 삼는다. 각인의 경제상 자유는 이 한계 내에서 보장한다.

– 1980년 헌법 제20조

① 대한민국의 경제질서는 개인의 경제상의 자유와 창의를 존중함을
기본으로 한다.

② 국가는 모든 국민에게 생활의 기본적 수요를 충족할 수 있게 하는
사회정의의 실현과 균형 있는 국민경제의 발전을 위하여 필요한 범
위 안에서 경제에 관한 규제와 조정을 한다.

– 현행 헌법 제119조

① 대한민국의 경제질서는 개인과 기업의 경제상의 자유와 창의를 존
중함을 기본으로 한다.

② 국가는 균형 있는 국민경제의 성장 및 안정과 적정한 소득의 분배를
유지하고, 시장의 지배와 경제력의 남용을 방지하며, 경제주체 간의
조화를 통한 경제 민주화를 위하여 경제에 관한 규제와 조정을 할
수 있다.

우리 헌법은 자기 존중감의 사회적 기반을 제공해야 한다는 목표를 사회국가 원리를 통해서 천명하고 있다. 비록 비좁기는 하지만 자기만의 방을 갖게 된 노숙인이 사회적 주체로서, 인간으로서의 존엄을 가지는 행위 주체로서 자긍심을 높이게 된 사례들[54]은 기본적 필요 원칙이 '생존'을 넘어 사회적 존엄을 지닌 시민으로서의 삶을 지향해야 한다는 점을 보여준다.

자유를 실질적으로 행사할 수 있게 하라 기본적 역량의 증진을 목표로 하는 기본적 필요 원칙이 염두에 두는 대상자는 사회에서 매우 불리하게 대우받으며 가장 불우한 여건과 처지에 있는 사람들$^{the\ least}$ ^{advantaged}(사회적 최소 수혜자)이다. 소득만 놓고 보면 소득이 가장 낮은 계층의 사람들이라고 단순하게 말할 수 있다. 그러나 '사회적으로 불리한 여건과 처지$^{social\ disadvantage}$'라는 측면에서 보면, 이런저런 사회적 불리 요인들이 모이고 뭉침으로써 사회에서 가장 불우한 사람들의 계층이 형성된다.

사회적으로 불리한 요인과 처지는 다양하다. 저소득이 대표적인 예지만, 질병이나 장애도 해당한다. 빈약한 교육, 나쁜 습관이나 무기력함, 전과前科, 약물 중독, 열악한 주거환경, 무권력의 노동, 주변화, 성소수자, 인종과 성별, 정치적으로 전혀 대변되지 못하거나 과소대표되는 일, 인지적 부정의에 놓인 처지, 재난의 위험에 쉽게 노출되거나 감수해야만 먹고살 수 있는 처지 등도 예로 들 수 있다.

하나의 사회적 불리 요인은 또 다른 불리 요인들로 이어지기 때문에 당사자는 걷잡을 수 없이 사회에서 가장 불우하고 열악한 계층으로 전락하게 된다. 가령 질병이나 장애를 입게 되면 실업 상태에 놓이게 되고, 이는 빈곤으로 연결되어 더 심한 질병으로 이어지기도 한다. 빈곤한 계층의 자녀들은 학습에 필요한 동기나 근면성을 제대로 함양하지 못하여 학업성적 측면에서 불리해지거나 시간을 낭비하게 된다. 이는 취업시장에 일찍 진입함으로써 생기는 불리함으로 이어지고, 다시 저임금 노동과 빈곤으로, 무권력의 처지로, 정치적 과소대표로 연결된다.[55] 더욱 심각한 문제는 이렇게 사회적 불리 요인들이 모이고 뭉치는 군집 · 누적 현상clustering of disadvantages이 자녀들에게 세습된다는 점이다.[56]

사회적 불리 요인 중에도 영향력이 더 큰 것들이 있다. 이것들은 여타의 사회적 불리 요인을 초래하거나 끌어당겨서 쉽게 뭉치게 하는 인력引力이 강하고, 인간의 정상적인 기능과 능력을 심하게 부식시키는 힘을 발휘한다. 실업이나 불안정 노동이 당사자의 심신 건강에 심각하게 악영향을 미친다는 연구 결과와 사회적 유대 결핍이 더 큰 재난 피해를 야기하기 쉽다는 연구 결과는 사회적 불리 요인의 군집 · 누적 현상을 단적으로 보여준다.[57] 저소득층이나 불안정 노동 종사자는 다른 사회 구성원들보다 대단히 자주 위험하거나 불리한 조건에 놓이게 된다. 선택지가 없기 때문에 생존하기 위해 다른 사람들은 선택하지 않을 커다란 위험을 무릅쓸 수밖에 없기 때문이다.[58] 이렇게 인력과 부식작용이 강한 사회적 불리 요인의 군집 · 누적 현상을 몸으로 직접 겪는 사람들을 '사회적 최소 수혜자 계층'이라고 한다.[59]

이 사회적 최소 수혜자 계층에 새로이 진입하여 눈에 띄는 노동계급이 있다. 영국 경제학자 가이 스탠딩Guy Standing의 진단에 따르면, 자본 계급이나 전문직 종사자들보다 적은 임금을 받았을는지 모르지만 고용 안정을 누려왔던 종래의 핵심 노동계급은 점점 줄어들고 '프레카리아트'라는 새로운 노동자 유형의 계급이 형성되었다. 프레카리아트는 '보장되지 않아서 불안정한'을 뜻하는 라틴어precarium에서 파생된 영어 'precarious'와 프롤레타리아proletaria가 결합된 개념으로서, 신자유주의 경제체제에서 일상적인 불안정 고용과 저임금에 시달리는 저숙련 · 비정규직 노동자와 실업자 등을 총칭하며, '불안정 노동계층' 또는 비정규 노동계층이라고도 불린다.[60]

이들은 직업 안정성이 낮고 저임금이며 각종 사회보장(연금, 건강보험, 실업보험) 수준이 낮은 데다 노동조합의 보호를 받지 못하므로 해고 보호장치도 없고, 직업 숙련도와 작업장 안정도가 낮다. 스탠딩은 시민이라면 마땅히 향유해야 할 기본적인 사회경제적 권리, 정치적 권리, 문화적 권리 들을 이들 불안정 노동계층이 충분히 누리지 못한다는 점에서 '시민으로서 지위를 부정당한 사람들'이라는 의미로 '디나이즌스denizens(내부적 외부인insider outsiders)'라고 명명한다.[61] 이들 역시 사회적 불리 요인의 군집 · 누적 현상을 직접 몸으로 겪는 사회적 최소 수혜자 계층에 포함될 수 있다.

한국 사회에서 프레카리아트는 어떤 모습으로 나타날까? 프레카리아트의 성별 및 연령대를 살펴보면, 여성이 64퍼센트에 달하며, 프레카리아트 중 40~60세의 임금 근로자는 67퍼센트였다. 직업별로 살펴보면 주로 저숙련 서비스 노동자들로서, 60퍼센트가 가사 및 관련 보조원, 청소 및 세탁 종사자, 소매업 판매 종사자, 음식서비스 관련 종사자들이었으며, 여성의 비율이 75퍼센트였다. 영세 자영업자, 청년 단기 취업자 및 실업 상태 반복자, 장기 실업자, 구직 단념자, 싼 노동력의 원천이 되고 있는 노인들 및 무직의 빈곤 노인층도 프레카리아트에 포함된다. 이 프레카리아트 계층은 집단별로 정도의 차이는 있겠지만, 아이리스 영이 제시한 다섯 가지 유형의 사회적 부정의를 겪고 있다.

사회적 최소 수혜자 계층을 위한 사회정책의 기본은 사회적 불리 요인들이 군집 · 누적되지 않도록 차단하고, 인력과 부식작용이 강한 사회적 불리 요인들의 제거나 완화를 위해 사회적 최소 수혜자 계층의 기본적 필요 충족과 기본적 역량 증진을 우선순위에 두는 것이다. 요즘 회자되는 기본소득 정책이 대책 중 하나가 될 수 있을 텐데, 기본소득 정책이 말로만 그치지 않고 실제로 사회적 최소 수혜자 계층의 기본 역량 증진에 기여할 수 있도록 실질화하여야 할 것이다.

제 8 장

우리 헌법에 담긴 사회적 평등의 이상

———— 헌법 제11조가 규정하는 평등의 원칙을 중심으로 평등의 이상을 구체화한다. 여기서 주목하는 것은 '법 앞의 평등', '사회적 신분', '차별 금지' 등 세 가지다. 순서대로 '법 앞의 평등' 원칙은 상대적 평등을 의미하고 합리적 차등대우를 허용하는데, 이때 합리성을 판별하는 기준은 '동등한 인간 존엄성'이라는 점을 헌법은 원리로서 제시한다. '사회적 신분'에 따른 차별 금지는 반(反)이등국민제 원리를 천명하는 것으로 이해할 수 있으며 '차별 금지' 원칙은 사회관계에서 평등을 지향한다는 점 등을 이 장에서 살피고 있다.

1 사회적 평등을 지향하는 정의관

"모든 국민은 법 앞에 평등하다. 누구든지 성별, 종교 또는 사회적 신분에 의하여 정치적, 경제적, 사회적, 문화적 생활의 모든 영역에서 차별을 받지 아니한다." 헌법 제11조 제1항은 평등 원칙을 이렇게 규정한다. 여기서 우리가 관심을 기울여야 할 지점은 세 군데다. 우선 '법 앞의 평등'이고, 다음으로는 '사회적 신분'이며, 마지막으로는 '사회 모든 영역에서의 차별 금지'다. 우리 헌법이 지향하고 우리 헌법에 담긴 평등의 이상을 해석할 때에는 헌법 제1조의 국민주권 사상과 헌법 제10조의 동등한 인간 존엄 사상을 고려해야 한다. 이 두 원리에 비추어 평등의 이상을 구체화해보자.

법 앞의 평등은 근원적 평등   헌법 제11조에 사용된 '법 앞의 평등'이라는 개념에는 "행정부나 사법부에 의한 법 적용의 평등을 뜻하는 것 이외에도 입법권자에게 정의와 형평의 원칙에 합당하게 합헌적으로 법률을 제정하도록 명령하는 이른바 법 내용상의 평등"이라는 의미도 포함된다. 따라서 "입법의 내용이 정의와 형평에 반하거나 자의적으로 이루어진 경우에는 평등권 등의 기본권을 본질적으로 침해한 입법권 행사로서 위헌"인 법률이 되어 법으로서 자격을 상실하게 된다.[1]

     헌법 제11조 제1항의 규범적 의미는 '법 적용의 평등'에 끝나지 않고, 나아가 입법자에 대해서도 그가 입법을 통해서 권리와 의무를 분배함에 있어 적용할 가치평가의 기준을 정당화할 것을 요구하는 '법 제정의 평등'을 포함한다. 따라서 평등 원칙은 입법자가 법률을 제정함에 있어서 법적 효과를 달리 부여하기 위하여 선택한 차별의 기준이 객관적으로 정당화될 수 없을 때에는 그 기준을 법적 차별의 근거로 삼는 것을 금지한다. 이때 입법자가 헌법 제11조 제1항의 평등 원칙에 어느 정도로 구속되는가는 그 규율 대상과 차별 기준의 특성을 고려하여 구체적으로 결정된다.[2]

여기서 우리는 세 가지를 읽어낼 수 있다. 우선, 우리 헌법에서 법 앞의 평등은 법 적용의 평등equality before law과 법 내용에서의 평등equality in law을 모두 포함한다는 점이다. 법의 내용 자체가 정의로울 것을 요구하는 법 내용에서의 평등은 사회정의의 문제이기도 하다. 법규범 자체의 분배적 내용, 즉 사회 구성원 개개인에게 이득과 부담을 귀속시키는 내용의 정당성을 따지기 때문이다. 다음으로, 차등대우의 기준이 객관적으로 정당화될 수 없을 때에는 일단 평등하게 대우해야 한다는 평등대우 우선성 추정 원칙을 채택하였다는 점이다. 물론 '차등대우 기준의 객관적 정당화 가능성'이라는 기준을 어떻게 해석해야 할 것인가 하는 물음이 남기는 한다.

마지막으로, 합리적 차등(정당한 차등)의 기준은 해당 영역의 개별적 특성에 적합하게 결정될 수 있다는 점이다. 즉 정당한 차등의 기준은 복합적이라는 것을 우리 헌법재판소는 강조하고 있다. 헌법 제11조 또한 평등이 절대적 평등이 아니라 상대적 평등임을 강조한다. 차등을 두더라도 자의적이지 않고 합리적인 근거가 있다면 정당하다는 것이다.

일반적으로 평등 원칙은 본질적으로 같은 것은 같게, 본질적으로 다른 것은 다르게 취급하라고 요구하는 것으로서, 일체의 차별적 대우를 부정하는 절대적 평등을 의미하는 것이 아니라 입법과 법의 적용에 있어서 합리적인 근거가 없는 차별을 배제하는 상대적 평등을 뜻하는 것이므로, 합리적 근거가 있는 차별은 평등 원칙에 반하는 것이 아니다.[3]

이러한 헌법재판소의 견해는 우리 헌법에 편입되어 있는 정의 원칙으로서 '(법 앞의) 평등 원칙'은 절대적 평등이 아니라 상대적 평등을 의미하므로 '합리적 차등대우(정의로운 차등대우)'는 허용된다는 것이다. 이때 차등대우의 합리성을 판별하는 최고의 기준으로는 '동등한 인간 존엄성'이라는 헌법적 (도덕) 원리를 제시한다.

각 개인을 동등한 존엄성을 가진 존재로 보고 인간의 근원적 평등을 인정한다면 어떻게 될까? 동등한 인간 존엄성의 이상은 인간의 동등한 가치$^{equal\ worth}$에 있다. 그런데 각 개인은 기량과 성취(업적)와 응분 자격 등의 측면에서 차이가 나기 때문에, 우리는 서로의 능력과 서비스에 대해 상이한 가격을 지불한다. 이렇게 타인과 비교해서 각 개인이 차등하게 가지는 장점이나 상대적 가치^{merit}와 인간의 동등한 가치는 구별된다.

'사람은 누구나 동등한 가치를 지닌다'는 명제는 이 'merit' 차원의 개인차를 모두 소거하면 최종적으로 모든 인간에게 똑같이 남는 무언가가 있다는 표현이다.[4] 각 개인이 생명을 누린다는 것과 각 개인이 자신의 삶을 행복하게 영위한다는 것은 개개인에게 매우 중요한 가치이며, 이 각각의 가치는 모두 평등하다는 점을 동등한 인간 존엄성의 이상은 담고 있다. 이것이 우리 헌법 제10조가 말하는 바일 것이다.

평등대우의 두 차원   헌법 제10조의 동등한 인간 존엄성 원리에서 '심층적 평등$^{deep\ equality}$'이나 '도덕적 평등$^{moral\ equality}$'으로 표현될 수 있는 '근원적 평등$^{fundamental\ equality}$'의 이상이 나온다.[5] 부와 소득, 권력과 직위, 기회 등의 측면에서 격차가 있는데도 사람들을 동등한 존재로서 대우하고 존중해야 한다는 주장은 바로 이 근원적 평등의 이상에 입각한 것이다. 이로부터 우리는 인간이라면 누구나 '평등하게 존중받고 배려 받을 권리the right to equal respect and concern'를 보유한다는 권리명제를 이끌어낼 수 있다.[6] 앞에서 설명한 칸트의 인간 존엄 사상을 빌려서 언급하자면, 동등한 사람으로 존중받는다는 것은 자율적으로 행동하는 사람이자 자기 선택에 책임을 지는 사람으로서 존중받는다는 것을 의미한다.[7]

모든 개인이 동등한 사람으로서 존중받는 평등권은 가장 근원이 되는 기본적 인권이다. 이 불가침의 기본적 인권에 비추어보면 헌법 제11조의 평등권과 평등대우의 원칙에는 심층적 차원과 표층적 차원이 있다는 것을 알 수 있다.[8] 다시 말해 '동등한 존엄성을 가진 사람으로서 대우하라treatment as equals'는 요청과 '일정한 측면에서 동등한 개인들을 평등하게 대우하라equal treatment'는 요청이 담겨 있다는 것이다. 심층적 차원의 평등인 전자는 표층적 차원의 평등인 후자가 지향하는 '같은 것은 같게, 다른 것은 다르게'의 기초가 되고 그 정당성을 심사하는 역할을 한다.

ㄱ 심층적 차원의 평등권 : 동등한 존엄성을 가진 존재로서 평등하게 존중되고 평등하게 고려 받을 권리

ㄴ 표층적 차원의 평등권 : 동일한 기준을 충족하면 평등하게 대우받고 자원 등을 평등하게 분배받을 권리

우리는 보통 평등대우라고 하면 표층적 차원인 ㄴ의 자원의 평등분

배 또는 평등대우만 생각한다. 이와는 구별되게 동등한 존엄성을 가진 사람으로서, 그리고 시민으로서 평등하게 대우받을 권리가 심층적 차원인 ㉠의 평등권과 평등 원칙인데, 이것이 표층적 차원의 평등권과 평등 원칙보다 더 근원적이다. ㉠의 근원적 평등대우 원칙과 평등권을 수용하면, 이를 충족하기 위해 필요할 경우 차등분배도 가능하다는 정의 원칙을 납득하게 된다.

사람들 간의 차이를 고려하여 불평등하게 차등해서 대우하거나 분배하는 것은 표층적 차원의 불평등 또는 차등이다. 표층적 차원의 평등대우 및 분배와 표층적 차원의 불평등(차등) 대우 및 분배는 심층적 차원의 근본적 평등에 비추어 그 정당성이 심사된다. 말하자면 동등한 인간 존엄성을 실현하기 위한 적합한 수단으로서 차등대우는 정의롭다는 것이다.

이러한 점을 고려할 때 "합리적 차별 여부는 동등한 인간 존엄성의 원리에 비추어서 판단되어야 한다"는 우리 헌법재판소의 설시는, 표층적 차원인 ㉡의 평등대우 및 평등분배와 불평등(차등) 대우 및 불평등분배는 ㉠의 근원적 평등대우 원칙의 한 부분이라는 점, 그리고 그 자체로 정당하다거나 부당하다고 판단할 수 없고 ㉠에 비추어서 그 정당성이 판단되어야 한다는 점을 언급하는 것으로 이해해야 할 것이다.

'동등한 인간 존엄성'의 원리와 평등의 요청이 지향하는 바를 결합하면 다음과 같이 요약할 수 있다.

어떤 법규범이 규정하는 구성요건을 동일하게 충족하는 관련 당사자들을 평등하게 처우하라는 원칙 또는 그들에게 자원 등을 평등하게 분배하라는 원칙이 정의로운 것은 이 평등한 대우와 분배가 동등한 인간 존엄성의 가치를 실현하는 데 필요하고 또 적합하다고 인정되는 경우이며, 평등한 대우와 분배 그 자체가 정의의 목표이념은 아니다.

'기준의 일관된 적용'과 마찬가지로 표층적 차원의 '평등대우 및 분배' 원칙은 '동등한 인간 존엄의 원리'를 실현하는 한 방편일 뿐이다. '동등한 인간 존엄의 원리'는 필요하면 자원을 차등적으로 분배할 수 있음을 함축한다. 이런 점에서 동등한 인간 존엄성과 근원적 평등의 원리는 공허한 이상이 아니며, 특히 권리 영역에서 중요한 역할을 하는 규범의 기준 역할을 할 수 있다고 생각한다.[9]

2 평등 이념을 둘러싼 시시비비

평등은 쓸모도 필요도 없는 이념일까   정치적 논의나 법적 논의에서 사용되는 평등 개념은 사소한 내용을 담을 뿐이어서 공허하며, 심지어는 무의미하고 불필요하다는 견해들이 있다.[10] 첫째, 평등대우나 차별 금지에서 실제로 중요한 것은 평등이라기보다는 '같고 다름'을 판별하는 실질적 기준의 적합성 여부라는 견해가 있다. 가령 소방대원을 선발하는 기준은 소방 업무에 필요한 신체적 적합성이라고 하자. 백인 후보자와 흑인 후보자가 모두 신체조건이 적합한데, 단지 백인이라는 이유로 백인 후보자를 선발했다면 당연히 이는 같은 것을 다르게 취급한 것이므로 부당한 차별이 된다.

그런데 이 경우의 부당성을 곰곰이 살펴보면, 소방 업무수행과는 전혀 무관한 인종 요소가 적용되었다는 것을 알 수 있다. 소방관 후보자들을 평등하게 대우하라는 요청의 핵심은 결국 '소방관 업무와 본질적으로 관련 있는 자격 기준에 따라 후보자들을 평가하고 선발하라'는 데 있다. 그렇다면 평등하게 대우하라는 요청은 별 의미가 없고, 소방관 업무라는 맥락에서 마땅히 고려되어야 할 사항을 적절하게 정해야 한다는 요청이 중요한 역할을 하게 된다. 소방관 업무수행에 적합한 기준을 먼저 확립해야만 비로소 '같은 것은 같게'라는 평등대우의 요청이 의미를 가지게 된다는 뜻이다. 따라서 실제 쟁점은 평등에 관해서가 아니라 어떤 자격 기준이 소방관 선발에 합당한가를 둘러싸고 일어난다. 그러므로 평등의 개념과 이상에 관한 논의는 실익이 없고, 대우하거나 분배하는 자격 기준의 내용이 적합한지를 따지는 작업이 의미를 얻게 된다는 것이다.[11]

둘째, 모든 사람을 동등하게 존중하라는 평등 존중의 요청에서 핵심은 '존중하라'에 있으므로 평등은 아무런 역할도 하지 못한다고 주장하는 평등 무용론이 있다. 개개인을 인간으로서 각자에 맞게 존중하면 되는 것이기에 평등이 여기에 들어설 자리는 없기 때문이다. 다른 사람들이 얼마나 존중받는지 상대적으로 비교해서 각자를 존중하는 것이 아니라 각 개인이 마땅히 존중받아야 하는 대로 존중하면 된다는 것이다.[12]

셋째, 인간 존엄과 근원적 평등의 토대는 모든 인간이 가진다고 여겨지는 특정 능력들, 가령 이성과 지성, 도덕적 주체성, 개인의 자율성 능력, 사랑할 능력 등에서 찾지만 이 능력들은 개인마다 상이하므로, 결국 사람들은 동등한 존엄 가치를 가지는 게 아니라 매우 차등적인 가치를 가지는 게 아니냐는 견해도 있다. 이른바 능력을 갖춘 정도에 비례해서 대우해야 하지 않느냐는 존엄성 차등대우 주장이다.[13] 비례적 평등equality of ratio이 분배정의의 핵심이라고 강조한 아리스토텔레스의 사고방식[14]을 적용하면, 인간 존엄성과 근원적 평등의 기반인 능력들을 보유한 정도에 비례해서 존엄성이 차등적으로 인정되어야 한다는 것이다.[15]

그런가 하면 차이의 정도가 이렇게 매우 가변적인 속성을 인간 존엄성과 근원적 평등의 토대로 삼을 수 있겠는가 하는 회의론도 만만찮다. 또한 인간 존엄성과 근원적 평등의 토대를 인간의 저 보편적인 공통 능력들에서 찾고자 하는 견해들은 이 공통 능력들이 심각할 정도로 결여된 것처럼 보이는 중증 발달장애인the profound disabled이나 영아嬰兒, 코마 상태에 빠진 사람들, 알츠하이머병으로 인해 인식능력이 심각하게 쇠퇴한 사람들은 인간 존엄성이 없다는 입장을 견지하지 않을 수 없다는 비판도 강력하다.[16]

평등을 위한 변론　　　평등 개념에 관한 논의가 실익이 없다는 첫째 유형의 주장에는 이렇게 반론을 펼칠 수 있다.[17] 소방관 업무수행에 필요한 기준으로 신체적 적합성이 사회적으로 왜 바람직한지 논의하는 과정에서 우리는 소방관 업무의 공익 개념(사회 구성원 모두에게 이익이 된다)에 호소하게 된다. 화재가 발생하여 생명과 재산이 위험에 빠졌을 때 소방대원들이 구조에 나서려면 구조 및 화재 진압 업무에 적합한 신체조건을 갖추어야 하므로 공익 실현에 신체적 적합성 기준은 필요하다고 정당화한다.

그런데 앞서 언급한 인종 기준은 공익 실현에 부적합할뿐더러 백인 후보자와 흑인 후보자의 이해관계를 평등하게 취급하지 않으므로 신체적 적합성 기준과는 달리 비합리적이다. 이러한 내용을 논의하는 과정에는 '이 사안에 관련된 모든 사람들의 이해관계와 관심사를 평등하게 고려하라'는 평등 고려 요청이 작동한다. 결국 어떤 자격 기준이 적합한지를 논의하고 결정하는 과정에서 심층적 차원의 평등 원칙이 끼어들게 된다는 것이다. 이 평등 원칙에는 근원적 평등의 요청이 담겨 있다.

둘째 유형의 평등 무용론에 대한 반론은 다음과 같다. 어떤 부류의 인간들은 그 속성상 다른 사람들보다 더 많은 존중과 더 큰 관심을 받아야 한다는 인종차별주의와 성차별주의와 민족차별주의 등의 유산이 한때 강력했고 지금도 잔존한다. 이런 유산에 대한 강력한 반대의 언어가 바로 '동등한 존중'으로 표현되는 평등 개념이며, 평등의 개념과 이념은 실제로 큰 역할을 하고 있다.[18]

셋째 유형의 근원적 평등 무용론에 대해서는 롤즈가 이미 『정의론』에서 '영역 속성range property'이라는 발상을 활용하여 이 난제를 해결하려고 시도하였다.

평등은 인간의 천부적 속성에 의존할 수 없다는 반론이 있을 수 있다. 모종의 자연적 특성이 있고 이와 관련해서 모든 인간 존재에게 평등한 것은 없지 않은가, 즉 모든 사람(혹은 굉장히 많은 사람들)이 똑같은 정도로 가지고 있는 자연적 특성이란 없지 않은가 하는 반론이다. (인간의) 자연적 능력들을 평등의 기반으로 삼는 것은 평등주의 견해와 양립할 수 없다는 주장은 맞지 않다. (······) (이 문제를 해결하기 위해서) 우리가 해야 할 일의 전부는 하나의 영역 속성ª range property을 선정해서 그 조건을 충족시키는 사람들에게 평등한 정의equal justice를 부여하는 것이다. 예를 들면, 어떤 원의 내부에 있다는 속성은 그 원 평면 내의 점들이 갖는 영역 속성이다. 이 원 안에 있는 모든 점들의 좌표가 일정 영역 안에서는 변하기는 하겠지만, 그 원 안의 점들은 그 영역 속성을 가진다. 또한 그 원 안에 있는 점들은 그 영역 속성을 동등하게 가지는데, 원의 내부에 있는 어떤 점도 그 원 내부의 다른 점보다 더 내부에 있거나 덜 내부에 있는 것은 아니기 때문이다. (이렇게 보면) 자연적 능력이 평등의 근거를 이룬다고 생각하는 데 아무런 장해가 없다. (······) 이 영역 속성이란 개념은 간과될 수 없을 정도로 너무도 명백한 것이다.[19]

기하학적 '영역 속성'을 지리적 비유를 들어 이렇게 설명해보자. 부산광역시에 속하는 지역들은 부산광역시 내의 어떤 지점에 있건 모두 부산광역시 내의 행정구역에 속한다. 설령 도로 하나만 건너면 경상남도나 경상북도라고 하더라도 마찬가지다.[20] 이 '영역 속성 논변'의 방식을 택하면 지적 능력, 도덕적 능력, 자율성 능력, 공감능력 등에서 개인차가 분명히 있다는 점을 인정하되, 인간의 공통된 능력들의 최저한 임계 수준bottom threshold을 충족하는 개인들은 모두, 마치 원 내부의 점들처럼 인간을 규정하는 영역 속성을 똑같이 가지는 것으로 간주할 수 있다.[21]

이때 인간 존엄성과 근원적 평등의 토대로 중요한 것은 그런 능력을 타고난다는 것, 또는 그런 능력을 향한 잠재력human potential을 가진다는 것이지 능력을 실제로 충분히 실현하고 발휘하는 것은 아니라는 점이다.[22] 인간 존엄성과 근원적 평등의 토대인 인간적 능력들(의 집합)을 잠재력의 측면에서 파악한다는 것은 그 능력들이 서서히 펼쳐져서 발현發顯되는 과정, 사고事故나 유전적 요인으로 인해 발현에 장애가 생기는 과정, 노령화로 능력 발현이 쇠퇴해가는 과정에 주목한다는 뜻이다. 이 과정들은 인간 모두에게 공통되게 발생할 수 있으므로 인간의 공통 능력들을 실제로 발휘하거나 행사하지 못한다고 하더라도 모든 인간 존재는 동등하게 공통된 영역 속성을 가진다고 말할 수 있다.[23] 따라서 매우 심각한 중증 발달장애인, 영아, 코마 상태에 빠진 사람들, 알츠하이머병으로 인해 인식능력이 심각하게 쇠퇴한 사람들도 인간 존엄성을 보유한다는 결론을 이끌어낼 수 있다. 이런 점에서 롤즈의 '영역 속성 논변'은 근원적 평등 무용론에 대한 변론으로 유용하다고 하겠다.[24]

3 사회적 신분에 따른 차별 금지

후천적 사회적 신분　　　　우리 헌법 제11조 제1항에서 눈여겨보아
야 할 또 하나의 지점은 '사회적 신분'이다. 우리는 '사회적 신분social
status' 하면 당연히 조선시대 신분제 질서를 떠올린다. 양반, 천민, 적자,
서자 등과 같이 출생과 혈통 등에 따라 인간의 귀천을 나누어 인간의
종류를 제도적으로 구별하고 권리의무를 불평등하게 부여하던 시대를
말이다. 그러나 현대 한국 사회의 헌법학에서는 사회적 신분을 출생에
따라 형성되는 '선천적 신분'과 '후천적 신분'으로 구별하고, 이 후천적
신분을 "인간이 후천적으로 사회에서 장기간 점하는 지위로서 일정한
사회적 평가를 수반하는 사회적 신분"이라고 설명한다.[25] 우리 헌법재
판소 역시 이런 관점에서 전과자를 '후천적 사회적 신분'으로 파악한
바 있다.[26] 이런 점을 고려하여 '후천적 사회적 신분'을 "제도화된 문화
의 가치를 평가하는 과정에서 특정 집단의 사람들에게 이등국민이라
는 사회적 지위가 부과된 결과"로 이해해보자. 후천적 사회적 신분이
낙인처럼 찍히면 다른 사람들과 동등한 시민의 지위에서 사회생활의
각 영역에 참여하고 기본적 자유와 권리를 실질적으로 행사할 수 있는
기회가 제한되는 결과가 생겨난다.

그렇다면 헌법 제11조의 '사회적 신분'이란 양반, 천민과 같은 종래
의 신분제만을 염두에 둔 것이 아니라 이등국민second-class citizenship을 지
칭하는 것이며 '사회적 신분에 따른 차별' 금지는 반反이등국민제 원리
Anticaste Principle를 천명하는 것으로 해석할 수도 있다. 미국의 헌법질서는

반이등국민제를 지향한다고 해석하는 미국 헌법학자 선스틴[C. Sunstein]에 따르면, 합리적 차등의 사유가 되기에는 완전히 무관하고 부적절한 기준에 따라 특정 집단의 구성원들을 지속적으로 불리하게 차별하는 법적, 사회적 관행과 실무가 존재한다면 이는 이등국민 제도를 실질적으로 제도화하고 있는 셈이 된다.[27] 우리 법질서도 성별, 장애인에 대한 차별에 더하여 성적소수자, 탈북민, 다문화 가정의 자녀에 대한 유형무형의 차별은 이등국민 제도의 효과를 초래하는 신분적 차별이며, 마땅히 철폐되어야 할 부정의라는 점을 인정하고 있다.

영국 철학자 테드 혼더릭[Ted Honderich]은 선진국의 최상위 10퍼센트 인구집단과 후진국의 최하위 10퍼센트 인구집단을 비교해보면 그들이 상이한 두 인간종임을 깨닫게 된다고 통렬하게 지적한 바 있다.[28] 그런데 이런 현상은 선진국과 후진국 간에만 발견되는 것이 아니다. 한 사회 안에도 선진국과 후진국의 '두 나라'가 존재한다. 가장 열악한 처지에서 경제적 불평등을 너무도 생생하게 살아내고 있는 사람들의 삶은 이들이 동등한 사람이자 시민으로서 대우를 받지 못하고 있을 뿐만 아니라 심지어는 동등한 인간의 지위와 동등한 시민의 지위를 부정당하고 있는 것은 아닐까 하는 합리적 의심을 하게 만든다.[29]

이등국민에서 동등한 시민으로

후천적 사회적 신분에 관한 사례를 하나 들어보자. 서울시 서초구 양재2동 212번지 서울시 시유지에는 판자촌 '잔디마을'이 있었다. 한국 사회에서 판자촌 거주민은 법적으로 보면 유령과 같은 존재다. 도시 개발로 인해 강제로 도시 외곽으로 밀려나 불법으로 판자촌을 형성하여 사는 도시 빈민들은 동사무소(현 주민센터)에 전입신고를 하더라도 행정청에 의해 수리 거부되어왔기에, 이들은 해당 주소지로 전입신고가 되지 않아 인근 지역에 위장전입을 해놓고 살아갈 수밖에 없었다. 그렇다 보니 취학통지서, 선거투표통지서, 기타 행정문서 등을 위장전입한 주소로 가서 수령해야 했고, 기초수급 대상 혜택도 받을 수 없는 형편이었다. 말하자면 대한민국 국민으로서 가장 기본적으로 누려야 할 권리들을 누릴 수 없는 이등국민의 처지에 있었던 것이다.

그런데 법적 상황이 바뀌는 계기가 발생했다. 잔디마을에서 10여 년을 살아왔던 한 거주자가 전입신고를 거부당한 채 각종 불이익을 받아오다가 용기를 내어 2007년 4월 양재2동 동사무소에 주민등록 전입신고를 하였다. 당연히 양재2동 동장은 수리를 거부하였는데, 당시까지만 해도 동장의 수리 거부는 적법한 처분이었다. 남의 땅에 무단으로 침입하여 무허가 건축물을 짓고 사는 사람들에게는 국가가 주민등록이라는 법적 편의를 제공하지 않는다는 게 이유였고, 종전의 대법원 판결도 그러하였다. 관련 법률인 주민등록법은 주민등록법상 주민등록 대상사가 되기 위한 요건으로서 "30일 이상 거주할 목적으로 관할구역 안에 주소 또는 거소를 가져야 한다"고 명시하고 있다. 이 규정의 해석과 관련하여 2009년 판결 이전까지 대법원의 입장은 다음과 같았다.

주민등록법상 주민등록 대상자의 요건인 '30일 이상 거주할 목적으로 그 관할구역 안에 주소 또는 거소를 가질 것'이라 함은 단순한 외형상의 조건만을 말하는 것이 아니다. 주민등록법의 입법 목적과 주민등록의 법률상 효과 및 지방자치의 이념에 부합하는 실질적 의미에서 거주지를 갖춘 경우를 의미한다. 따라서 주민등록을 담당하는 행정청으로서는 주민등록 대상자가 이러한 실질적 요건을 갖추지 못하였다고 볼 만한 특별한 사정이 있는 경우 그 등록을 거부할 수 있다.[30]

당시 행정안전부는 빈곤층 집단 거주지역 주민등록 전입과 관련해 아래와 같은 지침을 수립하여 적용하고 있었다.

주민등록 전입은 거주지 여건 등을 판단하여 사례별로 조치하되 전입을 원할 경우, 주거 목적과 민원발생 소지 등 종합적인 판단 하에 적극적으로 조치한다. 또 전입을 원하는 경우 주거 목적과 민원발생 소지 등 종합적으로 판단하여 적극적으로 전입 조치하되, 철거지역 또는 투기 등 주민등록상 효과가 없는 경우에는 주민등록 전입을 제외한다.

대법원의 판례와 행정안전부의 행정지침을 충실히 따른 당시 양재2동 동장의 전입신고 수리거부는 적법한 조치였던 것이다. 전입신고를 거부당한 그 시민은 서울행정법원에 소송을 제기하였고, 해당 법원은 이 시민의 주장을 받아들여 양재2동 동장의 전입신고 수리거부 처분이 위법이라는 결정을 내렸다. 그 근거는 아래와 같았다.

주민등록법은 주민의 거주관계 등 인구의 동태를 항상 명확하게 파악하여, 주민생활의 편익을 증진하고 행정사무를 적정하게 처리하는 것이 가장 큰 목적이지 부동산 투기방지를 목적으로 하는 것이 아니다. 더욱이 투기방지 등의 목적은 주민등록법이 예정하고 있지 아니한 이상 간접적인 효과에 불과할 뿐이다. 따라서 투기나 전입신고에 따른 이주대책 요구 등을 방지하기 위하여 전입신고 수리를 거부한 것은 주민등록법의 입법 목적과 취지 등에 비추어 허용될 수 없다. 피고가 주민등록 전입신고를 거부할 경우 거부당한 자들은 주민등록에 따라 부여되는 여러 공법상의 이익들을 향유할 수 없게 되거나 공법관계에 의한 법률효과를 부여받지 못하게 되고, 이를 회피하기 위하여 주민등록법을 위반하여 실제 거주하지도 아니하는 곳에 주민등록 전입신고를 할 수 밖에 없어, 결국 피고를 비롯한 행정관청이 주민등록 위장전입과 같은 불법을 조장하고 주민들을 복지의 사각지대에 방치하는 결과를 야기할 수 있다. 결국, 피고는 이 사건 거주지로의 원고의 전입신고를 수리하여야 할 의무가 있다고 할 것이므로, 이를 거부한 이 사건 처분은 위법하다.[31]

양재2동 동장은 서울고등법원에 항소하였으나 동 법원 역시 제1심과 같은 입장을 취하였다.[32] 대법원도 전원합의체 판결로 종전의 대법원 판례를 변경하면서 "양재2동 동장에게 ○○ 씨의 주민등록 전입신고 수리 여부를 심사할 권한은 분명히 있으나, 헌법상 보장되고 있는 거주이전의 자유를 침해할 우려가 있으므로 그 심사는 제한적으로 이루어져야 한다"고 판시(判示)하였다.[33] 주민등록법의 목적이 '주민을 등록

하게 함으로써 주민생활의 편익을 증진하고 행정사무를 적정하게 처리하는 것'에 있으므로, 양재2동 동장은 해당 주민이 30일 이상 거주할 목적으로 잔디마을로 거주지를 옮기는 것인지 여부만 심사하면 된다는 것이다.

이 판결을 계기로 해서 '잔디마을'이나 '구룡마을'과 같은 판자촌에 거주하는 사람들도 전입신고를 할 수 있게 되었고 주민등록이 이루어지게 되었다. 물론 주민등록이 가능해졌다고 해서 이들의 무단점유가 불법에서 합법으로 전환되는 것은 아니다. 또한 이들 거주민의 거주 이전의 자유가 보장된다고 해서 해당 토지 소유자와의 민사법적 관계가 변경되는 일도 없다. 여전히 무허가 불법 건축물은 철거 대상이긴 하지만 위장전입을 하지 않아도 되기 때문에 선거 때가 되면 거주지 근처에 설치된 투표소에서 떳떳하게 참정권을 행사할 수 있게 되었다. 즉 이등국민의 지위에서 동등한 권리를 갖는 시민으로서 공식적 지위를 인정받게 된 것이다. 이 사안과 관련해서 법원의 판결에 담긴 근본정신은 앞으로 중요한 역할을 할 것으로 보인다.

4 사회적 관계의 평등을 향하여

지금까지 살펴본 헌법 제10조와 제11조를 정의관과 결합하여 해석하면, 다음과 같은 평등명제가 도출된다.

관계(지위) 평등성 명제　　　균등 또는 차등분배가 정의로운 것은 그 분배를 통해 모든 사회 구성원이 동등한 존엄성을 가진 존재로서, 자유롭고 평등한 시민으로서 서로서로 인정하고 대우하는 지위의 관계를 누리게 될 때다.

헌법 제11조에서 "누구든지 성별, 종교 또는 사회적 신분에 의하여 정치적, 경제적, 사회적, 문화적 생활의 모든 영역에서 차별을 받지 아니한다"는 조항은 국가와 시민 간의 관계뿐만 아니라 시민과 시민 간의 평등한 사회적 관계를 지향하는 것으로 읽을 수 있다. 이 관계 평등성 이상이 실제 판결에서 어떻게 나타나는지 알아보자.

사회관계에서 불거진 성차별 사건　　　서울기독교청년회(서울YMCA) 정관에는 총회 구성원 자격이 남성 회원에게만 있다고 되어 있었다. 서울YMCA 정관의 이러한 내용이 여성 회원을 차별한다는 이유로 여성 회원들이 민법 제750조의 불법행위에 기한 손해배상을 청구하는 소송이 있었다.[34]

원고의 주장은 다음과 같았다. 서울YMCA의 행위는 헌법의 평등권과 민법상 일반원리(신의성실의 원칙, 반사회 질서의 법률행위 무효 원칙), 서울YMCA 헌장, 그리고 여성차별철폐조약에 어긋나는 성차별적 처우이므로 법을 위반하여 민법 제750조에서 규정하는 불법행위에 해당한다는 것이었다.

피고 서울YMCA의 주장은 YMCA는 기본적으로 사적, 자발적, 임의적 결사체이므로 정관, 조직구성, 활동에서 사적 자치가 보장되고, 국가와 개인 간의 관계를 규율하는 헌법 규정은 사인과 사인 간의 관계에는 적용되지 않으므로 민법상 일반원리를 해석할 때 헌법상의 평등 규정이나 여성차별철폐조약이 반영될 만한 근거가 없다는 것이었다. 사회적 평등의 이상과 관계 평등주의 정의관의 언어로 표현하자면, 이 사건은 사적 단체 내부에서 회원 상호간의 평등한 관계를 확립하는 것이 쟁점이었다. 대법원에서도 받아들여진 제2심 법원의 견해가 사회적 평등의 이상과 관계 평등주의 정의관의 관점에서 매우 흥미로운데, 그 핵심 논지는 다음과 같았다.

먼저, 헌법의 적용 범위와 관련해서는 "사적, 자발적, 임의적 결사체의 형성과 조직, 활동에 있어서 자유가 보장되어야 한다는 것은 중요한 헌법원리 중 하나다. 그러나 우리 헌법은 사적인 법률관계라고 하여 전면적으로 헌법 적용을 배제하는 것은 아니고, 법률관계 전 영역에 걸쳐 직간접적으로 헌법정신이 실현될 것을 요구하고 있다고 보아야 한다"고 설시한다. 그런 후 평등권의 사정射程 범위와 관련해서 "평등권의 실현은 헌법에 명시된 모든 기본권 보장의 토대로서 헌법 제10조에서 선언된 인간의 존엄성 보장과 기본적 인권 보장의 필수적 전제이고(차별받는 사람에게 인간의 존엄성이 보장되고 있다고 말할 수 없다), 그 가운데서도 성별에 따른 차별은 인종 등에 따른 차별과 함께 국제적으로도 특별한 관심과 노력이 요구되고 있는 인권 보호의 핵심 영역이다. 1985년 1월 26일부터 국내의 법률과 같은 효력을 가지게 된 유엔의 여성차별철폐협약[35]은 이 사건에서도 중요한 의미를 갖는다"고 강조한다.

헌법의 적용 범위와 평등권의 사정 범위에 관한 이런 견해를 바탕으로 사적 자치의 한계를 논한 후 "사적 단체라면 스스로 구성원의 자격과 범위를 결정할 수 있고, 특정 성별, 종교, 인종 등으로만 구성된 단체의 결성이나 활동도 전적으로 금지되는 것은 아니지만, 이 경우에도 해당 단체가 실제적으로 수행하는 공공적 기능, 국가 및 지방자치단체와의 관계 등에 따라 성별, 종교, 인종에 따른 구별이 허용되지 않을 수도 있지만, 위와 같이 구별 없이 구성원으로 받아들인 후 특정 성별이나 종교, 인종에 대해서만 차별적으로 단체 내 지위나 권한을 제한하는 것은 용인될 수 없다"고 설시한다.

나아가 평등 원칙이 사인 간의 법률행위에 적용될 수 있는 법적 통로는 민법 제103조(반사회 질서적 법률행위의 무효 : 선량한 풍속 기타 사회질서를 위반한 사항을 내용으로 하는 법률행위는 무효로 한다)라고 파악하고, 민법 제750조 이하(불법행위 : 고의 또는 과실로 인한 위법행위로 타인에게 손해를 가한 자는 그 손해를 배상할 책임이 있다)는 다음과 같이 해석되어야 한다고 강조한다. "개인 간의 법률행위가 헌법상 평등의 원리에 반하는 경우에는 그에 기초한 권리행사는 인정되지 않거나 법률행위의 효력이 부인되고, 사인의 행위나 처우가 헌법상 평등의 원리에 비추어 용인될 수 없을 정도로 위법성을 띨 때에는 불법행위를 구성하여 손해배상책임을 진다."

기본권을 보호해야 할 헌법상의 의무와 관련해서 "법원 역시 국가기관으로서 적절한 모든 수단을 사용하여 국민의 기본권을 보호하고 이를 실현할 헌법상 책임과 의무"를 진다고 강조하면서 "피고 서울

YMCA가 여성 회원들에 대하여 총회원 자격을 부인한 것은 헌법질서에 반하는 성차별적 처우에 해당된다고 하여 법원이 직접 해당 여성 회원들의 총회원 자격을 인정하거나 피고에게 총회에 여성 회원들을 참여시키도록 강제하기는 어려우나, 그렇다고 불법행위에 따른 구제까지 회피하는 것은 기본권 보호에 관한 최소한의 책무도 저버리는 것이 되어 헌법상 원칙에 위반된다"고 설시한다.

이런 논거를 들어 제2심 법원은 "피고 서울YMCA가 여성 회원들에 대하여 그 성별을 이유로 총회원 자격을 부인·배제한 것은 성차별적 처우에 해당되고, 피고들이 내세우는 YMCA의 연혁, 정체성, 사적 단체의 자발성 등은 이를 정당화할 사유가 되지 못하므로, 피고의 구조적이고 지속적인 성차별적 처우는 헌법 제11조에서 정한 평등의 원리 등 전체 법질서에 비추어 용인될 수 없는 위법행위로서 민법 제750조의 불법행위를 구성한다"고 판단하였다.[36]

사회적 관계에서의 평등한 대우와 인정   사회문화 영역의 정의 원리로 '인정認定의 정의justice of recognition'를 제시할 수 있다. 즉 "특정 집단에 속한다는 이유로 부당하게 차별받지 않으면서 시민으로서 각 개인의 고유한 활동과 능력과 정체성이 사회적으로 인정받을 기회를 평등하게 제공"하자는 것이다. 사회문화적 관계에서 동등한 인간 존엄성과 사회적 평등의 이상이 부분적으로나마 실현된 '인정의 정의'의 사례로 트랜스젠더 시민의 성별 정정 인정 판결과 강간죄 피해 인정 판결을 들 수 있다.

먼저 트랜스젠더 시민의 성별 정정 신청을 인정한 판결이다(대법원 2006. 6. 22. 2004스42 결정). 대한민국 현행 법체계에는 트랜스젠더 시민의 성별 문제에 대한 규정이 없고, 호적 정정에 대해서도 침묵하고 있다. 관련 규정으로는 "호적의 기재가 법률상 허용될 수 없는 것 또는 그 기재에 착오나 유루遺漏가 있다고 인정한 때에는 이해관계인은 그 호적이 있는 지역을 관할하는 가정법원의 허가를 얻어 호적 정정을 신청할 수 있다"는 구舊 호적법 제120조(위법한 호적 기재의 정정)가 있을 뿐이다.[37] 트랜스젠더 시민은 현행 호적법상 전환된 성에 따라 기재된 성별을 수정할 수 있는 절차 규정이 없어 많은 고통을 받고 있었다. 이 사안에서 대법원 다수의견은 명백히 트랜스젠더 시민에 해당하는 사람에 대하여는 전환된 성에 따라 호적상 성별 기재란을 수정할 수 있도록 허용해야 한다고 결론 내렸다.

반대의견은 "성전환자가 헌법상 보장된 인간으로서의 존엄과 가치를 가지고 행복을 추구할 권리와 인간다운 생활을 할 권리를 향유할 수 있도록 하기 위하여, 전환된 성으로 활동할 수 있는 법적 · 제도적 장치를 보완하는 등의 배려가 필요하다"고 하면서, 동등한 배려와 존중의 법원리에는 충분히 동의하지만 법원의 법해석이 아니라 입법을 통해서 해결해야 한다는 입장을 취했다. 법률 규정을 법원이 마음대로 바꿀 수 없다는 이유에서였다.

대법원 다수의견은 "호적제도의 목적은 진정한 신분관계를 공시하는 것에 있고, 호적법이 성전환자의 호적상 성별란 기재를 수정하는 절차 규정을 두지 않는 이유는 입법자가 이를 허용하지 않기 때문이 아니라 입법 당시에는 미처 그 가능성과 필요성을 상정하지 못하였기 때문"이라고 해석하였다. 대법원 다수의견은 호적법의 취지와 목적을 따진 후, 헌법에서 규정하는 인간 존엄성 원리와 행복추구권을 들어 적극적으로 트랜스젠더 시민의 인간 존엄성을 보장하고 이등국민의 지위를 벗어날 수 있도록 법적 판단을 내린 것이다.

다음으로 트랜스젠더 시민의 강간죄 피해를 인정한 판결이다. 우리 형법 구舊 제297조는 "폭행 또는 협박으로 부녀를 강간한 자는 3년 이상의 유기징역에 처한다"고 규정하고 있었다.[38] 종래 우리 법원의 입장은 강간죄의 보호대상은 여성(부녀자)의 신체이고 "여성에 해당하는지 여부는 발생학적인 성인 성염색체의 구성"에 따라서 판단하므로, "성전환 수술을 통해서 자기가 바라는 여성으로서의 일부 해부학적 성기의 외관을 갖추어놓은 경우"는 여성에 해당되지 않는다는 것이었다. 따라서 남성에서 여성으로 성전환을 한 트랜스젠더 시민을 강간한 자의 경우도 이와 같은 법리에 의거해서 강간죄가 아니라 강제추행죄로 처벌해왔다.

종전 대법원도 이러한 관점에서 강간죄를 인정하지 않아왔는데(1996. 6. 11. 선고 96도791 판결 등), 2009년 부산지방법원의 판결(부산지방법원 2009. 2. 18. 선고)에서 강간죄를 인정하는 판단을 내렸고, 제2심과 대법원(2009. 9. 10. 선고 2009도3580)도 이를 받아들였다.[39] 부산지방법원 판결의 근거를 추려보면 다음과 같다.

① 근래에 이르러 우리나라를 비롯한 세계 각국은 모든 국민들이 가

진 행복추구권과 사생활 보호, 인간다운 생활을 할 권리에 근거한 헌법 또는 법의 근본원리에 바탕을 두어 위와 같은 성전환 수술을 받은 자의 사정을 깊이 이해하고, 혹은 법원의 재판으로, 혹은 의회의 입법으로, 혹은 헌법재판소의 결정과 이에 따른 입법 명령 등으로 이 시대의 소수자에 해당하는 성전환자의 처지와 형편에 합당한 처우를 하고 있는 것이 대세다.

② 성전환자에 대한 사정과 법리가 이러함에도, 사회 구성원들 중에는 사안의 실상을 제대로 이해하려는 진지한 노력도 없이, 자신들과는 다르다는 이유만으로, 편견과 오해에 사로잡혀 그들의 존재에 대한 근거 없는 혐오감이나 막연한 불쾌감을 드러내는 사람들도 있다.

③ 삶의 제 분야에 있어서 모든 국민의 인간다운 생활과 행복의 추구를 돕고자 하는 헌법원리를 실질적으로 구현한다는 목표에 입각하여 본 법원은 종래의 이론과 선례를 근거로 구체적인 사실관계를 확인한 다음, 성적 소수자인 피해자의 법률상 지위를 위와 같이 인정함으로써, 이러한 배려가 이제 노경에 들어서는 피해자가 우리와 다름없는 이 사회의 보통 사람으로서 다른 사람들과 자유로이 어울려 자신의 성정체성에 합당한 편안하고 명예로운 여생을 보낼 수 있는 하나의 계기가 되기를 기대한다.

영국의 사상가 매슈 아널드M. Arnold는 그의 저서 『교양과 무질서』에서 '교양'이란 "지금까지 인간과 관련된 사안에서 생각되고 이야기되는 것들 중 최선의 것을 알게 됨으로써 총체적인 완성을 추구하는 것"

으로 이 앎을 통해 "우리의 고정관념과 습관에 신선하고 자유로운 생각의 줄기를 갖다 대는 것"이라고 말한 바 있다.[40] 이를 응용해본다면, 위 판결은 "지금까지 법에 대해 인류가 생각하고 말하고 공적으로 결정한 것들 중 최선의 것들"에 비추어 우리 사회의 과거 결정들을 고찰하고, 그에 기초해서 트랜스젠더 시민의 문제와 관련된 결정을 최선의 정치적, 법적 작품으로 만들어보려는 노력이었다고 평가하고 싶다.

제 9 장

우리 헌법에 담긴 기회균등의 원리

───── 이 장에서는 유리한 사회적 지위들을 둘러싼 경쟁 단계에서의 기회균등 영역과 능력을 발달시킬 기회균등의 영역으로 분류하여 기회균등의 이상을 더 면밀히 살핀다. 이를 통해 기회균등의 원리가 다양한 원칙요소로 구성된 복합적 원리임을 알 수 있는데, 그 세 요소가 절차적 공정성, 배경의 공정성, 결과 독식 방지의 공정성 원칙이다. 이와 더불어 경쟁이 고도화되는 사회를 일컫는 '병목사회' 현상을 검토하며 신-신분사회의 도래라는 디스토피아의 전망을 넘어 한국 사회에서 기회균등의 실현 방향을 모색한다.

'기울어진 경기장 평평하게 만들기levelling the playing field'로 대변되는 기회균등의 이상은 현대 사회정의론의 핵심이다. 우리 헌법은 전문에서 "자율과 조화를 바탕으로 자유민주적 기본질서를 더욱 확고히 하여 정치 · 경제 · 문화의 모든 영역에서 각인의 기회를 균등히 하고, 능력을 최고도로 발휘하게 하며, (……) 안으로는 국민생활의 균등한 향상을 기"할 것을 공언하고 다짐한다. 여기서 개개인의 개성과 능력이 최대한 발현되도록 기회균등의 원리를 보장해야 한다는 한국 법체계의 근본정신을 이끌어낼 수 있다.

신분세의 특권 철폐, 인종차별 제거, 기초교육 및 중등교육의 확산, 각종 직역에서의 여성 진출 등은 이제 기회균등의 이상에서 부정할 수 없는 내용이 되었다. 하지만 청년 할당제나 적극적 우대조치와 같은 사안에서는 여전히 기회균등의 이상을 둘러싼 논쟁이 격렬하다. 기회균등의 이상에 관한 다양하고 상충하는 해석들이 제기되는 상황에서 '기회를 균등하게 보장한다는 것'은 무엇을 의미할까? 기회균등의 원리를 해부해보면 그것이 다양한 원칙요소들로 구성된 복합적 원리라는 점을 알게 된다. 사람들이 처한 상이한 상황과 입학, 취업, 승진 등의 대상 영역에 따라 그에 상응하는 원칙들이 기회균등이라는 대원리를 이루게 된다는 것이다.[1] 이 점을 염두에 두고 복합적 기회균등 원리의 근본 이상과 하위 원칙들을 알아보자. 여기서 기회균등의 원리와 하위 원칙들을 구별할 필요가 있다. 기회균등의 '원리'가 '각자 자신의 재능을 계발하여 능력을 발휘할 기회가 균등해야 한다'는 추상적인 규범 내용을 담는다면, 기회균등의 하위 '원칙'은 이 원리를 구체화한 것이다. 앞으로 설명할 형식적 기회균등의 원칙이나 공정한 기회균등의 원칙은 정의의 여러 원칙들이나 여타의 도덕적, 정치적, 사회적 가치들을 추상적인 기회균등의 원리 내용에 대입하여 구체화한 것이다.

먼저 분명히 강조해둘 점은 기회균등 원리는 '기회 자체를 가질 기회', 즉 '인간다운 삶'에 필요한 기본적 필요와 기본적 역량의 제공을 목표로 하는 기본적 기회basic opportunity의 분배와 보장에 적용되는 원리가 아니라는 것이다. 경력이 되는 무급 인턴직, 좋은 일자리, 좋은 학교처럼 사회에서 선망하는 유리한 지위들advantaged social positions이나 승진, 선출직 공직처럼 권한 있는 직위를 둘러싸고 경쟁이 벌어지는 경우에 기회균등의 원리가 적용된다.[2] 이러한 점들을 고려하여, 기회균등 원리가 적용되는 영역을 사회에서 선망하는 유리한 지위들을 둘러싼 경쟁 단계에서의 기회균등 영역과 능력을 발달시킬 기회의 균등 영역으로 분류하여 살펴보기로 한다.

1 경쟁 단계에서의 기회균등 원리

헌법재판소의 결정문들을 살펴보면 경쟁 단계에서 적용되는 기회
균등 원리가 어떤 내용을 갖는지 가늠해볼 수 있다. 우선 '제대군인 가
산점 제도 위헌 결정'[3]에서 기회균등 원리와 능력주의가 긴밀히 결합
되어 있는 부분을 정리하면 다음과 같다.

① 헌법 제7조에서 보장하는 직업공무원 제도의 기본적 요소에 능
력주의가 포함되는 점에 비추어 직업공무원을 선발할 때에는 임용 희
망자의 능력·전문성·적성·품성을 기준으로 하는 이른바 능력주의
또는 성과주의를 바탕으로 하여야 한다.

② 헌법 제25조의 공무담임권 조항은 모든 국민이 누구나 그 능력과
적성에 따라 공직에 취임할 수 있는 균등한 기회를 보장함을 내용으로
한다.

③ 국가공무원법 제26조와 '공개경쟁에 의한 채용시험은 동일한 자
격을 가진 모든 국민에게 평등하게 공개하여야 하며……'라고 하고 있
는 동법 제35조는 공무담임권의 요체가 능력주의와 기회균등에 있다
는 헌법 제25조의 법리를 잘 보여주고 있다.

④ 능력주의에 바탕한 선발 기준이 아니라 직무수행 능력과 무관한

요소인 성별 · 종교 · 사회적 신분 · 출신 지역 등을 기준으로 삼는 것
은 국민의 공직취임권을 침해한다.

여기서 공무담임권의 핵심은 '기회가 균등한 상황에서 능력주의에
따라 직무수행 능력과 긴밀히 관련된 능력 · 전문성 · 적성 · 품성을 기
준으로 하여 직업공무원을 선발해 달라고 요구할 권리'다. 능력주의의
논리에는 기회균등 원리가 당연히 포함된다는 헌법재판소의 견해는
능력주의와 기회균등 원리를 각각 어떻게 이해하는가에 따라 여러 가
지로 해석할 수 있다.

직업이나 소득과 같은 사회경제적 재화의 분배는 개인들의 생산적
재능과 노력이 반영된 경제적 성과economic merit에 의해 결정되어야 하며,
혈통이나 신분이 아닌 개인적 능력에 따라 적합한 보상을 받기 위해서
는 기회의 균등이 보장되어야 한다는 것이 능력주의의 요체라고들 이
해해왔다. 능력주의는 기회균등과 일심동체라고 여겨왔다는 것이다.[4]

대학 입학이나 채용을 결정할 때 공개경쟁open contest에서 발휘된 능
력과 성과를 측정하여 능력과 실력이 가장 뛰어난 사람을 선발하면 기
회가 공정하고 균등했다고 보는 견해(그래서 능력주의meritocracy라고 한다),
경쟁을 통해 후보자들의 능력과 성취도를 측정하는 과정과 선발이 '평
평한 경기장'에서 이뤄지면 기회가 균등하다고 보는 기회균등관은 협
소한 입직 위주의 기회균등만을 중시한다. 재능을 계발하여 경쟁에 필
요한 능력과 자격을 갖출 기회가 공정하게 제공되었는지, 경기장에 들
어오기 전까지 전반적인 개인 인생이 어떠했는지는 고려되지 않는다.

능력주의에서 작동하는 기회균등 원리의 요체는 누구에게나 열려 있는 공개경쟁을 통해 가장 자격이 적합한 사람^{the best-qualified candidates}, 곧 능력과 실력을 가장 뛰어나게 갖춘 사람을 선발하라는 것이다. 따라서 능력주의에는 자격 적합성 요건과 더불어, 누가 가장 능력이 뛰어난지 판별하는 기준과 절차를 마련해서 개인적 연고^{緣故}나 정실관계의 영향을 받지 않고 정확하게 집행하라는 절차적 공정성이 당연히 포함된다. 이것이 기회균등의 원리를 바라보는 단순한 견해고, 주위에서 흔히 제기되는 기회균등관이다. '공개경쟁' 부분과 '가장 자격이 적합한 이의 선발' 부분으로 구성된 기회균등관은 명쾌하고 단순해서 적용하기도 쉬워 보인다. 절차적 공정성만 따지면 되기 때문이다. 우리 헌법재판소의 견해도 이런 명쾌하고 단순한 기회균등관에서 출발하는 것 같기도 하다. 단순명쾌해 보이는 이 기회균등관의 두 성분을 곰곰이 뜯어보면 결코 단순하지 않다는 것을 알게 된다. 이에 대해서는 다음 절에서 살펴볼 것이다.

앞서 언급한 헌법재판소 결정문에서 우리는 기회균등 원리의 첫째 요소인 절차적 공정성 원칙을 추출할 수 있었다. 가장 적합한 사람을 선발하는 심사의 규칙이 공정하고 불편부당하게 집행된다면 불평등한 결과가 나와도 정당하다고 흔히들 생각하는데, 이 절차적 공정성 원칙은 말하자면 이런 것이다. 자격, 직위, 재화의 획득을 두고 경쟁이 벌어질 때 해당 자격, 직위, 재화와 적절하게 관련 있는 합리적 기준^{adequate relevant criterion}을 치우침 없이 적용하여 분배가 이루어지면 절차적으로 공정하다. 이때 '적절하게 관련 있는' 합리적 기준이란 자격과 지위 등의 목적 실현과 직무수행에 적합한 기준을 말한다. 개인적 친분이나 정치적 연줄처럼 대학과 회사의 목적과는 무관한 기준으로 입학하거나 취직하면, 절차적 공정성 원칙을 위반한 것이 된다. 따라서 절차적 공정성의 핵심은 '적절한 선발 기준(=선발제도의 목적과 취지에 유관한 기준)+불편부당한 집행'에 있다. 이런 점에서 공정한 공개경쟁(절차적 공정성)은 응분 원칙과 밀접한 연관성이 있다고 여겨진다.[5]

협소한 능력 위주의 단순한 기회균등관을 선택하는 사람들은 대체로 '자신의 성공을 오직 자신의 좋은 머리로 밤잠을 설쳐가며 열심히 노력한 덕분'으로 돌리면서, 성공은 전적으로 '선택'과 '개인적 책임'에 좌우된다고 생각하는 경향이 있다.[6] 이러한 협소한 능력주의와 절차적 공정성 측면에서 바라보는 기회균등관의 문제점은 무엇일까?

2 절차적 공정성 원칙과 차별금지 원칙

공개경쟁에 필요한 기회균등 원리의 필수 요소가 있다. 바로 누구도 차별받지 않고 공개경쟁에 참가할 수 있을 것, 그리고 재능과 능력 있는 사람이 선발될 수 있는 기준과 절차를 마련하고 운용하는 것이다. 이는 모든 기회균등관의 필요조건이기도 하다.

공개경쟁에서 공정한 절차를 거쳐 선발된 재능과 실력을 갖춘 사람에게 더 많은 재화와 더 좋은 직위를 부여하는 불평등 분배가 정당한 이유로는 흔히 두 가지가 거론된다. 첫째, 신분이나 출생, 재력이 아니라 오로지 해당 재화나 직위에 적합하고 관련된 능력과 노력에 따라 재화와 직위를 부여하기 때문에 응분 원칙에 부합한다는 것이다. 둘째, 재능과 실력 있는 사람들이 더 많은 재화와 더 높은 직위를 제공받으면 창의력과 개성과 자유를 신장하므로 평등을 추구할 때보다 훨씬 좋은 공공복리가 실현된다는 것이다.[7]

절차적 불공정성은 업무수행 능력과는 무관한 요인들, 가령 외모, 성별, 인종, 부, 인맥 등이 경쟁 과정에 작용하여 특정 후보자(들)에게 더 많은 혜택이 돌아가는 데에서 발생하기 때문에 차별금지 원칙은 기회균등 원리의 주요 부분으로 평가된다. 우리 헌법재판소 역시 "능력주의에 바탕한 선발 기준이 아니라 직무수행 능력과 무관한 요소인 성별·종교·사회적 신분·출신 지역 등을 기준으로 삼는 것은 국민의 공직취임권을 침해한다"고 설시한다.

차별금지 원칙에 입각해서 기회균등을 바라보면, 공정한 경쟁 단계의 핵심은 '유관한 자격 기준relevant qualifications'과 '동등한 고려'가 된다. 첫째, 유관한 자격 기준의 요건과 관련해서 보자면, 직업을 둘러싼 경쟁의 경우 해당 직업의 사회적 기능과 관련된 합리적 자격 기준이 명확하게 제시되어야 한다. "직무수행 능력과 무관한 요소인 성별·종교·사회적 신분·출신 지역 등을 기준으로 삼는 것"은 공정한 경쟁과 절차적 공정성 원칙을 위반하는 차별이다. 차별은 이렇게 작동한다. 특정한 속성을 가진 집단의 사람들은 '열등하다'는 관념이 사회에 널리 퍼져 있고, 그러한 인식에 기초해서 그 집단 사람들은 해당 직무수행에 적합하지 않다거나 능력이 부족하다고 판단하여 그 직역 또는 직무에 선발하지 않을 때 차별은 이뤄진다. 이런 측면에서 보면 절차적 공정성을 '정체성 차별'을 제거한 기회평등이라고 불러도 좋을 듯하다.[8]

물론 특정한 속성을 고려해서, 가령 성별이나 출신 지역을 고려하여 선발해도 차별이 아닌 경우가 있다. 가정폭력 피해 여성들을 위한 쉼터의 의사를 채용할 때 여성이라는 속성이 직무수행에 효과적일 수 있으므로 성별이 유관한 기준이 될 수 있다. 공중보건소 의사를 채용할 때 지역 특수성을 고려하여 해당 지역 출신의 후보자를 선발하면 그 지역 사람들에게 더 큰 봉사를 할 수도 있으므로 출신 지역이 유관한 기준이 될 수 있다. 그러나 이는 상황과 맥락을 고려하여 결정되는 것이므로 성별이나 인종, 출신 지역 등을 일반적인 선발 기준으로 삼을 수는 없을 것이다.[9]

둘째, 해당 직업에 유관한 자격 기준을 동등하게 갖춘 후보자들이 넘칠 때에는 차별금지 원칙에 추가로 절차적 공정성 기준이 필요하게 된다. 이른바 유관한 자격 기준을 동등하게 갖춘 후보자들을 모두 동등하게 고려해야 한다는 요건이다. '동등하게 고려한다는 것'은 경쟁이 벌어지는 해당 직업의 직무수행과 관련된 자격 기준의 증명서만 제출하고 심사받을 동등한 기회를 모든 후보자에게 보장해야 한다는 뜻이다. 또한, 과거에 있었던 차별의 유산이 잔존해서 현재의 경쟁 후보자들과 잠재적 후보자들에게 여전히 영향을 미치고 있다면, 과거에 차별을 받아 경쟁에서 배제되었던 사람들이 향후 경쟁에 뛰어들 수 있도록 장려하고 촉진하는 적극적인 우대조치도 '동등한 고려의 요건'에 포함되어야 한다. 지금까지는 아예 경쟁 자체에 끼어들지 못했지만, 경쟁에

한 전사계층은 평민계급과 빈민층의 자녀들에게도 이제는 전사가 될 수 있는 동등한 기회를 주고 있으며, 이들이 시합에서 이기지 못한 것은 불행히도 근면성과 재능이 부족했기 때문이라고 응답한다. 이런 불운은 기회균등과 무관하다는 것이다.

이 전사 사회에서 기회균등은 말뿐인 허울이고 실제로는 존재하지 않음을 우리는 직관적으로 안다. 전사계급의 자녀들이 압도적인 비율로 전사 시험을 통과할 수 있는 것은 그들의 재능과 노력 덕분이라기보다는 출신배경을 통한 '부의 대물림'이라는 일종의 불로소득 때문이다. 전사의 자녀들에게는 어릴 때부터 전사가 될 수 있는 자격을 발달시킬 여건이 마련되어 있다. 반면, 평민계급과 빈민층 자녀들은 전사로서의 재능과 능력을 계발하고 발달시킬 기회 자체가 부족하다. 시합을 치르기 전에 이 점을 보충하는 대책이 마련되어야만 기회균등을 거론할 수 있다. 경쟁의 출발점 이전 단계에서 경쟁에 필요한 재능과 능력을 발달시킬 수 있는 기회가 누구에게나 열려 있어야 하는 것이 아닌가라는 항의는 타당하다.

일례로 든 전사 사회에서 드러났듯이, 능력주의가 기회균등의 이상과 결합되려면 절차적 공정성과 경쟁 단계에서의 차별금지라는 두 가지 요건 이외에 필요한 것이 있다. 곧, 공정한 경쟁의 출발점에 서기 이전 단계에서도 사회적으로 유리한 지위나 직위에 필요한 자격요건(능력이나 실력)을 갖출 수 있도록 재능을 발달시킬 기회가 누구에게나 제공되어야 한다는 것이다.[12] 기회균등의 이상은 경쟁 단계에 들어서기 이전에 재능을 발전시킬 수 있는 기회가 고루 돌아가도록 '경기장을 평평하게 만들기'에 있다고 여겨지기 때문이다.

'성공 기회가 모두에게 열려 있다'는 것의 의미

능력과 노력이 성공의 전망을 결정해야 한다는 능력주의에 관해 연구를 진행해온 연구자들은 성공에는 능력과 노력 이외에도 재능을 계발할 수 있는 기회를 거머쥐는 행운의 역할이 상당히 크다는 실증적 결과를 제시한다.[13] 재능을 계발할 교육의 기회가 출발점 이전 단계에서 어릴 때부터 개인들에게 고르게 돌아간다면, 공정하게 경쟁할 만한 기회가 균등하게 마련됐다고 말할 수 있다.

하지만 재능이 동등한 수준이더라도 노력하지 않고 재능을 낭비하는 삶의 경로를 선택한 사람들이 주위에 많다. 특히 재능 있는 아이들이 열악한 가정환경 때문에 노력할 마음조차 갖지 못하고 성취동기 자체를 계발하지 못하여 애초에 포기하는 현실도 무시할 수 없을 정도다. 남들과 동일한 수준의 재능을 물려받았는데도 이를 발전시키고 발휘하려는 의지가 박약하고 노력을 게을리했던 이들이 경쟁에서 밀린 이유로 절차적 공정성이나 기회균등을 문제 삼으면 자업자득이라는 대답을 듣는다.

능력 발휘와 실현의 차이를 개인의 게으름이나 재능 낭비 탓으로 돌리는 견해의 핵심은 자신이 내린 사발적 선택과 결정의 결과에 대해서는 스스로 책임을 져야 한다는 선택의 책임 원칙이다. 앞서 계약자유 원칙이나 선택의 자유 원칙을 다루면서 살펴보았듯이, 선택에 대한 책임을 지려면 일정한 조건을 충족해야 한다. 우리가 보험이나 금융 관련

계약을 체결할 때에는 사기나 강박이나 강요에 의하지 않고 충분히 그 내용에 관한 설명을 들은 후에 서명하도록 되어 있다. 이런 제도에는 '충분히 좋은 조건에서 내린 선택'의 결과에 대해서는 당사자가 나중에 불만을 토로하고 이의를 제기할 만한 합리적인 사유가 없으므로 스스로 결과를 책임져야 한다는 원리가 담겨 있다.

'충분히 좋은 조건', 즉 각자가 재능을 계발할 수 있도록 노력하는 데 필수적이고 좋은 여건들을 사회에서 충분히 제공했는데도 당사자가 노력하지 않고 재능을 낭비하였다면 실패와 탈락 등 자기 선택의 결과를 감수해야 할 것이다. 이를 뒤집어보면 기회균등 원리의 핵심이 도출된다. 실패를 게으른 개인의 탓으로만 돌리기보다는 재능을 계발하겠다고 마음먹고(선택하고) 열심히 노력하는 데 필요한 좋은 여건과 기회들을 개인에게 충분히 제공했는지를 먼저 따져봐야 한다는 것이다.[14]

따라서 '모두에게 기회가 열려 있을 것openness to all'이라는 요건이 기회균등 원리의 핵심이다. 개인의 사회계급과는 무관하게 각자가 재능을 계발하려는 의지를 가지고 발전시키려고 노력하기에 '충분히 좋은 조건들sufficiently good conditions'이 사회에서 제공되었을 때 이 요건은 충족되었다고 할 것이다.[15] 이런 관점에서 기회균등 원리에 접근하면 국가나 사회가 개개인에게 충분히 좋은 조건들을 마련해주었는가 하는 질문을 던지게 된다. 배경의 공정성은 따지지 않고 개인의 품성(나태함)과 선택의 책임만을 묻는 견해보다는 이런 점을 반영한 기회균등관이 기회균등의 본래 이상을 한층 더 구현했다고 볼 수 있다.

이러한 관점은 제2장에서 다룬 응분 원칙과도 연관성이 있다. 기회균등의 실질적인 조건이 충족되지 않은 사회에서는 개개인이 재능을 계발하기로 선택하고 열심히 노력해서 남들보다 뛰어난 능력을 갖추고 탁월한 성과를 냈다고 해도 온전한 응분자격을 주장할 수 없다. 사회가 개인에게 재능을 계발할 수 있도록 좋은 환경을 제공해주어야만 탁월한 성과를 낸 개인은 비로소 응분 원칙에 따라 응분자격을 주장할 수 있게 된다.

3 기회균등의 원리에 담긴 공정성의 세 차원

기회균등의 원리는 '경기장을 평평하게 만들기'라는 공정성의 이상을 근본으로 삼는다. 공정성에는 세 가지 차원이 있는데, 그 첫 번째가 앞에서 살펴본 절차적 공정성이다. 경쟁 과정에서 자격 기준과는 무관한 특권 같은 요인이 영향을 미치지 않도록 하는 공정성으로, 달리 표현하면 경쟁 '규칙'과 경쟁 '절차'의 공정성이다.

'경기장 평평하게 만들기'에는 경쟁에 필요한 능력과 자격요건을 발달시킬 기회의 공성성노 절차적 공정성 못지않게 중요하다. 이것이 바로 '배경의 공정성background fairness'이고, 공정성의 두 번째 차원이다. 사회계층이나 가정환경이 불리한 처지에 있는 사람도 재능과 성취동기와 근면함을 갖추었다면, 능력을 발휘해서 성공할 수 있도록 발달 기회를 제공하겠다는 것이다. 요컨대 기회균등의 이상은 출발선의 공정성을 포함해서 출발선에 이르는 과정 전체의 공정성을 지향한다. 기존의 불평등이 경쟁 과정에 심각한 영향을 미치고 있다면 이 불평등을 시정하는 조치도 배경의 공정성의 일부분이 된다. '사회적 배경의 불공정성을 제거한 기회평등'이라고도 할 수 있다.[16]

공정성의 세 번째 차원은 '결과 독식 방지'의 공정성이다. 승자가 모든 것을 독식하면 이후의 경쟁에서 경기장은 언제나 승자에게 유리하게 기울기 마련이다. 패자에게도 일정 정도의 몫이 보장되면 한때의 실수나 잘못에 의해 인생 전체가 결정되지 않는 공정한 환경을 제공할 수 있다. 승자 독식 방지와 패자부활전 보장이 그런 조치의 일환이므로, 결과 독식 방지의 공정성은 '몫의 공정성stakes fairness'이라고도 할 수 있다.[17]

공정성의 이 세 가지 차원을 적절하게 반영할 때, 우리 헌법이 지향하고 우리 헌법에 담긴 사회적 평등의 이상, 즉 동등한 인간으로서의 지위와 자유롭고 평등한 시민으로서의 지위를 보장하는 기회균등의 원리가 실현될 수 있다고 생각한다.

롤즈의 기회균등 원칙의 재구성

경제력 등으로 인한 차이와는 무관하게 누구에게나 자신의 능력을 계발하여 성공할 기회가 열려 있어야 한다는 이상을 '모두에게 기회가 열려 있을 것'이라는 요청으로 표현한 바 있다. 롤즈는 이것을 '공정한 기회균등fair equality of opportunity'의 원칙으로 명명하고 정교하게 가다듬어서 현대 기회균등 이론의 틀을 제시하였는데, 핵심 사상은 다음과 같다.

같은 수준의 재능과 능력을 가지고 또 이런 재능과 능력을 사용하겠다는 동일한 의향을 가진 사람들은 사회체제 내에서 처음에 차지한 자리에 관계없이 동일한 성공의 가능성을 가져야 한다. 사회의 모든 계층에서 비슷한 동기와 타고난 능력을 가진 사람들은 대체로 동등한 수준의 교양이나 업적을 이룩할 것이라는 전망을 가져야 한다. 동일한 능력과 포부를 가진 사람들의 기대치가 그들이 처한 계급의 영향을 받아서는 안 된다.[18]

'형식적' 기회균등은 누구나 공식적 차별 없이 경쟁에 진입할 수 있는 평등한 권리를 법으로 보장하고 있지만, 경쟁에서 능력과 업적을 측정할 때 '가정환경에서 유래하는 유·불리 조건'은 제거하지 않는다. 이에 대해 롤즈는 인생의 전망 가능성은 출신배경에 의해 좌우되어서는 안 되고 오로지 천부적 재능과 노력에 의해 결정되어야 한다고 생각하기 때문에, 형식적 기회균등만으로는 불충분하다고 본다.

따라서 기회균등 원리는 누구나 차별 없이 경쟁에 진입할 평등한 권리를 제공한다는 것 이외에도 가정환경이나 사회경제적 지위가 아니라 오로지 천부적 재능과 성취동기와 근면한 노력에 따라 성공 가능성이 달라질 수 있도록 해야 한다는 것이다. 롤즈의 공정한 기회균등 원칙은 출신배경이나 사회경제적 위치가 전혀 영향을 발휘하지 않은 조건에서 각 개인이 지닌 천부적 재능과 기울인 노력에 의거해서만 성공의 전망이 결정되어야 한다는 내용으로 집약된다.[19]

이렇게 능력이 천부적 재능과 노력의 함수라면, 주목할 지점은 천부적 재능의 요인과 노력 또는 성취동기의 요인이다. 우선, 천부적 재능은 사람마다 다르다. 재능은 타고나는 것이지만, 사회에서 어떤 재능을 더 선호하고 높이 평가할지는 그 사회, 혹은 학교와 직장의 목표와 성격에 따라 달리 결정된다.[20] 그렇다면 창의성, 공감능력, 상상력과 같은 재능과 능력이 아니라 오로지 학업성적과 관련된 재능과 능력만이 사회적으로 높이 평가되는 것은 정당할까? 사회적으로 좋은 자리나 재화를 획득하는 데 학업성적과 능력만을 고려하는 가치관과 태도 자체가 이미 불공정한 사회제도의 산물은 아닐까? 롤즈의 견해는 이러한 점에서 귀담아들을 만하다.

우리 각자의 재능이 다르다는 것이 불평등으로 이어지기는 하지만, 이 점 자체가 문제가 되지는 않는다. 재능의 차이는 재능의 다양성을 의미하고, 서로 차이가 나는 다양한 재능들을 가진 개인들의 사회적 상호작용을 통해서 사회는 더 풍부해진다. 이러한 점에서 재능과 천성이 각자에게 차이가 나게 주어진 것은 사회의 공동자산common assets이다. 문제는 특정한 재능과 근성만을 우월하고 귀중한 것으로 평가하고, 이에 기초해서 중요한 사회적 가치들을 배분함으로써 불평등한 사회적 지위를 만들어내는 데 있다.[21]

이는 공정한 기회균등 원칙을 이해할 때 재능의 다양성을 인정하고, 특정한 재능과 능력만을 중시해서는 안 된다는 점을 보여준다.

다음으로, 노력 요인을 살펴보자. 노력하려는 의지나 열의 또한 개인이 태어나고 자란 가정家庭의 문화와 가치 또는 사회의 지배적인 가치관과 태도에서도 영향을 받고, 개인이 처한 경제적 처지(가난함)에서도 영향을 받는다. 오로지 개인의 선택이나 성품만의 문제가 아니라는 얘기다. 재능을 계발하고 실현하려는 의지와 열의를 품고 근면하게 노력하는 마음가짐과 태도는 그렇게 할 수 있도록 충분히 좋은 환경이 제공되었는지 여부에 상당한 영향을 받기 마련이다.[22]

결국 공정한 기회균등 원칙은 일단 이렇게 독해할 수 있을 것이다. 경쟁이 시작된 후에는 절차적 공정성과 능력주의가 작동해야 하고, 경쟁의 출발점 이전 단계에서는 재능을 발달시켜서 능력과 자격을 갖출 수 있는 기회(이하 '발달 기회')가 모든 개인에게 공정하게 주어져야 한다. 다시 말해 어릴 때부터 경쟁의 출발점 단계에 이르기까지 재능과 능력을 발달시킬 수 있도록 충분히 좋은 조건들을 제공하여 성공 가능성이 열릴 수 있게 해놓고, 그 이후의 경쟁 단계에서 개인이 순수한 노력으로 성취를 일궈내면 그때의 개인차는 인정한다는 것이다.[23]

그래서 '공정한 기회균등'의 목표는 기회의 '절대적' 균등이 아니다. 가정환경이나 사회경제적 지위가 아닌 오로지 재능과 성취동기와 근면한 노력에 따라 성공 가능성은 달라질 수 있으므로 이를 적절히 고려한다는 의미에서, 그리고 가정환경이나 사회경제적 지위의 격차가 재능을 계발하여 능력과 자격을 갖출 기회에 불평등하게 작용하지 않도록 격차의 영향력을 차단한다는 의미에서, 또한 나아가 빈곤계층이 자신의 재능을 계발하고 실현하려는 의지와 열의를 품고 근면하게 노력하는 마음가짐과 태도를 가질 수 있도록 충분히 좋은 환경을 제공한다는 의미에서 '공정한' 기회균등인 것이다. 따라서 과거의 부당한 차별로 발달 기회를 공정하게 누리지 못하고 노력할 동기도 갖지 못함으로써, 현재의 경쟁에서 요구하는 능력 및 자격요건에서 불리한 사회 구성원들을 우대하여 경쟁 과정 자체에서 개인 간의 경쟁력 격차를 보정하려는 적극적 우대조치도 필요하게 된다. 공정한 기회균등 원칙은 과거의 부당한 차별의 결과는 아니더라도 사회적 불리 요인의 누적과 세습 때문에 열악한 처지에 있게 되어 천부적 재능을 계발할 기회도 부족했고 계발하려는 동기조차 갖지 못한 개인들에 대해서도 적절한 조치가 취해질 것을 요구한다.

발달 기회의 공정한 보장과 기회균등 원리

앞에서 우리는 전사 사회의 예를 통해 출신, 가정환경, 경제력 등의 차이와는 무관하게 자신의 재능을 계발하여 경쟁에 필요한 능력과 자격을 갖출 수 있는 기회가 이미 출발선 이전 단계에서도 누구에게나 열려 있어야 한다는 결론을 이끌어냈다.

우리 헌법 제31조는 "① 모든 국민은 능력에 따라 균등하게 교육받을 권리를 가진다. ② 모든 국민은 그 보호하는 자녀에게 적어도 초등교육과 법률이 정하는 교육을 받게 할 의무를 진다. ③ 의무교육은 무상으로 한다. (……) ⑤ 국가는 평생교육을 진흥하여야 한다"고 규정한다. 이 헌법 조항은 기본적 필요의 충족과 기본적 역량의 증진을 담은 기본적 기회의 보장 원칙을 표현하는 것으로 볼 수 있는데, 이를 헌법재판소는 기회균등 원리와 결합시켜 다음과 같이 해석한다.

교육받을 권리는 국민이 인간으로서의 존엄과 가치를 가지며 행복을 추구하고(헌법 제10조) 인간다운 생활을 영위(헌법 제34조 제1항)하는 데 필수적인 전제이자 다른 기본권을 의미있게 행사하기 위한 기초다. (……) '교육받을 권리'란 (……) 모든 국민이 능력에 따라 균등하게 교육을 받을 수 있는 교육제도를 제공해야 할 국가의 의무를 규정한 것이다. 즉 '교육받을 권리'란, 모든 국민에게 저마다의 능력에 따른 교육이 가능하도록 그에 필요한 설비와 제도를 마련해야 할 국가의 과제와 아울러 이를 넘어 사회적·경제적 약자도 능력에 따른 실질적 평등교육을 받을 수 있도록 적극적인 정책을 실현해야 할 국가의 의무를 뜻한다. 이에 따라 국가는 다른 중요한 국가과제 및 국가재정이 허용하는 범위 내에서 민주시민이 갖추어야 할 최소한의 필수적인 교육 과정을 의무교육으로서 국민 누구나가 혜택을 받을 수 있도록 제공해야 한다.[24]

현실을 보면, 헌법과 법에 의해 기본권이 평등하게 보장되더라도 경제력의 격차로 인해 기본권을 행사할 때 실질적 불평등이 발생하기 마련이다. 이런 불평등 상황에서 기회균등 원리는 어떤 입법과 사회정책을 제시해야 하는지, 과외교습 금지를 규정한 「학원의 설립·운영에 관한 법률」 제22조 제1항 제1호 등의 위헌 여부를 판단한 헌법재판소의 결정문을 예로 삼아서 간단히 살펴보자.

헌법은 자유권적 기본권의 보장을 통하여 개인이 자유를 행사함으로써 필연적으로 발생하는 사회 내에서의 개인 간의 불평등을 인정하면서, 다른 한편 사회적 기본권의 보장을 통하여 되도록 국민 누구나가 자력으로 자신의 기본권을 행사할 수 있는 실질적인 조건을 형성해야 할 국가의 의무, 특히 헌법 제31조의 '교육받을 권리'의 보장을 통하여 교육 영역에서의 기회균등을 이룩할 의무를 부과하고 있다. 따라서 헌법 제31조의 '능력에 따라 균등한 교육을 받을 권리'는 국가에 의한 교육제도의 정비 · 개선 이외에도 의무교육의 도입 및 확대, 교육비의 보조나 학자금의 융자 등 교육 영역에서의 사회적 급부의 확대와 같은 국가의 적극적인 활동을 통하여 사인 간의 출발 기회에서의 불평등을 완화해야 할 국가의 의무를 규정한 것이다. (······) 경제력의 차이 등으로 말미암아 교육의 기회에 있어서 사인 간에 불평등이 존재한다면, 국가는 원칙적으로 의무교육의 확대 등 적극적인 급부활동을 통하여 사인 간 교육 기회의 불평등을 해소할 수 있(다).[25]

헌법재판소의 해석을 발전시켜 보면, 헌법 전문과 헌법 제31조에는 교육 영역에서 '경제력의 차이 등으로 인해 출발 기회에서 생기는 불평등'을 완화하여 경쟁에 진입하기 이전 단계에서 각자의 재능을 계발하여 능력과 자격을 갖출 수 있도록 하자는 발달 기회의 공정한 보장 원칙이 담겨 있다.

공정한 기회균등 원칙의 트릴레마　　　　　학교 수업 이외에 학원 등에서 과외교습(사교육) 받는 것을 공정한 기회균등 원칙에 입각해서 금지하거나 제한할 수 있을지 생각해보자.

교육 영역에서 공정한 기회균등 원칙은 세 가지 하위 원칙으로 이루어져 있다. 첫째, 학업성적 평가나 대학 입학은 공정한 경쟁의 원칙, 즉 능력주의 원칙과 절차적 공정성 원칙에 따라 이뤄진다. 둘째, 우리 헌법과 교육정책은 출발선의 평등과 발달 기회의 공정한 보장도 추구하므로 출발선의 평등 원칙 및 발달 기회의 공정성 원칙을 지향한다. 셋째, 우리 사회는 자유롭고 민주적인 사회이므로 부모가 학교 수업 이외에 별도로 자녀의 재능과 소질을 자유롭게 계발하고 교육시킬 자유를 보장한다. 이 세 가지 사항을 각각 ① 능력주의 원칙 ② 출발선의 평등 및 발달 기회의 공정성 원칙 ③ 부모의 자녀 교육에 대한 자유 원칙으로 불러보자. 앞서 살펴보았듯이 이 세 원칙 하나하나는 타당하며 포기할 수 없는 정당한 원칙이다. 이 세 원칙을 동시에 모두 실현할 수 있을까?

유감스럽게도, 세 원칙 중 두 가지는 동시에 실현 가능하지만 나머지 한 원칙은 늘 일정 정도 희생해야 한다. 우선, 능력주의 원칙과 출발선의 평등 및 발달 기회의 공정성 원칙을 동시에 실현한다고 하자. 그러기 위해서는 부모의 자녀 교육에 대한 자유 원칙을 제한하거나 희생시켜야 한다. 아이들의 능력과 성취동기와 근면성이 어릴 때부터 가정환경에 의해 크게 좌우된다는 점은 많은 연구에 의해 밝혀진 내용이다. 서너 살 무렵부터 잠들기 전에 머리맡에서 책을 읽어주는 부모 밑에서 자란 아이와 그렇지 않은 아이는 언어능력 및 학습능력, 상상력 등에서 차이가 난다는 것이다.[26] 발달 기회의 공정성을 위해 국가나 사회가 여러 지원을 제공하더라도 가정환경에서부터 이미 차이가 나기 시작한다면, 능력주의 원칙과 발달 기회의 공정성 원칙을 실현하기 위해 부모의 자녀 교육에 대한 자유 원칙은 희생되어야 한다.[27]

다음으로, 능력주의 원칙과 부모의 자녀 교육에 대한 자유 원칙을 동시에 실현하려면, 당연히 출발선의 평등 및 발달 기회의 공정성 원칙을 희생해야 한다. 마지막으로 출발선의 평등 및 발달 기회의 공정성 원칙과 부모의 자녀 교육에 대한 자유 원칙을 동시에 실현하려면, 능력주의 원칙을 희생해야 한다. 부모의 자녀 교육에 대한 자유 원칙을 보장하면 당연히 개인들 간의 능력차가 생겨나기 마련이다. 따라서 이와 함께 출발선의 평등 및 발달 기회의 공정성 원칙도 동시에 실현하려면, 능력에 의한 평가 원칙을 버려야만 한다. 능력주의 원칙과 출발선의 평등 및 발달 기회의 공정성 원칙이 충돌하기 때문이다. 그래서 능력주의 원칙을 상당 정도 포기하여, 능력이나 성적은 떨어지지만 가정환경이 불우한 지원자를 선발해야 한다는 것이다.

두 가지 선택지가 각각 타당하지만, 양자 모두를 동시에 실현할 수 없어서 불가피하게 어느 하나를 선택하지 않을 수 없는 진퇴양난의 상황이 딜레마dilemma라면, 이렇게 세 원칙 중 두 가지는 동시에 실현 가능하지만 늘 나머지 한 원칙을 희생해야 하는 상황을 트릴레마trilemma라고 한다. 따라서 이 상황을 '공정한 기회균등 원칙의 트릴레마'라고 할 수 있다.[28] 이 트릴레마 상황에서 벗어날 해법이 있을까?

트릴레마에 올라탄 과외교습 규제 정책   과외교습을 전면적으로 금지하는 「학원의 설립 · 운영에 관한 법률」(1995. 8. 4. 법률 제4964호로 전문 개정된 이후의 것) 제3조 등의 위헌 여부를 판단한 우리 헌법재판소 결정을 살펴보자. 동 법률 제3조(과외교습)는 "누구든지 과외교습을 하여서는 아니된다"고 규정하고, "과외교습"을 "초등학교·중학교·고등학교 또는 이에 준하는 학교의 학생이나 학교 입학 또는 학력 인정에 관한 검정을 위한 수험 준비생에게 지식·기술·예능을 교습하는 행위"로 정의한다.

과외교습을 금지한 이 조항이 위헌이라고 판단한 다수의견은 "이른 바 학력제일주의의 사회구조, 한정된 고등교육의 기회, 학교에서 양질의 교육을 제공받기 어려운 상황에서, 사교육의 차이는 곧 입시 경쟁에서의 경쟁능력의 차이를 의미하는 것이므로 사교육 경쟁에서 뒤지는 자는 고등교육의 기회에 참여함에 있어서 불이익을 받게 되어 장기적으로는 사회적·경제적 지위의 상대적 약화로 연결될 수 있(다)"는 점을 수용하고 "사교육 영역에 관한 한, 우리 사회가 불행하게도 이미 자정능력이나 자기조절 능력을 현저히 상실했고, 이로 말미암아 국가가 부득이 개입하지 않을 수 없는 실정이므로, 위와 같이 사회가 자율성을 상실한 예외적인 상황에서는 고액 과외교습을 방지하여 사교육에서의 과열 경쟁으로 인한 학부모의 경제적 부담을 덜어주고 나아가 국민이 되도록 균등한 정도의 사교육을 받도록 하려는 법 제3조의 입법 목적은 입법자가 '잠정적으로' 추구할 수 있는 정당한 공익"임을 인정한다. 그러면서도 위헌 결정을 선고하는 이유는 "고액 과외교습을 금지하는 것 자체가 위헌이라는 것이 아니라, 고액 과외교습을 억제하기 위한 방법의 선택이 잘못되어 고액 과외교습의 위험성이 없는 과외교습까지도 광범위하게 금지함으로써 국민의 기본권을 과도하게 침해한다는 데 위헌성이 있다"는 것이다. 그렇기는 하지만 "입법자는 반사회적인 과외교습에 한정하여 이를테면, 지나치게 고액인 과외교습 또는 입시 준비생을 대상으로 하는 대학교수 등 입시 관련자의 과외교습, 학생부나 내신성적 등에 영향을 미칠 수 있는 위치에 있는 교사가 해당 학생을 대상으로 하는 과외교습 등과 같이 입시의 공정성을 저해할 위험이 있는 등 중대한 사회적 폐단이 우려되는 경우에는 이를 규제할 수 있는 입법조치를 취할 수 있다"고 덧붙인다.

이에 대해 세 명의 헌법재판관이 반대의견을 개진했는데, 그중 이영모 헌법재판관은 "헌법 제31조 제1항이 '능력에 따라 균등하게'라고 하여, 모든 국민은 정신적·육체적 능력 이외에 성별, 종교, 신념, 사회적 신분, 경제적 지위 등을 이유로 차별을 받지 아니하고(교육기본법 제4조), 경제적인 이유로 교육을 받기 곤란한 자를 위하여는 장학제도 및 학비보조 제도를 수립·실시함으로써(같은 법 제28조 제1항) 실질적인 평등의 실현을 도모한 것도 이 권리의 중요성을 반영한 것"임을 강조한다. 그러고 나서 당시의 시대적 맥락에서 상급학교 진학을 대비하는 수단으로 이용되는 과외교습의 폐해를 다음과 같이 지적한다.

개인의 능력보다 학력이 고용·임금·사회적 지위에 큰 영향을 미치는 것으로 인식되는 사회 풍토에서는, 학부모는 오로지 자녀의 상급학교 진학을 위한 암기 위주의 지식 주입과 입학 시험문제 풀이를 지도하는 과외교습에 신경을 쓸 수밖에 없는 것이 오늘의 실정이다. (……)

과열 경쟁의 필연적 결과인 고액화된 교습비용을 부담할 수 없는 가정의 자녀에게는 실질적인 교육 기회가 균등하게 보장되지 않는 폐해를 낳기 십상이다. 학부모 각자가 경제력에 따라 자녀의 사교육에 대하여 어느 정도 부담을 할 것인가를 자율에 맡기는 것이 헌법정신에 부합한다는 다수의견은 그 부담의 정도를 감당할 수 없는 저소득층 가정의 자녀들에 대한 차별을 정당화하는 것에 다름 아니다. 또한 교육 결과의 격차가 학생 각자의 재능과 노력이 아니라 학부모가 가지는 경제력의 차이에 의하도록 하는 것은, 사회적 불평등을 해소하고 열린사회에 이르는 합리적인 변화와 공존의 장場이 되어야 할 교육을 오히려 사회적 불평등을 고착시키고 이를 후대에까지 세습하는 수단으로 전락시키게 한다.

우리 헌법이 지향하는 "사회복지국가의 지향이라는 관점"에서 보면, "사회·경제적 강자의 경제적 자유권, 이른바 재산권 보장, 계약의 자유, 직업의 자유에 대한 적극적인 제한이 불가피하고(헌법 제23조 제2항, 제37조 제2항), 사회·경제적 약자는 이 제한을 통하여 헌법이 규정한 사회권(제31조 내지 제36조)을 향유하여 인간다운 생활을 영위할 수 있게 되는 것"이므로, 과외교습 금지는 정당하며 합헌이라는 것이 이영모 헌법재판관이 낸 반대의견의 요지다.

다수의견은 이에 대해 "과열 과외교습을 해소하는 근본적이고 바람직한 방법은 학력제일주의의 사회구조를 개선하여 능력이 중시되는 사회를 만들고, 많은 재정 투자를 통해 학교교육의 환경을 개선하여 교육의 질을 높이고, 고등교육기관을 균형 있게 발전시킴과 아울러 평생교육제도를 확충하고, 특히 대학입학 제도를 개선하여 과외교습 수요를 감소시키는 것"이라고 전제하고 "사인 간 출발 기회에서의 불평등을 완화해야 할 국가의 의무"를 인정하면서 다음과 같이 반론을 펼친다.

경제력의 차이 등으로 말미암아 교육의 기회에 있어서 사인 간 불평등이 존재한다면, 국가는 원칙적으로 의무교육 확대 등 적극적인 급부활동을 통하여 사인 간 교육 기회의 불평등을 해소할 수 있을 뿐, 과외교습의 금지나 제한의 형태로 개인의 기본권 행사인 사교육을 억제함으로써 교육에서의 평등을 실현할 수는 없는 것이다.

다수의견과 반대의견 간의 논쟁을 공정한 기회균등의 트릴레마에 비추어보면 그 차이점을 분명하게 알 수 있을 것이다. 다수의견은 능력주의 원칙, 출발선의 평등 및 발달 기회의 공정성 원칙, 부모의 자녀 교육에 대한 자유 원칙 모두를 실현하려 하면서도 그중에서 두 번째 원칙의 일정한 희생이 불가피하다고 본다. 반면, 반대의견은 그중에서 자녀 교육에 관한 세 번째 원칙에 대한 일정한 제한을 요구한다. 여기서 눈여겨볼 점은 양 의견 모두 "학력제일주의의 사회구조를 개선하여 능력이 중시되는 사회를 만들고, 학교교육의 환경을 개선하여 교육의 질을 높이며, 고등교육기관을 균형 있게 발전시킴과 아울러 평생교육제도를 확충하고, 특히 대학입학 제도를 개선하여 과외교습 수요를 감소시키는 것"에 동의하고 있다는 것이다.

'학력제일주의', 즉 특정한 능력(학력)만을 과도하게 중시하는 사회 구조와 입시제도의 폐해에 주목하여 능력의 다양성이 인정되고 능력을 발달시킬 경로의 다원성을 요구하는 헌법재판소의 이 결정에서 우리는 공정한 기회균등의 트릴레마에서 벗어날 해법의 단초를 발견할수 있다. 사회에서 선호하는 유리한 지위와 자원을 둘러싸고 벌어지는 치열한 경쟁에서 특정 재능과 능력이 비교우위를 차지하는 열쇠가 된다면, 당연히 부모는 자녀의 재능을 계발하여 경쟁에 필요한 능력을 발달시키고 자격을 갖추게 하는 데 전력을 다할 것이다. 때문에 대체로 부모의 능력 차이가 자녀의 능력 차이로 이어지기 마련이다. 이런 현실을 감안하면 자녀의 사교육에 미치는 부모의 영향력 격차를 완화하는 것이 해법이기는 하지만, 정당한 자녀교육의 자유를 과도하게 제한하는 방식이어서는 안 될 것이다.

공정한 기회균등 원칙의 트릴레마에서 벗어날 해법을 찾기 위해서이제 능력주의 원칙을 심층적으로 해부하여 능력과 기회구조의 다원성을 수용하는 능력주의로 재구성해보자.

4 병목사회, 능력주의, 신-신분사회

영국의 사회학자 마이클 영^{Michael Young}은 1958년 『능력주의의 부상^{浮上}』이라는 제목의 저서에서 2034년의 미래 영국 사회를 묘사하면서 능력주의 원칙에 기반을 둔 기회균등이 구현된 사회가 본래 취지와는 반대로 신-신분사회의 디스토피아로 귀결되는 역설을 그려냈다.[29] {지능＋노력＝능력}의 등식으로 파악되는 협소한 능력주의 원칙이 완전하게 실행되는 사회에서는 그런 능력에 따른 업적merit에 기초해서 사회적 위계질서가 확립된다. 낮은 계층의 사람들은 자신들에게 공정한 기회가 주어졌더라면 더 많은 것을 이루어낼 수 있었을 것이라고 더는 자위할 수 없게 되고 자신들의 열등한 지위가 낮은 선천적 지능과 부족한 노력의 산물로서 응분의 몫이라고 여기게 된다. 반면, 상위 엘리트 계층은 자신들의 유리한 지위가 능력에 의한 성과인 만큼이나 행운의 산물이기도 하다고 인정하고는 수줍고 조심스러운 태도를 보이기는커녕 자신들의 능력과 성과가 우수한 지능과 부지런한 노력 때문이라고 우쭐대면서 독선적이 된다.[30]

마이클 영은 성공한 사람들이 우수한 지능과 노력 덕분에 성공했다고 자부하는 태도가 어떤 부정적 효과를 야기하는지 지적한다. 요컨대, {지능＋노력＝능력}에 따라 학교에 입학시키거나 직장에 채용하는 것은 일견 타당하지만, 일단 해당 능력이 그 분야나 직역에서 적합성과 유능함을 판단하는 유일한 자격 기준으로 고착되고 나면 해당 능력을 갖춘 사람들이 다른 이들에게 진입의 여지를 주지 않는 하나의 사회계급을 형성하고, 지능과 능력이 세습되는 사회로 굳어진다고 비판한다. 지능이라는 특정 재능에 기반을 둔 능력이 여타 종류의 재능과 능력들을 압도하여 정치경제적, 사회문화적 혜택들을 독점할 수 있는 지배적 자원이 된다는 마이클 영의 지적은 능력주의 원칙과 기회균등 원리가 결합되어 오히려 신–신분사회라는 세습사회의 확립으로 귀결될 위험이 있다는 경고이기도 하다.[31] 지능이라는 특정 재능에만 입각한 능력주의가 기회균등 원리와 결합되는 사회가 어떨지를 예측한 마이클 영의 선견지명은 특정 재능과 능력만을 중시하는 기회균등의 사회가 지위와 관계의 평등을 훼손하는 결과를 초래할 수도 있음을 보여준다.

병목사회와 기회균등 원리　　　　병목사회bottleneck society는 우리 인생의 중요한 고비마다 병목을 설치하여 치열한 경쟁을 유발하고 그 병목의 통과 여부로, 나아가 병목을 통과할 때의 성적으로 사람들을 줄 세워서 인생의 전망을 결정짓는 사회를 가리킨다. 병목사회에서는 여러 곳에서 온 사람들이 병목지점을 통과해야만 기회의 땅opportunity land으로 건너가서 자신의 능력을 발전시켜 희망하는 곳으로 자유롭게 갈 수 있다. 그렇지만 이 병목지점을 통과하기 위한 경쟁이 치열해서, 병목지점을 통과하는 데 필요한 자격을 갖추기 위해 엄청난 시간과 에너지를 투입해야 한다. 게다가 이 병목지점을 통과할 수 있는 사람의 수는 상당히 제한되어 있어서, 다른 사람들보다 우수한 성적을 획득해야만 한다. 이때 병목bottleneck이란 '사회에서 높이 평가하고 유리한 조건이 되는 목표지점에 도달하려면 반드시 통과해야 하는 좁은 통로지점'을 말한다.

　미국의 법학자 조지프 피시킨은 『병목사회』라는 저서에서 이런 사회의 특성을 심층적으로 분석하고, 병목사회에서 기회균등의 원리는 어떠해야 하는지를 다루고 있다. 한국 사회도 병목사회의 특징을 보인다고 여겨지므로, 피시킨의 견해를 활용하여 한국 사회에서 기회균등의 원리가 나아가야 할 방향을 모색해보자.

협소한 능력주의 원칙과 절차적 공정성의 관점에서만 기회균등의 원리를 파악하는 견해를 반성 없이 적용하면 병목사회에서 신-신분사회로 귀결될 위험이 있다. 그 이유는 병목을 통과하는 데 적합하고 유리한 특정 능력만을 높이 평가하고, 이를 토대로 한 특정 유형의 성과만을 사회에서 유일하게 앞세우는 데에서 찾을 수 있다. 그렇게 되면 병목지점을 통과할 수 있는 능력과 성과만이 사회에서 유리한 위치와 이점을 차지할 수 있는 자격 기준으로 간주된다. 오로지 사회를 출생시점부터 단일한 목표지점을 향한 대규모의 경쟁체계로만 바라보는 관점에서는 단일한 인생 경로와 단일한 업적평가 기준에 의한 채점이 기회균등의 틀을 형성하게 된다.[32] 그러면 성과(업적과 성적)의 규정과 공정한 측정 문제, 공정한 경쟁의 출발점 문제, '평평한 경기장'의 문제만이 기회균등 원리의 핵심 과제가 된다.[33] '단일한 업적에 대한 피라미드' 형태의 위계질서를 중심으로 세워진 능력주의의 틀 안에서 기회균등 원리가 작동하게 된다는 것이다. 이른바 '개천에서 나온 용'은 이런 관점으로 기회균등 원리를 파악한 데에서 비롯된 전형적인 표현이다.

저소득과 불우한 환경에서도 불리함과 역경을 이겨내고 보기 드문 성취를 이뤄낸 소수의 예외적인 개인들, 곧 '개천에서 나온 용들'만이 기회균등이 이상이 원래 염두에 두었던 사람들은 아닐 것이다. 예외적인 존재가 되지 못한 대다수 사람들, 기회를 얻었지만 바라는 만큼 능력을 계발하지 못하여 뛰어난 성과를 내지 못한 많은 사람들에게도 더 넓은 삶의 경로와 기회를 제공하는 것은 기회균등 원리와 전혀 상관없는 목표일까?[34]

20 대 80의 능력 세습사회

최근 미국의 경제학 교수 되프케 M. Doepke와 지리보티 F. Zilibotti는 공저 *Love, Money, and Parenting*에서 자녀 양육방식과 경제적 불평등 간의 흥미로운 상관관계를 탐구하였다. 학업성적을 중시하는 태도와 사회적 불평등의 상관관계를 실증적으로 보여주면서, 빈부격차가 적고 소득이 조세정책 등을 통해 충실히 재분배되며 사회복지 안전망이 잘 갖춰진 나라의 부모들은 학업성적과 성적 경쟁을 덜 중시한다는 결론을 내린다.[35] 경제적 불평등 정도가 낮으므로 학업성적이 아이들의 미래에 큰 영향을 미치지 않고 아이들도 학업성적과 무관하게 비슷한 생활수준을 누릴 것이기 때문에, 부모들은 아이들이 관심과 적성에 맞는 직업을 찾아 행복을 누릴 수 있도록 창의적인 탐구활동을 권장하는 허용적인 자녀 양육방식이 확산된다는 것이다.[36]

반면 경제적 불평등 정도가 심하면, 학업성적과 경쟁을 중시하는 자녀 양육 풍조기 지배식이 뇌고, 부모가 아이들의 학업과 과외활동에 열성적으로 관여하면서 아이들의 일상생활 전반을 관리하는 이른바 '헬리콥터 자녀 양육방식 helicopter parenting'이 기승을 부리게 된다.[37] 위 저자들은 불평등 정도가 심한 미국과 중국과 한국 등에서 이런 현상을 목도하게 된다고 지적한다. 불평등이 심각해지면 소득이 상위 1퍼센트나 0.1퍼센트에 집중됨으로써 소득 분포상 상층위 부모들조차 불평등의 압박과 계층 하향에 대한 공포를 느껴 아이들을 한 단계 더 위로 밀어 올리려고 노력을 다하게 된다는 것이다. 그에 따라 교육제도도 한정된 성취 기회를 둘러싼 학생들 간의 치열한 경쟁을 부추기는 방식으로 편제되어간다고 말한다.[38]

이런 악순환이 지배하게 되면, 20퍼센트의 상위계층에서 상위 1퍼센트에 속하지 않는 나머지 19퍼센트는 자녀들의 지위를 유지시키기 위해 자녀들이 경쟁에서 유리하도록 경기장을 기울게 만든다. 결국 능력주의를 통해 부모의 능력과 특권이 자녀에게 세습되어가는 신-신분사회가 오히려 고착되고, 그리하여 사회는 '20 대 80의 사회'로 굳어진다.[39]

어떤 연령대에서든 단 한 번의 결정적인 시험 big test 으로 개인의 일생과 지위가 결정되는 사회에서는 이러한 능력 세습이 두드러질 것이다. 인생에서 매우 중요한 의미를 지니며 인생 전망에 큰 영향을 미칠 게 분명한 이런 시험을 대비해서 부모가 가진 자원의 차이가 자녀가 얻는 결과에 결정적인 역할을 할 것이기 때문이다. 따라서 부모는 자신이 가진 다양한 종류의 자원들을 아낌없이 활용하여 자녀가 시험에서 유리한 조건을 차지하게 만들고자 온갖 애를 쓰리라고 충분히 예측할 수 있다.

'결정적으로 중요한 시험 한 번으로 개인의 미래가 결정되는 대★시험 사회 big test society'에서 높은 성적을 받으려면 특정한 재능과 노력의 조합만이 중요하고 출신배경은 전혀 영향을 미치지 않도록 설계되었다고 가정해보자. 이 대★시험이 절차적 공정성을 최대한 실현하고 있고 기회균등의 이상도 충족하고 있긴 한데, 왠지 이상하다. 큰 시험이 두세 차례 더 있다고 해도 뭔가 문제 있는 사회라는 점은 동일하다. 도대체 어디에 문제점이 도사리고 있는 것일까? 개인의 인생 전망과 모든 가능성을 전적으로 좌우하는 이런 중요한 시험(들)의 결과가 '병목'을 형성해버리기 때문이다. 이 '병목'을 우수한 성적으로 통과하기 위해서는 모든 사람이 선망하는 직업군과 직위를 향한 선호가 동일해질 수밖에 없고, 원하는 삶의 방식과 추구하는 목표에 관해서도 획일적이고 동일한 견해가 사회 전반을 지배할 수밖에 없게 된다.[40]

병목현상이 심한 사회에서는 절차적 공정성을 구현하고 능력과 노력에 따른 기회균등의 원리를 실현해도 기회균등의 본래 취지와는 다른 결과로 이어지기 십상이다. 본래 기회균등의 이상에는 모든 개인이 자신의 잠재력을 최대한 실현할 수 있는 기회를 누려야 하고, 젊은 시절의 미흡함이나 오류로 인해 성취에 실패한 사람들에게도 계속 기회를 주어야 한다는 생각이 담겨 있다. 그러나 병목들의 존재와 영향력은 이런 기회균등의 이상을 배반하고 만다.

기회균등 원리와 '병목현상 방지 원칙'

병목현상이 기회균등의 이상을 배반하는 결과를 낳게 된다면, 기회균등 원리는 병목현상 방지를 위한 원칙을 포함해야만 한다. 피시킨은 '병목현상 방지 원칙the anti-bottleneck principle'을 제시하며 "높이 평가되는 직업이나 직위, 사회적 역할, 재화의 획득으로 가는 경로가 되도록 다양하게 존재해야 하고, 경로에 도달하기 위해 반드시 통과해야만 하는 병목이 사회 전반의 기회

구조에 심각한 영향을 미친다면 그런 병목(들)을 넓히거나 없애야 한다"고 말한다. 이때 '심각한' 병목인지 여부는 대학 입학, 취직, 승진처럼 다양한 범위의 인생 경로에서 문제의 병목이 개인들의 인생 전망을 얼마나 중대하게 지속적으로 방해하는지, 얼마나 많은 사람이 병목의 영향을 받는지, 또한 병목이 극소수 사람들에게만 불리한 영향을 미친다손 치더라도 이 극소수 사람들의 기회구조를 얼마나 심각하게 차단하는지에 비추어 판별해야 한다.[41]

경쟁이 없는 사회란 없고, 사회에서 선망하는 유리한 재화나 지위가 한정되어 있어서 현실적으로 병목을 완전히 제거할 수 없는 상황이라면, 기회균등 원리의 실현을 위해 개개인이 병목을 통과할 수 있도록 기회를 개선하고 접근성을 넓혀야 할 것이다.

5 왜 우리는 기회균등을 중요하게 생각할까

기회균등의 이상은 단순히 경제적 자원에 대한 일정한 몫을 요구할 수 있는 권리 보장에 머무르기보다는 사회에서 선망하는 유리한 지위나 권한을 획득할 수 있는 가능성과 기회를 모두에게 열어줄 때 실현될 것이다. 그렇다면 '기회'는 우리 인간에게 어떤 의미를 가질까? 존 스튜어트 밀은 『여성의 종속』에서 기회의 중요성과 가치에 대해 이렇게 언급한다.

(이제는) 인간이 자신이 태어난 곳에서 평생을 살거나 태어나면서부터 짊어지게 된 운명의 굴레에 얽매여 죽을 때까지 꼼짝도 못 한 채 살지 않아도 된다. 이제 인간은 타고난 능력과 좋은 기회를 이용하여 자신이 원하는 목적을 달성할 수 있는 자유를 얻었다. (……) 백인이 아니라 흑인으로, 귀족이 아니라 평민으로 태어난다고 해서 평생 동안 그 사람의 지위가 결정되어서는 안 되는 것처럼, 남자가 아니라 여자로 태어났다고 해서 일평생 지위가 결정되어서는 안 된다.[42]

또한 밀은 "사람들의 출생에 따라 평생 동안 어떤 영역에서도 경쟁하지 못하게 만드는" 장벽을 없애서 여성들에게 다양한 종류와 범위의 발달 기회들을 제공해야 한다고 역설한다.[43] 인간이 기회의 불균등을 예민하게 느끼고 불만을 갖게 되는 것은 언제일까? 사회적으로 매우 유리한 지위를 누리는 데 결정적인 역할을 하는 능력과 성과가 가령 양반, 귀족, 백인, 남성처럼 특정 집단 사람들에게만 고유한 것이고, 다른 집단 사람들은 천성적으로 그것을 획득하지 못한다고 여겨지던 시대가 있었다. 그런 시대에 천성적으로 열등하다고 간주되던 집단의 사람들에게 실제로 기회가 일부라도 제공되면서 이를 통해 이들이 노력해서 천성적으로 뛰어난 집단의 사람들 못지않게 성취나 성과를 이룰 수 있음을 자각하게 되었을 때라는 것이다.[44]

백정의 자녀들도 대학교육을 받아 전문직 종사자가 될 수 있지 않을까? 남성에게만 고유한 것으로 여겨지던 일을 여성도 할 수 있지 않을까? 시각장애인도 법조인 직무를 수행할 수 있지 않을까? 이런 문제의

식들이 기회균등 사상이 발생하게 된 시대적 맥락이다. 이처럼 기회균등의 이상에는 사람들이 무엇을 할 수 있고 무엇이 될 수 있는지에 관한 생각과 주장이 담겨 있다. 생래적인 차이 또는 출생 신분의 차이에 의해 사회적 지위와 역할, 교육과 직업 유형이 결정된다고 여기던 사람들이 개인의 가능성과 기회를 제약하는 사회적 힘 때문에 그런 결과의 차이가 우연히 생겨났다는 점을 깨닫게 되면서 기회균등의 이상은 생장하였다.[45]

롤즈가 말하듯이, 우리가 행복해지려면 우리 모두에게 각자 자신의 재능과 역량을 발전시키고 발휘할 수 있는 기회가 필요하다. 이런 기회를 통해서만 우리는 다양하고 상이한 사회적 역할을 수행하는 데에서 오는 '자아실현을 경험'할 수 있고 행복한 삶을 누릴 수 있기 때문이다.[46] 폭넓은 선택지가 있는 삶의 경로를 추구할 자유가 기회를 통해 비로소 주어지고, 기회가 없었다면 가능하지 않았을 행동이나 삶의 경로가 새롭게 열리고 넓어진다는 점에서 기회균등의 이상에는 단순히 물질적이거나 외적인 보상의 분배 문제를 뛰어넘는 가치가 담겨 있다. 기회는 이처럼 인간 존엄성의 중요한 구성요소인 행복추구권과 기본적 자유와도 밀접하게 관련되어 있기 때문에 우리는 기회균등의 이상을 매우 소중하게 여기고 실현하려고 애쓰는 것이라고 생각한다. 우리 사회가 제헌헌법 이래로 지속해서 기회균등 원리를 공적으로 다짐하고 지향해온 데에는 바로 이런 자각과 의식이 작용했을 것이다.

기회균등은 능력과 인생 경로를 다각화한다   어떤 지위나 직위에

적합하고 관련 있는 재능과 실력(자격 기준과 선발 기준)이 결정되면, 그에 상응하는 공정한 절차를 고안해낼 수 있다. 대학에서 쌓은 학문이 좋은 직위를 얻는 데 중요하고 학문수행에 한문 독해능력을 요구하는 사회라면, 절차적 공정성은 한문 독해능력을 정확하게 측정하는 절차의 고안과 일관된 집행에 있다. 이제 신학문 제도가 도입되어 수학(數學)이 중요해졌다면, 대학 입학에 적합한 능력은 수학 실력이 될 것이다. 직무수행에 무거운 물체를 들어 올릴 수 있는 신체적 힘이 필요하다면, 신체적 강인함이 직무수행 능력의 중요한 기준이 된다. 그러나 사회가 바뀌어 그 직업을 전산으로 제어되는 기계장치가 수행한다면, 신체적 강인함은 더 이상 직무수행에 적합한 능력이 아니게 된다.

어떤 직업이나 직위의 획득에 특정 능력을 요구하던 기존 제도가 그 능력을 요구하지 않는 방식으로 달리 편제되어 다양한 능력들을 포함시켜도 종전과 마찬가지로, 또는 종전보다 더 낫게 그 제도의 목표를 실현할 수 있다고 하자. 그렇게 되면 능력주의와 절차적 공정성의 원칙은 다양한 능력을 평가하는 새로운 제도가 더 정의롭다고 판단할 것이다. 종전까지 높이 평가되던 특정 능력의 후보자들을 우선시하던 기준과 전차기 그 힘을 잃어버리기 때문이다. 사회제도의 목적과 전망에 따라서 특정 재능과 능력이 유용하다고 평가되고 그 목적과 전망이 바뀌면 유용하다고 평가받던 재능과 능력의 유형과 내용도 달라진다는 점에서 재능과 능력은 부분적으로는 해당 제도에 의해 결정된다는 관점이 설득력 있어 보인다.[47]

영어 구사력이 유력한 병목이 되는 사회에서는 가난한 계층 출신이

지만 영어 재능과 근면성을 갖춘 소수의 뛰어난 사람들을 공정하게 선발하는 것만이 기회균등 이상의 목표라고 여길 수도 있다. 그러나 대다수 사람들이 영어를 배울 수 있도록 기회를 더 많이 제공하고, 영어가 유창하지 않더라도 행복한 삶을 살 수 있도록 사회가 다양한 재능과 능력을 소중하게 생각하고 계발할 수 있는 다양한 기회를 제공하는 것이 오히려 기회균등의 이상에 부합하는 조치일 것이다.[48] 기회균등에 관한 논의 자체에 비판적이던 노직은 다음과 같이 예리하게 지적한다.

기회균등에 관한 논의에서는 상을 받기 위한 경주라는 모델이 흔히 사용된다. 일부가 다른 이들보다 결승선에 더 가까운 곳에서 출발하는 경주는 불공정할 것이며, 일부가 무거운 추를 달고 뛰거나 운동화 안에 자갈을 넣고 뛰어야 하는 경주 역시 마찬가지다. 하지만 인생은 누군가 제정한 상을 타기 위해 우리 모두가 경쟁하는 경주가 아니다. (인생에서는) 누군가 속도를 재는 통일된 경주란 존재하지 않는다.[49]

물론 사회에서 선망하는 유리한 지위와 자원을 둘러싼 경쟁이 없을 수는 없으므로 경주의 비유가 인간 사회의 단면을 보여주기는 하지만, 단일한 업적 기준의 피라미드를 중심으로 확립된 협소한 능력주의와는 달리 '상이한 종류의 다양한 능력을 인정하고 평가하는 방식'으로 사회적 상호작용과 경쟁을 편제해보자는 제안도 가능하다. 서로 다른 사회 영역들마다 각각의 능력을 중요하게 평가하고 포상한다면, 경제적 능력 이외에도 예술적 성취, 공적 업무수행 등이 저마다의 방식으로 능력을 평가하는 기준이 된다. 모든 유리한 조건을 모든 사람에게 균분하는 방식이 아니라 상이한 재능과 능력과 품성을 가진 사람들이 서로 다른 영역에서 앞서 나갈 수 있게 해주는 방식으로 사회적 평등을 달성하자고 제안하는 마이클 왈쩌의 '복합적 평등complex equality' 이론이 그 일례다.[50] 이것이 기회의 '절대적' 균등이 아니라 '공정한' 균등을 말하는 진정한 취지가 아닐까 생각한다.

사람들이 추구할 수 있는 삶의 경로를 다양하게 확장하고, 상대적으로 불리한 처지에 있었기 때문에 한정되고 열악한 삶의 경로를 따라가던 사회 구성원들을 우선적으로 배려하는 방식으로 기회균등 원리를 파악하는 관점이 필요하게 되는데, 다음의 견해는 그런 제안의 일환이라고 할 수 있다.

> 현실적으로 '기회균등'은 환경이나 성취가 획일적이어야 한다고 요구하지 않는다. 기회균등은 기회를 다양화하고, 학교와 직장에서 관심을 개인별로 세분화하여, 사람들이 삶의 방향을 바꾸어 새로운 일자리나 새로운 환경에서 스스로를 시험해보는 게 용이하도록 해주는 조건들을 제공하고, 가치 기획의 다원성을 관용하는 전반적인 분위기를 조성할 것을 요구한다. 이런 현실적인 정책은 협소한 업적주의의 발상을 넘어선다. 이 정책은 사회적 조건의 평능이 더 확대될 것을 요구하고, 또 그런 결과를 낳을 것이다.[51]

올림픽이 열리면 다양한 운동경기들이 펼쳐지는데, 한 경기 안에서도 연령, 체중, 성별, 장애 등에 따라 종목을 나누어 다양한 종류의 운동 재능과 실력을 평가한다. 실력과 성취를 둘러싼 경쟁의 영역을 다양하게 넓히고 각 영역도 세밀히 나누어 많은 어린 선수들이 재능을 발달시킬 기회를 폭넓게 가지면, 경쟁을 통해 성취를 일궈낼 나름의 영역을 발견하게 될 것이다. 이처럼 경쟁 영역을 다원화해서 되도록 많은 사람들이 경쟁할 수 있는 기회구조를 다양하게 만들고, 개개인이 그에 맞는 역량을 갖추게 하면 사회적 조건의 평등이 확대되어 '평등한 사람들의 사회'가 실현될 것이다.[52]

능력의 다원성을 인정하고 장려하는 기회구조의 다원성이 사회적 평등의 실현에 기여하려면, 기회균등 원리의 목표가 협소한 능력주의 패러다임을 넘어서 기회구조의 확장과 다원화를 지향하는 쪽으로 설정되어야 한다. 앞에서 설명하였듯이, 공정한 기회균등 원칙은 출발점 이전까지 발달 기회를 공정하게 제공하고, 출발점 이후의 경쟁 단계에서는 오로지 재능 계발에 투여한 노력과 스스로의 힘으로 일구어낸 능력(성과)에 의해서만 좋은 직위와 이점을 차지하게 하자는 내용이었다. 그렇지만 자칫 특정한 능력과 성품과 노력만을 중시하게 되면, 병목이 발생하여 그 병목을 통과하지 못하는 사람들이 많아지게 되면서 『능력주의』에서 마이클 영이 설득력 있게 묘사한 신-신분사회가 도래하게 된다. 따라서 병목현상을 방지할 수 있는 기회균등 원리를 구상해서, 능력의 다원성이 인정되고 다양한 능력을 제각기 계발하고 발휘할 수 있는 다원적인 기회구조를 제공해야 할 것이다.

결론

모두가 행복해지는 공정한 사회를 꿈꾸며

앞서 살펴보았듯이 기회가 우리 인간의 삶에서 가치 있는 이유는 그것이 각자의 자아실현, 곧 행복과 밀접히 관련되어 있기 때문이다. 이를 일반화하면, 사회정의의 목표는 사회에서 각자가 행복을 누릴 수 있는 사회적 기반을 제공하는 데 있다고 말해도 좋을 것이다.

유엔 산하 자문기구 '지속가능발전해법네트워크The Sustainable Development Solutions Network, SDSN'에서 정기적으로 발간하는 「세계 행복 보고서World Happiness Report」는 행복한 삶, '질 높은 삶'에 필요한 요건이 무엇인지를 잘 보여준다. 2019년 발간된 제7차 「세계 행복 보고서」에서 우리 사회는 156개국 중 종합 54위에 올랐다. 우리 사회가 가장 취약하게 나타난 부분은 "당신은 당신의 인생에서 무엇을 해야 할지를 선택하는 자유 정도에 만족하느냐"는 '인생 선택 자유도freedom to make life choices' 항목 지표로서 144위였고, 그다음으로는 사회관계 부분으로서 "어려움에 처했거나 도움이 절실할 때 믿고 의지할 친지가 있느냐"는 항목 지표에서 101위, "하루에 얼마나 웃고 즐거운 감정을 느끼는가" 하는 긍정적 감정 상태 항목 지표에서 91위를 차지했다.[1]

대한민국이 경제협력개발기구^{OECD} 국가들 중에서도 상위권에 속할 정도의 경제성장을 일궈냈지만 구성원인 우리는 행복하지 않고, 국민소득은 높다는데 삶의 질은 낮다. 혹여 정치적 자유와 경제적 자유의 보장은 상당히 실현되었지만, 인생 계획을 수립하고 실현하는 과정에서의 자유freedom to make life choices는 희박하기 때문이 아닐까. 인생 출발점이 되는 가정환경과 출신학교에 의해 인생 전망의 큰 부분이 결정되고, 대학 입학과 취업에서부터 선택의 자유를 거의 박탈당한 채로 인생 경로가 결정되기 때문은 아닐까 짐작해본다. 또한 인생 전망의 불안정성도 우리의 행복에 지대한 영향을 미친다. 안정된 일자리가 부족하여 경쟁이 치열하고, 설령 취업을 했다손 치더라도 미래가 불투명하다. 이른바 사회안전망이 취약하기 때문에 언제든지 '주변화'될 위험성이 도사리고 있다. 인생 전망에 대한 이러한 불안과 공포가 일상생활을 지배하는 한, 우리는 즐거운 감정을 누리기 어렵고 진정으로 소망하는 인생 계획을 실천해나가기도 어렵다.

행복을 바라지만 격화되는 경제적 불평등과 사회적 지위의 불평등 때문에 상당수 사람들이 불행한 삶을 살고 있다면, 행복과 불행은 더 이상 개인의 문제가 아니라 사회정의의 사안이라고 하지 않을 수 없다. 「세계 행복 보고서」가 지적하듯이, 개인이 자유롭게 다양한 삶의 목표와 의미를 설정하고 그에 따라 자유롭게 가치를 추구할 수 있는 환경을 제공하는 것, 그리하여 각자가 자아실현의 행복을 추구할 수 있게 하는 것이 사회정의의 근본 목표일 것이다.

행복이란 무엇인가　　　　그렇다면 행복이란 무엇이며, 우리는 언제 행복할까? 즐거움과 쾌락은 많고 고통은 적은 상태를 행복으로 파악하는 쾌락주의 행복론hedonism이 있지만, 이런 접근법에는 명백한 결함이 있다. 쾌락 측면에서만 행복을 파악하는 견해들은 로버트 노직의 유명한 반론에 부딪친다. 원하는 즐거움과 소망하는 삶을 경험할 수 있는 '경험기계experience machine'가 있다고 하자. 우리는 이 경험기계에 접속하여 좁은 물탱크 안에서 둥둥 떠다니기만 하면 원하는 모든 종류의 쾌락을 경험할 수 있다. 노직은 이렇게 질문한다. 우리가 이 '경험기계'에 접속해 있으면,

> 탁월한 신경심리학자들이 그대의 두뇌를 자극하여 그대가 마치 위대한 소설을 쓰거나, 친구를 사귀거나, 또는 흥미 있는 책을 읽고 있듯이 생각하고 느끼게 만들 수 있다. 이렇게 느끼는 동안 내내 그대의 두뇌엔 전극이 연결되어 있고, 그대의 몸은 경험기계에 연결되어 있을 것이다. 그대의 생애 체험들이 모두 이미 처리되어 그대의 뇌에 심어진 채, 그대는 이 경험기계에 평생 연결되어 있길 원하겠는가?[2]

노직의 쾌락 경험기계에 연결되어 온갖 종류의 즐거움을 경험할 수는 있지만, 평생 물탱크 안에서 둥둥 떠다니겠다고 선뜻 결정할 수 있

는 사람은 많지 않을 것이다. 인간은 단지 쾌락을 수동적으로 경험하는 것을 넘어 행위들을 직접 수행하면서 자신의 소질과 능력을 계발하여 자기 나름의 개성을 가진 존재가 되고 싶어하고, 이 세상에서 무언가 의미 있는 일을 실제로 성취하여 남에게서 인정받고 존중받기를 원하기 때문이다. 인간은 쾌락을 담는 용기容器에 불과한 존재가 아니다.[3] 우리 각자가 모두 동등하게 존엄하며 행복을 추구할 권리를 지닌다고 천명하는 헌법 제10조가 말하듯이, 우리는 존엄성을 가지면서 행복을 추구하는 존재다.

노직이 예로 든 경험기계를 통해 행복에는 쾌락을 경험하는 것 이상의 요소가 포함되어 있다는 점을 알게 된다. 우리는 타인과의 관계 속에서 쾌락을 가져다주는 활동을 실제로 하려는 소망을 가진다. 실제로 잘 살아감, 즉 '좋은 삶the good life, living well'이라는 좀 더 넓은 기준에 비추어 행복을 추구하고자 한다는 것이다. 이것이 존엄과 행복이 결합되는 방식이라고 생각한다.

'좋은 삶'이란 무엇일까? 각자 인생에서 바라는 욕구와 소망이 충족되고 실현되는 삶일까? 행복은 각자의 욕구와 선호를 충족하는 데 있고 불행은 욕구와 선호의 충족이 좌절되는 데 있다고 보는 견해들desire/preference-fulfillment theories이 현대 행복론의 지배적 이론이긴 하다.[4] 그러나 이 이론 역시 결함이 있다.

사람을 살인하고 싶은 사악한 욕구가 충족되면 연쇄살인마는 행복할지 모르겠지만, 우리는 이를 행복이라고 보지 않는다. 또한 어린 시절부터 바라는 바를 실현해본 적이 없는 사람은 자신의 욕구와 선호를 환경에 맞추어 줄이거나 없애는 경우가 흔하다. 포도를 먹고 싶어서 여러 차례 시도하였으나 결국 따지 못한 여우가 저 포도는 시어서 애초에 원하지 않았다고 자위함으로써, 즉 그 포도에 대한 욕구 자체를 없앰으로써 '정신승리'하였듯이, '현실에 맞추어 자신의 욕구와 선호를 감축하거나 바꿈(이른바 적응적 선호^{adaptive preference} 또는 왜곡 변형된 선호^{deformed desire}를 형성함)'으로써 행복해졌다고 할 수 있을는지 모르겠다. 축소되거나 왜곡 변형된 욕구와 선호가 충족되기는 하였으니까 말이다.[5] 납치된 인질이 범인과 지내는 동안 탈출하기를 바라지 않고 오히려 범인과 함께 지내기를 원하게 되는 '스톡홀름 신드롬^{stockholm syndrome}'의 경우도 마찬가지다.

이러한 결점 때문에 욕구/선호 충족이론은 '이상적 욕구/선호^{ideal desire/preference} 충족'이론으로 발전했다. 정보가 충분한 상황에서 여러 대안을 종합적으로 비교 판단하는 합리적 숙고 과정을 거쳐 형성된 욕구나 선호가 충족되는 상태를 행복이라고 보는 것이다. 실제 욕구와 선호의 충족이라기보다는 '충분히 적절한 조건에서 당사자 스스로가 가지기를 원하는 욕구와 선호'의 충족이 행복이라고 보는 수정된 욕구/선호 충족이론은 어떤 내용의 욕구와 선호가 바람직한 것인지 판별하는 모종의 기준을 필요로 한다.[6]

그런 기준에 대한 이견들이 여럿 있지만, 그중에서 '합리적 인생 계획^{rational life-plan}'에 비추어 행복의 요건이 되는 욕구와 선호를 판단하는 시각이 설득력이 있다고 생각한다. 그 이유는 다음과 같다. 정보가 충분한 상황에서 여러 대안을 종합적으로 비교 판단하는 합리적 숙고 과정을 거치면서, 타인의 행복을 부당하게 침해하거나 탈취하지 않는다는 제약조건 아래에서, 우리는 각자 자신이 원하는 삶의 목표와 목적을 설정하고 중장기 계획을 수립하여 실천해간다. 이렇게 수립된 합리적인 인생 계획의 관점에서 행복을 바라보면, 행복의 총량보다는 행복이 개인의 일생에서 어떻게 분배되는지에, 그리고 행복이 지속적으로 감소하기보다는 지속적으로 증가하는 행복의 기울기 방향에도 관심을 기울이게 된다. 그럼으로써 삶의 서사를 올바른 방향으로 이끌고 전반적으로 향상시킨다는 점에 초점을 맞추어 행복을 파악하게 되기 때문이다.[7] 합리적 인생 계획의 관점에서 행복하다는 것은 다음과 같은 것이다.

> 적절한 조건 아래에서 수립된 합리적인 인생 계획이 꽤 성공적으로 실현되어 중요한 인생 목적이 성취되는 과정에 있을 때, 그리고 자신의 노력이 결실을 맺을 것이라고 충분히 믿을 수 있을 때, 사람들은 행복하다.[8]

개인마다 인생의 목적이 다르고, 중요하게 생각하는 인생의 의미와 가치도 다를 것이다. 어떤 이는 창조주의 목적을 실현하고자 봉사하는 일을, 어떤 이는 인격수행을 통해 자신의 소질과 덕성을 완성시키는 일을, 어떤 이는 돈 버는 일을, 또 어떤 이는 수도원에 들어가 평생 사회로 나오지 않고 기도와 노동으로 청빈한 삶을 영위하는 일을 인생 목적으로 삼을 수 있다. 심지어는 매우 뛰어난 수학적 재능을 지닌 사람이 그 재능을 수학 연구에 활용하기보다는 조그마한 회사의 재무회계 사원으로 밥벌이를 하면서, 인생 목표를 잘 다듬어진 잔디밭의 풀잎 개수 세는 일에 두고 거기서 삶의 유일한 즐거움을 찾을 수도 있다.[9] 국가가 이 중 어떤 삶의 내용과 방식이 더 가치 있다고 우열을 정해서도 안 되며, 특정한 삶의 방식을 강제해서도 안 된다.

공정한 공존의 규칙 한도 내에서 각자가 수립한 합리적인 인생 계획의 실현(자아실현)이 행복의 중심이라면, 행복해지는 데 반드시 필요한 기본조건들이 있기 마련이다. 합리적인 인생 계획을 추구하고 실현하기 위해 누구나 원할 만한 객관적 조건의 목록으로, 신체적 · 정신적 안녕, 기본적 욕구와 필요의 충족, 교류와 관계 맺음, 선택의 자율성, 일정 정도의 물질적 안정, 좋은 정부 등을 꼽을 수 있다. 각자의 선택과 가치관에 따라 삶의 내용과 방식은 다르지만, 자신의 인생에서 추구하고 성취할 항목을 자유롭게 선택할 수 있어야 한다는 점, 그러기 위해서는 인간으로서 기능하기에 반드시 필요한 것들이 충족되어야 한다는 점, 그리고 공정한 사회적 협동관계의 기본구조가 잘 수립되고 작동되어야만 한다는 점이 행복의 사회적 기반이다. "모든 국민은 행복을 추구할 권리를 가진다"고 규정하여 행복추구권을 선언한 우리 헌법 제10조도 행복의 사회적 기반에 대한 권리를 보장하는 것으로 이해해볼 수 있다.

행복의 사회적 기반과 사회정의　　　자신의 삶에 중요한 영향을 미치는 결정들에서 자기 목소리가 반영되지도 고려되지도 못하고 타인의 권력 아래 놓일 때, 자신의 재능을 계발하여 소망하는 삶을 영위하기에 충분한 기회를 부당하게 박탈당할 때, 그런 지배와 억압의 사회적 관계를 우리는 '사회적 부정의'라고 불렀다. 행복한 삶이란 사회적 부정의로 인한 고통을 겪지 않는 상태일 터인데, 사회적 부정의가 여러 모습으로 나타난다면 각각의 사회적 부정의에 대한 처방도 달리 내려져야 한다. 우리 헌법 전문에 담겨 있는 사회정의의 처방전은 다음과 같았다.

유구한 역사와 전통에 빛나는 ① 우리 대한국민은 3·1운동으로 건립된 대한민국 임시정부의 법통과 불의에 항거한 4·19 민주이념을 계승하고, 조국의 민주개혁과 평화적 통일의 사명에 입각하여 정의·인도와 동포애로써 민족의 단결을 공고히 하고, 모든 사회적 폐습과 불의를 타파하며 ② 자율과 조화를 바탕으로 자유민주적 기본질서를 더욱 확고히 하여 정치·경제·사회·문화의 모든 영역에 있어서 각인의 기회를 균등히 하고 ③ 능력을 최고도로 발휘하게 하며, 자유와 권리에 따르는 책임과 의무를 완수하게 하여 ④ 안으로는 국민생활의 균등한 향상을 기하고 밖으로는 항구적인 세계평화와 인류공영에 이바지함으로써 우리들과 우리들의 자손의 안전과 자유와 행복을 영원히 확보할 것을 다짐(한다.)

앞에서 살펴보았던 내용에 비추어보면, 헌법 전문은 다음의 사회정의 원리들을 담고 있다.

기본적 자유와 기본권의 평등 보장 원칙   '자율과 조화를 바탕으로 자유민주적 기본질서를 확고히 한다'는 부분에서 '자율과 조화'에 주목할 필요가 있다. 자율은 자기 스스로가 결정의 주인이 된다는 것이고, 조화는 모든 사회 구성원의 자율이 양립하고 공존할 수 있는 조건과 상태를 말한다. 이 자율과 조화를 바탕으로 할 때 자유민주적 기본질서, 즉 인간과 시민으로서의 존엄에 필수적이고 중요한 기본적 자유 및 기본권의 평등한 보장을 지향하는 기본질서가 확고해진다는 것이다. 국가나 제3자의 간섭과 방해 없이 자신이 원하는 것을 할 자유와 권리의 질서는 자율과 조화를 바탕으로 할 때 더 확고해진다는 사상은 선택의 자유는 '충분히 좋은 조건'에서, 즉 공정한 선택 배경에서 행사될 때 가치 있고 의미 있다는 사상과 연결된다. 이는 선택의 자유 원칙이 중요한 사회정의 원칙이라는 점과 함께 선택의 자유 원칙이 합당하게 규제될 수 있는 조건도 함축한다.

사회적 관계의 평등 원칙   "정치·경제·사회·문화의 모든 영역에서 각인의 기회를 균등히 하고"의 부분은 헌법 제11조와 연계해서 이해할 때 그 의미가 살아난다. '정치·경제·사회·문화의 모든 영역'에 주목해보면, 평등한 시민으로서의 지위가 이 모든 사회관계 영역에서 훼손되지 않고 존중받을 것을 우리 헌법은 요구한다. 헌법 제11조는 헌법 제10조와 결합하여, 단순히 특정 자원이나 권리의 평등분배 또는 균등대우에 머무르지 않고 심층적 차원의 평등, 곧 동등한 존엄성을 가진 존재로 대우하고 존중한다는 차원의 평등을 지향한다는 점을 앞에서 설명하였다. 모든 사회관계에서 평등한 시민으로서의 지위를 누리고 행사하려면 두 가지 조건이 충족되어야 한다. 모든 시민은 헌법과 법으로 보장된 평등한 기본적 자유와 기본권을 실질적으로 행사할 수 있는 역량을 갖춰야 한다는 점, 재능을 계발하고 능력을 발휘할 공정한 기회가 주어져야 한다는 점이 그것이다. 첫 번째 조건은 사회적 존엄을 목표로 하는 사회국가적 정의 원리로, 두 번째 조건은 공정한 기회균등의 원리로 다룬 바 있다.

사회적 존엄과 사회국가적 정의 원리　　　실질적 사회정의의 원칙 중 하나인 기본적 필요 원칙은 단순히 생존하는 삶의 보장에 그쳐서는 안 되고, 실질적으로 자유와 권리를 행사하면서 시민으로서의 능력과 권한을 실현하는 기본적 역량의 보장으로까지 나아가야 한다는 점을 앞에서 제시하였다. 고립된 채 겨우 삶을 부지하는 것이 아니라, 사회관계를 맺으면서 유의미한 사회적 삶을 영위한다는 사회적 존엄의 이상은 우리 헌법의 사회국가 원리로 반영되었고, 이 원리가 구체화된 정의 원리들을 사회국가적 정의 원리로 명명했다. 사회국가적 정의 원리는 기본적 필요 원칙과 기본적 역량 증진 원칙의 결합으로 이루어지는데, 앞으로 이 사회국가적 정의 원리에 대한 탐구가 좀 더 깊이 있게 진행되어야 할 것으로 생각한다. 특히 코로나바이러스의 창궐과 같은 역병 재난 시대에 사회국가적 정의 원리는 더욱 큰 의미를 가질 것이다.

공정한 기회균등의 원칙　　　"정치 · 경제 · 사회 · 문화의 모든 영역에서 각인의 기회를 균등히 하고"의 부분에 담긴 기회균등의 원리는 '각자 자신의 재능을 계발하여 능력을 발휘함으로써 성공할 전망이 모든 개인에게 열려 있을 것'이라는 원칙으로 구체화된다. 이 '모두에게 기회가 열려 있을 것'이라는 원칙은 단순히 절차적 공정성과 능력주의 원칙에 머무르지 않고, 경쟁의 출발점에 도달하기 이전에도 재능을 계발하고 능력을 발달시켜 경쟁의 자격을 갖추도록 하는 발달 기회의 공정성까지 포함한다. 그런데 능력주의, 절차적 공정성, 발달 기회의 공정성을 핵심요소로 하는 공정한 기회균등의 원칙이 능력의 세습에 따른 신-신분사회로 귀결되지 않기 위해서는 능력의 다원성을 인정하고 기회구조의 다원성을 확보해서, 특정한 능력만을 중시하는 병목현상 때문에 다양한 능력을 가진 개인들이 그 능력을 꽃피우지도 못한 채 불행한 삶을 살아가는 일이 없도록 해야 할 것이다.

이 책의 처음 화두는 이것이었다. 한국 사회에서 정의란 무엇인가를 두고 논의할 때 우리 모두가 공통 기반으로 삼을 만한 정의관과 정의 원칙들이 과연 있을까? 이에 대답하기 위해 정의란 도대체 무엇이며 무엇을 지향하는가에서 출발하여 사회정의의 기본원리들을 조명한 후, 실질적 사회정의 원칙들인 응분 원칙, 필요 원칙, 선택 원칙, 균분 원칙의 내용을 알아보았다. 이 실질적 원칙들의 상호관계를 살피면서 각각의 원칙이 적용되는 영역을 찾아냈고, 이 원칙들의 충돌을 조정할 수 있는 상위 가치들을 발견하였다. 사회관계에서 인간으로서, 시민으로서 서로서로를 존중하는 사회적 평등과 관계의 평등이 바로 그 가치들이었다. 헌법 제10조(인간 존엄)와 제11조(평등)를 깊이 살펴본 결과 시민들의 사회적 존엄을 보장한다는 정의 원리가 우리 헌법을 관통하면서 헌법 곳곳에, 다양한 법률들에, 판례들에 담겨 있음을 확인하였다. 사회 구성원들이 인간으로서, 그리고 시민으로서 서로서로 존중하고 또 각자가 스스로를 존중하는 사회적 기반을 제공하여, 모두가 자유를 실질적으로 행사할 수 있는 조건을 마련하는 것이 우리 헌법이 지향하는 사회정의의 목표임을 이끌어낼 수 있었다.

우리 헌법의 근저에 놓여 있는 다양한 정의 원칙들을 발굴하는 작업을 통해 우리 헌법이, 그리고 우리 사회가 지향하는 정의관과 정의 원칙들의 무늬가 분명하게 드러났다. 현행 헌법과 법제와 법원의 판결에서 비록 불충분하게 표현되고 구현되고 있기는 하지만, 3·1 혁명운동을 낳은 정신이 계승되면서 축적해온 정의관과 정의 원칙들은 연속성이 있으며 역동적으로 성장해가고 있다. 그저 '현재의 우리들의 관점'에서만이 아니라, "우리들의 자손의 안전과 자유와 행복을 영원히 확보"한다는 세대 간 정의의 관점에서, 그리고 인류공영이라는 전 지구적 정의의 관점에서, 헌법에 담긴 정의관과 정의 원칙을 적절하게 발전시키고 변경하면서 한 땀 한 땀 우리 공동의 힘으로 일구어가야 할 것이다.

주석

서론 ─────

1 아리스토텔레스, 김재홍 옮김, 『정치학』(길, 2017), 226면(제3권 제12장 1282b30 이하).

2 아마르티아 센, 이규원 옮김, 『정의의 아이디어』(지식의날개, 2019), 14면 이하 참조.

3 로널드 드워킨, 장영민 옮김, 『법의 제국』(아카넷, 2004), 557면.

4 G. W. F. 헤겔, 임석진 옮김, 『법철학』(한길사, 2008), 48면.

5 이러한 노력의 일환으로 주목할 만한 저서로는 김영란, 『판결과 정의: 대법원의 논쟁으로 한국 사회를 보다』(창비, 2019) 참조.

제1장 ─────

1 존 롤즈, 황경식 옮김, 『정의론』(이학사, 2004), 36면.

2 존 롤즈, 앞의 책, 38면. W. Sadurski, *Giving Desert Its Due*(Dordrecht:1985), p.101에서 정의를 '이득과 부담의 균형(equilibrium of benefits and burdens)'이라고 풀이하는데, 이 역시 유사한 발상을 보여주는 것이다.

3 존 롤즈, 앞의 책, 38면.

4 정의 담론의 주체 문제에 대해서는 낸시 프레이저, 김원식 옮김, 『지구화 시대의 정의: 정치적 공간에 대한 새로운 상상』(그린비, 2010), 111면 이하 참조. 낸시 프레이저는 정의 담론의 주체를 결정하는 원칙으로서 '관련된 모든 사람이 정의 주체라는 원칙(the all-subjected principle)'을 제안하고, 이 원칙을 "특정한 협치구조에 놓인 모든 사람은 그 구조와 관련된 정의 문제와 관련하여 주체로서 도덕적 지위를 갖는다"는 내용으로 구체화한다.─낸시 프레이저, 앞의 책, 117면.

5 낸시 프레이저, 앞의 책, 120면 이하 참조.

6 D. Miller, *Principles of Social Justice*(Cambridge/Mass.:2001), p.109 이하.

7 존 롤즈, 앞의 책, 110면과 138면 참조. 또한 존 롤즈, 김주휘 옮김, 『공정으로서의 정의: 재서술』(이학사, 2018), 100면 이하.

8 존 롤즈, 『정의론』, 38면.

9 이들 다양한 기준에 대해서는 Ch. Perelman, 심헌섭·강경선·장영민 옮김, 『법과 정의의 철학』(종로서적, 1986)과 T. Honoré, *Making Law Bind* (Oxford:1987), p.197 참조.

10 이러한 구분법은 P. Montague, "Comparative and Noncomparative Justice", *Philosophical Quarterly 30*(1980), pp.131-40; J. Hoffman, "A New Theory of Comparative and Noncomparative Justice", *Philosophical Studies 70*(1993), pp.165-83 참조.

11 Ch. Perelman, 앞의 책, p.21 참조.

12 피고인의 혐의가 재판에서 명백히 유죄로 입증되기 전까지는 일단 무죄로 추정해야 한다는 무죄추정의 원칙도 평등대우 우선성 추정 원칙의 한 사례라고 하겠다.

13 심헌섭, 「정의에 관한 연구─정의의 기본개념과 기본원리」, 《서울대학교 법학》 제29권 2호(1988), 99면, 그리고 심헌섭, 「정의의 실질적 규준에 관한 연구」, 《서울대학교 법학》 제36권 제1호(1995), 85-109면 참조.

14 S. Gosepath, "*The Principles and the Presumption of Equality*", in: C. Fourie et al.(ed.), *Social Equality: On What It Means to be Equals* (Oxford:2015), pp.167-85 참조.

15 존 롤즈, 『정의론』, 102면.

16 T. Honoré, *Making Law Bind*(Oxford:1987), p.200 참조.

17 F. A. Hayek, *Law, Legislation and Liberty, Vol. II: The Mirage of Social Justice*(London: 1976), 제8, 9장 참조.

18 존 롤즈, 앞의 책, 134-7면.

19 존 롤즈, 앞의 책, 473면.

20 이하의 내용은 D. Miller, 앞의 책, p.99 이하 참조.

21 이하의 내용은 새뮤얼 보울스, 박용진·전용범·최정규 옮김, 『도덕경제학』(흐름출판, 2020), 85면 이하의 내용을 요약 정리한 것이다.

22 최정규, 『이타적 인간의 출현』(뿌리와이파리, 2009) 참조.

23 새뮤얼 보울스, 앞의 책, 191면 이하.

24 최정규, 앞의 책, 142면.

25 존 롤즈, 앞의 책, 449면.

26 마이클 토마셀로, 유강은 옮김, 『도덕의 기원』(이데아, 2018) 참조.

제2장 ──

1 N. G. Mankiw, "Spreading the Wealth Around: Reflections Inspired by Joe the Plumber", *Eastern Economic Journal 36*(2010), pp.285-298, 특히 p.293 이하 참조.

맨큐는 '정당한 응분이론(Just Desert Theory)'을 옹호하면서, "사람들은 응분의 몫에 따라 재화를 얻어야 한다(People should get what they deserve)"는 정의 원칙을 제시한다. 기여도를 응분자격의 근거로 삼아 "사회에 더 많이 기여한 사람은 그만큼 더 많은 소득을 얻을 응분의 자격이 있다"는 원칙으로 더 구체화한다.─N. G. Mankiw, 앞의 논문, p.295.

2   응분 정의 관념에 관한 역사적 개관은 L. P. Pojman and O. McLeod (ed.), "Historical interpretation of desert", *What Do We Deserve?*(Oxford:1999), pp.1-59 참조.

3   E. Durkheim, *The Rules of Sociological Method*, edited and with a new introduction by Steven Luke, translation by W. D. Halls(London:2013), p.65.

4   D. Miller, *Principles of Social Justice*(New York:1999), p.131 이하 참조. 국내 연구서로는 이종은, 『정의에 대하여』(책세상, 2014), 632면 이하 참조.

5   J. Feinberg, "Justice and Personal Desert", in: J. Feinberg, *Doing and Deserving*(Princeton:1970), pp.55-94 참조.

6   이종은, 앞의 책, 642면.

7   A. Swift, *Political Philosophy: A Beginners' Guide for Students and Politicians*(Cambridge: 2001), p.39 이하 참조.

8   T. Hurka, "Desert: Individualistic and Holistic", in: S. Olsaretti (ed.), *Desert and Justice*(Oxford:2003), p.58.

9   T. Hurka, 앞의 논문, p.59 이하.
    재능이나 노력은 수행성취(performance)로 나타날 것이므로 수행성취를 응분의 근거로 삼자는 제안은 D. Miller, 앞의 책, p.146 이하 참조.

10 S. Olsaretti, "Introduction: Debating Desert and Justice", in: S. Olsaretti (ed.), *Desert and Justice*, p.4 이하 참조.

11 T. M. Scanlon, "Giving Desert its Due", *Philosophical Explorations 16*(2) (2013), pp.101-116 참조. 제도적 응분이론의 기본 입장과 논지에 관한 개관은 O. McLeod, "Desert and Institutions", in: L. P. Pojman and O. McLeod (ed.), *What Do We Deserve*, pp.186-195 참조.

12 이것은 롤즈가 응분 원칙을 사회정의의 기준으로 삼는 견해들을 비판하는 요지다. 이에 관해서는 T. M. Scanlon, 앞의 논문, p.109 이하 참조.

13 존 롤즈, 황경식 옮김, 『정의론』(이학사, 2004), 151면 이하 참조.

14 존 롤즈, 앞의 책, 155면.

15 가 알페로비츠 · 루 데일리, 원용찬 옮김, 『독식 비판』(민음사, 2011), 118면

이하 참조.

16 T. M. Scanlon, 앞의 논문, p.111.

17 T. M. Scanlon, 앞의 논문, p.113.

18 T. M. Scanlon, 앞의 논문, p.113.

19 R. Goodin, "Positive and Negative Desert Claims", in: L. Pojman and O. McLeod, *What Do We Deserve*, p.243.

20 T. M. Scanlon, *Why Does Inequality Matter?*(Oxford:2018), p.124.

21 특히 T. M. Scanlon, "Giving Desert its Due", *Philosophical Explorations* *16*(2)(2013) p.117 이하 참조.

22 O. McLeod, 앞의 책, p.193.

23 O. McLeod, 앞의 책, p.193.

24 O. McLeod, 앞의 책, p.191.

25 인간의 상호관계에서 반드시 일어나는 도덕적 태도인 '반응적 태도(reactive attitudes)'를 통찰력 있게 고찰한 내용은 P. Strawson, "Freedom and Resentment", in: G. Watson (ed.), *Free Will*(Oxford:1982), p.59-80, 특히 p.63 이하 참조.
응분 판단은 전-제도적인 반응적 태도에서 비롯되므로 응분 원칙도 전-제도적인 것이라는 견해에 대해서는 J. Feinberg, *Doing and Deserving*, pp.70-1 참조.

26 애덤 스미스, 김수행 옮김, 『국부론 (상)』(개역판)(비봉출판사, 2007), 제1부 제3장, 356면; 이종은, 앞의 책, 679면; D. Miller, 앞의 책, p.152 참조.

27 롤즈는 초기(1971년작 『정의론』)에는 분배정의 잉익에서 선-제도적 응분 관념에 대해 매우 회의적이었지만 후기 저작인 『공정으로서의 정의: 재서술』에서는 초기 입장과는 달리 전-제도적 응분 관념을 일정 정도 인정한다. 이에 관해서는 S. Scheffler, "Responsibility, Reactive Attitudes, and Liberalism in Philosophy and Politics", in: L. Pojman and O. McLeod, 앞의 책, p.205 이하 참조. 이러한 견해를 더욱 정교하게 발전시킨 내용은 S. Scheffler, "Justice and Desert in Liberal Theory", in: S. Scheffler, *Boundaries and Allegiances: Problems of Justice and Responsibility in*

Liberal Thought(Oxford:2003), pp.173-96.

28 존 롤즈, 김주휘 옮김, 『공정으로서의 정의: 재서술』(이학사, 2016), 145면.

29 S. Scheffler, "Justice and Desert in Liberal Theory", in: S. Scheffler, *Boundaries and Allegiances: Problems of Justice and Responsibility in Liberal Thought*(Oxford:2003) p.173 이하.

30 유사한 견해로 S. Olsaretti, "Introduction", in: S. Olsaretti (ed.), *Desert and Justice*(Oxford:2003), p.13.

31 R. Young, "Egalitarianism and the Modest Significance of Desert", in: L. Pojman and O. McLeod, 앞의 책, p.257.
스캔런은 제도 선행적 응분 정의론을 비판하면서, 노력과 성과와 기여를 바탕으로 하는 응분 원칙이 적용될 수 있으려면 '노력하겠다고 선택할 수 있도록 충분히 적절한 기회(adequate opportunity to choose)'가 제공되어야 한다는 공정한 조건 이론을 제시한다. T. M. Scanlon, *Why Does Inequality Matter?*, p.126 이하 참조.

32 E. Anderson, "Equality", in: D. Estuland (ed.), *The Oxford Handbook of Political Philosophy*(Oxford:2017), p.49.

33 이처럼 공정한 기회와 응분 원칙을 결합해서 응분 원칙이 적용되는 조건을 분석하는 견해로는 S. Olsaretti, "Justice, Luck, and Desert", in: J. Dreyzek, B. Honig, A. Phillips (ed.), *Oxford Handbook of Political Theory*(Oxford:2006), pp.436-449, 특히 p.444 이하 참조.

34 S. Scheffler, 앞의 논문, p.260 이하. 이런 이유로 셰플러는 분배정의 영역에서 적용되는 응분 원칙은 제도에 선행하는 원칙이기는 하지만 '배경 정의에 선행하는' 원칙은 아닌 반면, 형벌정의에서 작동하는 응분 원칙은 형벌정의에 선행하는 원칙이라고 인정한다. 비슷한 견해로 T. M. Scanlon, "Giving Desert its Due", *Philosophical Explorations*, Vol. 16, No. 2(2013), p.103 이하 참조.

35 전-제도적 응분 관념의 존재를 인정하고 응분 원칙이 중요한 정의 원칙이라고 보면서도 응분 판단의 근거가 매우 다종다양하며 응분의 근거들끼리 서로 충돌하기도 한다는 점을 인정하는 견해에 관해서는 J. Feinberg, 앞의 책,

pp.79-80 참조.

36 이종은, 앞의 책, 681면.

37 D. Miller, 앞의 책, p.151.

38 사회정책 영역에서 개인의 노력이나 성과에 근거해서 각자에게 분배할 응분의 몫을 적극적으로 결정하는 응분 원칙의 적극적 기능에 대해서는 회의적이지만, 응분자격이 없는 자가 불로소득을 취득하거나 무임승차 행위로 이득을 편취하는 일을 불공정하다고 비판할 수 있는 응분 원칙의 소극적 기능을 인정하는 견해에 대해서는 R. Goodin, 앞의 논문, pp.234-244 참조.

39 D. Miller, 앞의 책, p.155.

40 한국리서치, 「한국 사회 공정성 인식조사 보고서」, 10면, https://www.hrc.co.kr/infocenter/mreport/02_02/pdf/mrt02_02_01.pdf. 또한 장상수 · 김삼욱 · 신승배, 『한국 사회의 불평등과 공정성 인식』(성균관대학교출판부, 2015) 참조.

41 한국리서치, 앞의 자료, 13면.

42 이러한 점은 외국의 인식 조사에서도 유사하게 나타난다. 다소 오래된 자료이긴 하나 T.W. Smith, "Social Inequality in Cross-National Perspective", in: D. Alwin et al., *Attitudes to Inequality and the Role of Government*(Rijswijk:1990), p.25 이하; S. Svallfors, "Dimensions of Inequality: A Comparison of Attitudes in Sweden and Britain", *European Sociological Review* 9(1993), p.272 이하; J. Kuegel and E. Smith, *Beliefs about Inequality: Americans' Views of What is and What ought to be*(New York:1986), p.107 이하 등 참조.

43 가 알페로비츠 · 루 데일리, 『독식 비판』, 138면 이하.

44 일반 노동자나 피고용인에 비해 기업 최고경영자들이 받는 막대한 연봉에 대한 자료와 비판은 J. Moriarty, "Do CEOs get paid too much?", in: *Business Ethics Quarterly*, Vol. 15., No. 2(2005), pp.257-281; 토마 피케티, 장경덕 외 옮김, 『21세기 자본』(글항아리, 2014), 332면 이하; L. Mishel and A. Davis, "CEO Pay Continues to Rise as Typical Workers are Paid less", *Economic Policy Institute Issue Brief #380*, June 12(2014); "Top CEOs

Make 300 Times More than Typical Workers Pay Growth Surpasses Stock Gains and Wage Growth of Top 0.1 Percent", *Economic Policy Institute Issue Brief* #399, June 21(2015) 참조.

45 T. M. Scanlon, "Plural Equality", in: Y. Benbaji and N. Sussman (ed.), *Reading Walzer*(London:2014), p.194.

46 R. Goodin, 앞의 논문, p.241 이하.

47 D. Miller, "Deserts", in: L. Pojman and O. McLeod, *What Do We Deserve?*, p.96 이하 참조.

제3장 ──

1 공동체의 유대가 강하고 친밀한 관계에서 필요 원칙이 분배 원칙으로 작동한다는 경험적 연구로는 T. Swinger, "The Need Principle of Distributive Justice", in: H. W. Bierhoff, R. L. Cohen and J. Greenberg (eds.), *Justice in Social Relations*(New York:1986), pp.211-225 참조.

2 H. Lamm and T. Schwinger, "Norms Concerning Distributive Justice: Are Needs Taken into Consideration in Allocation Decisions?", *Social Psychology Quarterly 43*(1980), pp.425 이하 참조.

3 ILO, *Employment, Growth and Basic Needs: A One-World Problem*, (Geneva:1976).

4 L. Doyal and I. Gough, *A Theory of Human Need*(London:1991), p.xiii 이하; S. Reader, "Does Basic Needs Approach Need Capabilities?", *The Journal of Political Philosophy 14*(2006), p.338 참조.

5 각각의 방안에 관한 검토와 평가로는 N. Hassoun, "Meeting Needs", *Utilitas 21*(2009), pp.250-275; D. Miller, *Principles of Social Justice*(Cambridge/Mass:2001), p.214 이하 참조.

6 D. Braybrooke, *Meeting Needs: Studies in Moral, Political, and Legal Philosophy*(Princeton:1987), p.31.

7 애덤 스미스, 김수행 옮김, 『국부론 (하)』(개역판)(비봉출판사, 2007), 1080면.

8 기본적 필요의 목록과 보장 수준은 사회나 문화에 따라 상대적으로 결정된다. 그러나 기본적 필요의 내용이 상대성을 띤다고 해서 사회적 또는 문화적 상대성을 과도하게 강조하면서 기본적 필요의 기준이 공허하다고 부정하는 태도는 생물학적 측면에서 보편화된 필요, 인간으로서 정상적인 삶에 필수적인 요소들에 대한 기본적 필요들을 간과하는 것이다. 인간으로서, 시민으로서, 일을 하는 존재로서, 부모로서 제대로 기능하는 데 필수적인 요소들을 포함해서 특정 시대의 특정 사회 구성원들이 의미 있는 삶을 영위하려면 반드시 충족되어야 할 기본적 필요들을 추출해낼 수 있다. L. Doyal and I. Gough, 앞의 책, p.42 이하 참조.

9 L. Doyal and I. Gough, 앞의 책, p.49 이하.

10 강영진, 『갈등해결의 지혜』(일빛, 2009), 171면.

11 이런 견해를 담고 있는 문헌으로 G. Brock (ed.), *Necessary Goods: Our Responsibility to Meet Others' Needs*(Lanham:1998)가 있다.

12 존 롤즈, 장동진 옮김, 『정치적 자유주의』(증보판)(동명사, 2016), 87면.

13 H. Frankfurt, "Necessity and Need", in: G. Brock (ed.), *Necessary Goods: Our Responsibility to Meet Others' Needs*(Lanham:1998), p.20.

14 H. Frankfurt, 앞의 논문, p.23 이하 참조.

15 F. Stewart, "Basic Needs Approach", in: D. A. Clark (ed.), *The Elgar Companion to Development Studies*(Cheltenham:2006), p.14.

16 기본적 필요의 관점에서 빈곤과 사회정의 문제에 접근하는 견해를 비판하는 대표적인 문헌으로는 P. Streeten, "Basic Needs: Some Unsettled Questions", *World Development*, Vol. 12, No. 9(1984), pp.973-8 참조.

17 대표적인 연구자의 견해는 D. Brooke, 앞의 책, p.29 이하; G. Brock, *Global Justice: A Cosmopolitan Justice*(Oxford:2009), p.63 이하 참조.

18 I. Robeyns, *Wellbeing, Freedom, and Social Justice: The Capability Approach Re-Examined*(Cambridge:2017), p.175 이하.

19 G. Brock, 앞의 책, p.63 이하.

20 아마르티아 센, 이규원 옮김, 『정의의 아이디어』(지식의 날개, 2019), 255면

이하.

21 김대근, 「Amartya Sen의 정의론의 방법과 구조」,《법철학연구》제14권 제1
호(2011), 192면 이하, 그리고 김연미, 「누스바움의 역량접근과 정의」,《법학
연구》61권(2019), 전북대학교 법학연구소, 73-107면 참조.

22 G. Brock, 앞의 책, p.69 이하.

23 A. Sen, *Inequality Reexamined*(Oxford:1992), p.45.

24 G. Brock, 앞의 책, p.68.

25 S. Reader, "Does Basic Needs Approach Need Capabilities?", *The Journal
of Political Philosophy 14*(2006), pp.337-350; I. Robeyns, 앞의 책, p.178
이하 참조.

26 아마르티아 센, 『정의의 아이디어』, 285면 이하 참조.

27 존 C. 머터, 장상미 옮김, 『재난의 불평등』(동녘, 2016)과 에릭 클라이넨버
그, 홍경탁 옮김, 『폭염사회』(글항아리, 2018) 참조. 21세기 전염병 창궐
과 불평등 심화의 연관성에 대해서는 D. Furceri, P. Loungani, J. D. Ostry,
and P. Pizzuto, "Will Covid-19 affect inequality? Evidence from past
pandemics", *COVID Economics*, Issue 12(2020. 05. 01), p.138-157 참조.
이 논문의 저자들은 21세기의 대규모 감염병 사스(2003), 신종플루(2009),
메르스(2012), 에볼라(2014), 지카(2016)를 분석하여, 이들 감염병 창궐이
소득 불평등을 심화시켰음을 실증적으로 제시하였다. 고학력 고소득 집단에
는 별 영향이 없었던 반면, 소득 하위계층의 소득은 감소하고 교육 수준이 낮
은 집단의 고용률은 낮아지는 현상이 공통적으로 나타났다는 것이 이들의 주
장이다.

28 R. Reich, 「Covid-19 pandemic shines a light on a new kind of class
divide and its inequalities」, *Guardian*(2020. 04. 26.)

29 이강국, 「재난은 평등하지 않다」,《한겨레》(2020. 06. 01.)

30 코로나바이러스가 우리 신체와 사회의 가장 취약한 부분을 공격하며, 바이러
스로 인한 사망자 중 폐쇄병동 환자와 가난하고 병든 독거노인들의 비율이
높다는 사실은 국내 언론에서도 언급한 바 있다. 신영전, 「나쁜 바이러스는
없다」,《한겨레》(2020. 03. 05.)

제4장 ───

1   로버트 노직, 남경희 옮김, 『아나키에서 유토피아로』(문학과지성사, 2000), 205면.
2   로버트 노직, 앞의 책, 204면.
3   M. Friedman, *Capitalism and Freedom*, 40th Anniversary Edition (Chicago:2002), pp.161-162.
4   국내에는 자유지상주의로 번역되고 있지만, 주장하는 내용의 요체를 살펴보면 '절대적 재산권론'으로 번역하는 게 옳다고 여겨진다. 표현과는 달리 개인들의 중요한 여러 자유들을 보장해주지 못하기 때문이다. 비슷한 견해로는 이한, 『정의란 무엇인가는 틀렸다』(미지북스, 2012), 112면 참조.
5   이근식, 『자유주의 사회경제사상』(한길사, 1999).
6   이를 존 스튜어트 밀은 개(별)성(individuality)의 이상으로 포착하여, 개(별)성의 자유로운 발현이 인간을 행복하게 만드는 데 특별히 중요한 요소라고 강조한다. 존 스튜어트 밀, 서병훈 옮김, 『자유론』(책세상, 2005), 109면.
    '모든 국민은 인간으로서의 존엄과 가치를 가지며, 행복을 추구할 권리를 가진다'고 규정한 헌법 제10조의 행복추구권은 일반적인 행동자유권과 개성의 자유로운 발현권을 포함한다고 파악하는 우리 헌법재판소의 결정과 비교해보아도 좋겠다.
7   양창수 · 김재형, 「계약법」, 『민법 I』, 제3판(2020), 15면.
8   대표적 결정례인 헌재 1991. 6. 3. 89헌마204와 헌재 2003. 10. 30. 2002헌마518의 내용을 축약한 것이다.
9   헌재 1990. 9. 10. 89헌마82; 헌재 1991. 6. 3. 89헌마204; 헌재 1996. 2. 29. 94헌마13 등 참조.
10 헌재 2003. 10. 30. 2002헌마518; 헌재 2009. 11. 26. 2008헌바58 등 참조.
11 이 두 가지 능력에 대한 설명은 사적 자율성(private autonomy)과 공적 자율성(public autonomy)을 구분한 위르겐 하버마스의 견해를 활용해본 것이다. 위르겐 하버마스, 한상진 · 박영도 옮김, 『사실성과 타당성』(나남, 2007). 133면 이하 참조.

12 짜우포충, 남혜선 옮김, 『국가의 품격은 어떻게 만들어지는가』(더퀘스트, 2017), 43면. 도덕적 언어와 판단과 행동이 인간의 일상생활에서 나타나는 모습을 저자는 다음과 같이 묘사한다. "강제 철거에 반대하고, 자유를 추구하고, 인권을 소중히 여기고, 민주주의를 열망하고, 폭력에 항의하고, 부패를 혐오하고, 차별을 비난하고, 공공의 정의를 중시한다. 스승을 존경하고, 가족을 아끼고 사랑하며, 친구와의 약속과 의리를 중요시하고, 약자를 동정하고 연민을 베풀며, 동물의 권익과 자연생태에 관심을 기울이기도 한다. 우리는 불공정한 대우를 받으면 분노하고, 차별을 받으면 모욕감을 느끼며, 잘못을 저지르면 죄책감을 느낀다. 우리는 인생의 이상을 추구하며, 다른 이에게 인정받고자 하고, 정직한 사람이 되기를 희망하며, 자신이 종사하는 일이 가치 있고 중요한 일이기를 바란다. 가장 평범한 일상의 편린에서조차도 우리는 도덕에서 벗어날 수 없다."

13 T. M. Scanlon, "The Significance of Choice", in: S. M. McMurrin(ed.), *The Tanner Lectures on Human Values*, Vol.7(1986), pp.149-216, 특히 p.171 이하 참조.

14 선택의 가치가 가지는 세 가지 측면에 관해서는 T. M. Scanlon, 앞의 책, pp.179-180 참조.

15 형법상 혼인빙자간음죄 규정은 여성을 미성숙한 존재로 바라보는 국가와 법의 가부장적 관념이 들어 있고, 또 그런 메시지를 사회 구성원들에게 전송한다는 의견이 헌법재판소 결정문에도 담겨 있다. "남성이 결혼을 약속했다고 하여 성관계를 맺은 여성만의 착오를 국가가 형벌로써 사후적으로 보호한다는 것은 '여성이란 남성과 달리 성적자기결정권을 자기책임 아래 스스로 행사할 능력이 없는 존재, 즉 자신의 인생과 운명에 관하여 스스로 결정하고 형성할 능력이 없는 열등한 존재'라는 것의 규범적 표현이다. 그러므로 이 사건 법률 조항은 남녀평등의 사회를 지향하고 실현해야 할 국가의 헌법적 의무(헌법 제36조 제1항)에 반하는 것이자, 여성을 유아시(幼兒視)함으로써 여성을 보호한다는 미명 아래 사실상 국가 스스로가 여성의 성적자기결정권을 부인하는 것이 되는 것이다. 나아가 개인 스스로 선택한 인생관·사회관을 바탕으로 사회공동체 안에서 각자의 생활을 자신의 책임 아래 스스로 결정하고

형성하는 성숙한 민주시민이 우리 헌법이 지향하는 바람직한 인간상이라는 점에 비추어볼 때, 결국 이 사건 법률 조항이 보호하고자 하는 여성의 성적자기결정권은 여성의 존엄과 가치에 역행하는 것이라 하지 않을 수 없다. 이러한 점에서 (……) 여성부장관이 이 사건 법률 조항에 대하여 여성을 성적 의사결정의 자유도 제대로 행사할 수 없는 존재로 비하하고 있다는 등의 이유로 남녀평등의 원칙에 위배된다고 하여 위헌 의견을 개진한 것은 시사하는 바가 매우 크다 할 것이다."—헌재 2009. 11. 26. 2008헌바58.

16 T. M. Scanlon, 앞의 책, p.181.

17 T. M. Scanlon, 앞의 책, p.190.

18 레이첼 모랜, 안서진 옮김, 『페이드 포 PAID FOR 성매매를 지나온 나의 여정』(안홍사, 2019), 30-1면

19 레이첼 모랜, 앞의 책, 246면.

20 J. Raz, *The Morality of Freedom*(Oxford:1986), p.373 이하 참조.

21 T. M. Scanlon, *Why Does Inequality Matter?*(Oxford:2018), p.62.

22 대법원 2007. 11. 22. 선고 2002두8626 전원합의체 판결.

23 헌재 2008. 9. 25. 2005헌바81; 헌재 2018. 6. 28. 2016헌바77 등 참조.

제5장 ——

1 D. Miller, *Principles of Social Justice*(Cambridge/Mass:2001), p.233 이하 참조.

2 D. Miller, 앞의 책, pp.234-5.

3 D. Miller, 앞의 책, p.236.

4 E. Anderson, "Equality", D. Estlund (ed.), *The Oxford Handbook of Political Philosophy*(Oxford:2012), pp.40-57, 특히 p.40 참조.

5 D. Miller, 앞의 책, p.224.

6 D. Miller, 앞의 책, p.224. E. Anderson, "What is the Point of Equality?", *Ethics 109*, No. 2(1998), p.312. 한때 미국에서는 백인이 다가오면 흑인은

도로 한편으로 비껴나야 했고, 남아프리카공화국에서는 흑인은 백인 남성을 '나리(Bass)'로, 백인 여성을 '마님(Madam)'으로 불러야 했다. 반면 백인들은 성인 흑인 남성과 여성을 'boy'와 'girl'로 부르는 경우가 허다했다. 바로 이런 사회관계가 사회적 불평등의 사례라고 할 수 있다.

7 데버러 헬먼, 김대근 옮김, 『차별이란 무엇인가: 차별은 언제 나쁘고 언제 그렇지 않은가』(서해문집, 2016), 57면 이하 참조.

8 존 롤즈, 김주휘 옮김, 『공정으로서의 정의: 재서술』(이학사, 2018), 234면.

9 평등을 사람들 간의 사회적 관계 측면에서 파악해야 한다는 T. M. Scanlon, *Why Does Inequality Matter?*(Oxford:2018), p.9. 또한 S. Scheffler, "The Practice of Equality", in: C. Fourie et al.(ed), *Social Equality*(Oxford:2015), p.21 이하 참조.

10 J. Waldron, *One Another's Equals*(Cambridge, Massachusetts: 2017), p.11.

11 자끄 랑시에르, 양창렬 옮김, 『정치적인 것의 가장자리에서』(길, 2008), 26면.

12 조영래, 『전태일 평전』(아름다운전태일, 2019), 191면.

13 한국 사회의 불평등에 관한 연구는 전병유, 『한국의 불평등 2016』(페이퍼로드, 2016); 장상수 · 김상욱 · 신승배, 『한국 사회의 불평등과 공정성 인식』(성균관대학교출판부, 2015); 권혁용 등, 『여론으로 본 한국 사회의 불평등』(매일경제신문사, 2019); 이철승, 『불평등의 세대』(문학과지성사, 2019) 참조.

14 T. M. Scanlon, *Why Does Inequality Matter?*, p.2 이하 참조.

15 불평등의 해악에 관한 유사한 견해는 존 롤즈, 앞의 책, 231-3면 참조. 또한 M. O'Neill, "What Should Egalitarian Believe?", *Philosophy & Public Affairs 36*, No. 2(2008), pp.119-156 참조.

16 리처드 윌킨스 · 케이트 피킷, 이은경 옮김, 『불평등 트라우마』(생각이음, 2019); 키스 페인, 이영아 옮김, 『부러진 사다리』(와이즈베리, 2017) 참조.

17 19세기까지만 해도 사회철학 문헌에서는 불평등이 상층계급 자녀들에게 미치는 해악에 대해 거론하곤 했다. 가령, 불평등은 사회 구성원 중 상층계급 자녀들을 금지옥엽으로 받들어 키워서 응석받이로 만드는 해악을 초래한다는 것이다.—R. Tawney, *Equality*(London, 1938), p.1.

18 C. Fourie, "What is Social Equality? An Analysis of Status Equality as a

Strongly Egalitarian Ideal", *Res Publica 18*(2012), p.120 참조.

19   장 자끄 루소, 김중현 옮김, 『에밀』(한길사, 2002), 395면 이하.

20   조지프 스티글리츠, 이순희 옮김, 『불평등의 대가――분열된 사회는 왜 위험한가』(열린책들, 2013).

21   C. Fourie et al.(ed.), *Social Equality: On What It Means to be Equals* (Oxford:2015), p.21.

22   E. Anderson, 앞의 논문, p.313.

23   A. Mason, "Justice, Respect, and Treating People as Equals", in: C. Fourie et al.(ed.), *Social Equality: On What It Means to be Equals*(Oxford:2015), pp.129-145, 특히 p.136 이하 참조.

24   C. Fourie, F. Schuppert, and I. Walliman-Helmer (ed.), *Social Equality*, p.45 이하 참조. 롤즈가 자신의 정의론 저서에서 자기존중의 사회적 기반 (social bases of self-respect)을 확립하는 일이 사회정의의 목표라고 말할 때에도 유사한 문제의식을 가지고 있는 것으로 보인다.―존 롤즈, 황경식 옮김, 『정의론』(이학사, 2004), 247면, 568면 이하 참조.

25   C. Schemmel, "Why Relational Egalitarians Should Care About Distributions", *Social Theory and Practice 37*, No. 3(2011), p.370 이하 참조.

26   스튜어트 화이트, 강정인 · 권도혁 옮김, 『평등이란 무엇인가』(까치, 2016), 30면 이하 참조.

27   스튜어트 화이트, 앞의 책, 31-3면.

28   스튜어트 화이트, 앞의 책, 34면.

29   스튜어트 화이트, 앞의 책, 45면 이하.

30   T. M. Scanlon, *Why Does Inequality Matter?*, p.141 참조.
       롤즈의 다음과 같은 견해도 그런 일반원칙을 표현한 것이다. "모든 사회적 가치들(자유, 기회, 소득, 재산 및 자존감의 기반)은 이들 가치의 전부 또는 일부의 불평등한 분배가 모든 사람에게 이익이 되지 않는 한 평등하게 분배되어야 한다."―존 롤즈, 황경식 옮김, 『정의론』(이학사, 2004), 107면.
       "사회적 경제적 불평등, 예를 들면 재산과 권력의 불평등을 허용하되 그것이 모든 사람, 그중에서도 사회의 최소 수혜자에게 그 불평등을 보상할 만한 이득을 가져오는 경우에만 정당한 것"이다.─존 롤즈, 앞의 책, 49면.

31 이한,『중간착취자의 나라. 비정규 노동으로 본 민주공화국의 두 미래』(미지
북스, 2017), 105면 이하를 정리, 요약한 것이다.

32 T. M. Scanlon, 앞의 책, p.148 이하 참조.

제6장 ──

1 존 롤즈, 황경식 옮김,『정의론』(이학사, 2004); 로버트 노직, 남경희 옮김,『아
나키에서 유토피아로』(문학과지성사, 2000); 프리드리히 하이에크, 민경국 ·
서병훈 · 박종운 옮김,『법, 입법, 그리고 자유』(자유기업원, 2018) 참조.

2 S. Scheffler, "What is Egalitarianism?", *Philosophy & Public Affairs*
31(2003), p.22.

3 존 롤즈, 김주휘 옮김,『공정으로서의 정의: 재서술』(이학사, 2018), 108면.

4 T. M. Scanlon, *Why Does Inequality Matter?*(Oxford:2018), p.4 이하.

5 아마르티아 센, 이규원 옮김,『정의의 아이디어』(지식의날개, 2019), xxvii.

6 아이리스 영, 김도균 · 조국 옮김,『차이의 정치와 정의』(모티브북, 2017), 39
면 이하.

7 아이리스 영, 앞의 책, 78면.

8 아이리스 영, 앞의 책, 98면.

9 아이리스 영, 앞의 책, 206면.

10 아이리스 영, 앞의 책, 105면.

11 아이리스 영, 앞의 책, 122면 이하.

12 한국 사회에서 '주변화'된 존재들에 대한 인상적인 문헌으로는 최현숙,『할
배의 탄생──어르신과 꼰대 사이, 가난한 남성의 시원을 찾아』(이매진,
2016) 참조.

13 아이리스 영, 앞의 책, 141면 이하.

14 피부색 하나만으로 잠재적 범죄자 취급을 당하고 느닷없이 살해나 폭력의 위
협에 노출되는 미국 흑인의 삶에 관한 생생한 묘사로는 타네하시 코츠, 오숙

은 옮김, 『세상과 나 사이』(열린책들, 2015) 참조.

15 아이리스 영, 앞의 책, 146면.

16 아이리스 영, 앞의 책, 153면.

17 아이리스 영, 앞의 책, 154면.

18 아이리스 영, 앞의 책, 154-5면.

19 M. Fricker, *Epistemic Injustice: Power and the Ethics of Knowing* (Oxford:2007). 인지적 부정의 관점에서 미투 서사를 분석한 문헌으로는 양선숙, 「미투 서사와 진실, 그리고 정의」, 《인하대학교 법학연구》 21(4)(2018), 299-328면 참조.

20 M. Fricker, 앞의 책, p.1.

21 M. Fricker, 앞의 책, p.1, p.9 이하.

22 S. Brownmiller, *In Our Time: Memoir of a Revolution*(New York:1990), pp.280-1.

23 M. Fricker, 앞의 책, p.153 이하 참조.

24 엘리 러셀 혹실드, 이가람 옮김, 『감정노동』(이매진, 2009); 이재승, 『국가범죄』(앨피, 2010) 참조.

25 M. Fricker, 앞의 책, p.153.

26 M. Fricker, 앞의 책, p.161 이하 참조.

27 M. Fricker, 앞의 책, p.158.

28 그런 점에서 '성인지 감수성'은 인지적 정의를 실현하는 방법이라고 생각해 볼 수 있다. '성인지 감수성'이라는 용어가 법원의 판결에 처음으로 등장한 대법원 판결(대법원 2018. 4. 12. 선고 2017두74702 판결) 참조. 인지적 (부)정의의 관점에서 '성인지 감수성' 개념에 대한 심층적 논의가 필요한 시점이다.

29 마이클 왈쩌, 정원섭 외 옮김, 『정의와 다원적 평등』(철학과현실사, 1999), 제2-12장 참조.

30 마이클 왈쩌, 앞의 책, 34면 이하.

31 마이클 왈쩌, 앞의 책, 52면 이하.

32 T. M. Scanlon, "Plural Equality", in: Y. Benbaji and N. Sussman (ed.), *Reading Walzer*(London:2014), p.183 이하.

33 마이클 왈쩌, 앞의 책, 171면 이하 참조.

34 김현주,「경제적 불평등, 부의 대물림 심화…'불공정 사회' 질타하는 목소리 높아져」,《세계일보》(2019. 11. 23.)

35 T. M. Scanlon, 앞의 논문, pp.183-195.

36 이 연구들에 관한 내용은 D. Miller, *Principles of Social Justice*(Cambridge/ Mass.:2001), p.89 이하를 참조하여 정리한 것이다.

37 D. Miller, 앞의 책, p.61 이하.

38 D. Miller, 앞의 책, p.75 이하.

39 D. Miller, 앞의 책, p.81.

40 D. Miller, 앞의 책, p.85 이하.

41 B. Barry, "Spherical Justice and Global Injustice", in: D. Miller and M. Walzer (ed.), *Pluralism, Justice and Equality*(Oxford:1995), pp.67-80 참조.

42 A. Gutmann, "Justice across the spheres", D. Miller and M. Walzer (ed.), *Pluralism, Justice and Equality*(Oxford:1995), p.119.

43 D. Miller, 앞의 책, p.35 이하.

44 D. Miller, 앞의 책, p.66 이하.

45 D. Miller, 앞의 책, p.73.

46 D. Miller, 앞의 책, p.37 이하.

47 자유롭고 평등한 시민들의 관계를 보장하기 위한 복합적 평등의 분배 원칙들의 체계로서 롤즈의 정의론을 이해하는 견해로는 N. Damiels, "Democratic Equality: Rawls's Complex Egalitarianism", in: S. Freeman (ed.), *The Cambridge Companion to Rawls*(Cambridge:2003), pp.241-276 참조.

48 J. Rawls, *Political Liberalism*(New York:1993), p.7.

49 존 롤즈,『정의론』, 337면.

50 존 롤즈,『공정으로서의 정의: 재서술』, 262면.

51 존 롤즈,『정의론』, 120면,

52 존 롤즈,『정의론』, 123면.

53 롤즈의 정의론을 한국 사회에 적용한 시도로는 이한,『중간착취자의 나라. 비정규 노동으로 본 민주공화국의 두 미래』(미지북스, 2017) 참조.

제7장 ────

1   김도균, "불간섭으로서의 자유"와 "비예속 상태로서의 자유", 《법과 사회》 39(2010), 237면 이하 참조.

2   헌재 1999. 4. 29. 94헌바37.

3   헌재 2010. 5. 27. 2009헌마421; 헌재 2003. 11. 27. 2002헌마193; 헌재 2016. 3. 31. 2013헌바 190.

4   헌재 2011. 8. 30. 2008헌가22 등; 헌재 2011. 8. 30. 2007헌가12 등; 헌재 2002. 4. 25. 98헌마425, 99헌마170 · 498(병합); 헌재 2011. 8. 30. 2007헌가 12 등.

5   헌재 2007. 8. 30. 2003헌바51 등; 헌재 1989. 9. 4. 88헌마22; 헌재 2002. 4. 25. 2001헌가27; 헌재 2007. 8. 30. 2003헌바51 등; 헌재 2013. 12. 26. 2009헌 마747.

6   헌재 2013. 12. 26. 2009헌마747.

7   헌재 2007. 5. 31. 2005헌마1139.

8   기본적 자유의 개념에 관해서는 존 롤즈, 장동진 옮김, 『정치적 자유주의』 (증보판)(동명사, 2016), 446면 이하; J. von Platz, "Are Economic Liberties Basic Rights?", *Politics, Philosophy and Economics* 13(1)(2014), pp.23-44; C. M. Melenovsky and J. Bernstein, "Why Free Market Rights are not Basic Liberties", *Journal of Value Inquiry* 49(2015), pp.47-67 참조.

9   S. Freeman, "Illiberal Libertarians: Why Libertarians is not a Liberal View", in: *Philosophy and Public Affairs*, Vol. 30, No. 2(2001), p.105 이하.

10   이 사례들과 관련 기준에 관해서는 이민열, 『기본권 제한 심사의 법익 형량』 (경인문화사, 2016), 310면.

11   이민열, 앞의 책, 312면

12   최근 국내 연구문헌으로는 손제연, 「법적 개념으로서의 인간존엄」, 서울대학 교 대학원 법학박사 학위논문(2018); 이상수, 「헌법재판소결정에 나타난 인 간존엄의 의미」, 《서강법학》(2019), 111-156면 참조.

13   헌재 2010. 2. 25. 2008헌가23.

14 대법원 2008. 11. 20. 선고 2007다27670.

15 J. Waldron, *One Another's Equals*(Cambridge, Massachusetts:2017), p.3.

16 S. Darwall, "Respect and the Second-Person Standpoint", *Proceedings and Addresses of the American Philosophical Association*, Vol. 78, No. 2(Nov., 2004), pp.43-59 참조.

17 김도균, 『권리의 문법』(박영사, 2008) 참조.

18 임마누엘 칸트, 백종현 옮김, 『윤리형이상학』(아카넷, 2012), 534면 참조.

19 T. Hobbes, *Leviathan*, edited by J. C. A. Gaskin(Oxford:1998), p.59(Ch.10 [42].16)(강조는 필자가 첨가한 것임); 국역본은 토마스 홉스, 진석용 옮김, 『리바이어던 I』(나남, 2008), 123-4면 참조.

20 임마누엘 칸트, 앞의 책, 535면 참조.

21 이런 해석은 A. Reath, *Agency and Autonomy in Kant's Moral Theory* (Oxford:2006), p.67 이하 참조.

22 임마누엘 칸트, 백종현 옮김, 『윤리형이상학정초』(아카넷, 2006), 168면 참조.

23 임마누엘 칸트, 앞의 책, 156면 참조.

24 헌재 2015. 2. 26. 2009헌바17 등 참조.

25 가령 헌재 2000. 4. 27. 98헌가16; 2004. 8. 26. 2003헌마457; 2009. 11. 26. 2008헌바58; 2015. 2. 26. 2009헌바17 등 참조.

26 유치인의 모욕감과 수치심을 유발하는 유치장의 화장실 구조가 인간의 존엄과 가치로부터 유래하는 인격권을 침해한다는 결정문도 유사한 견해를 표명하고 있다.

"앞에서 본 사실관계에 비추어보면, 보통의 평범한 성인인 청구인들로서는 내밀한 신체 부위가 노출될 수 있고 역겨운 냄새, 소리 등이 흘러나오는 가운데 용변을 보지 않을 수 없는 상황에 있었으므로 그때마다 수치심과 당혹감, 굴욕감을 느꼈을 것이고 나아가 생리적 욕구까지도 억제해야만 했을 것임을 어렵지 않게 알 수 있다. 나아가 함께 수용되어 있던 다른 유치인들로서도 누군가가 용변을 볼 때마다 불쾌감과 역겨움을 감내하고 이를 지켜보면서 마찬가지의 감정을 느꼈을 것이다. 그렇다면 이 사건 청구인들로 하여금 유치 기간 동안 위와 같은 구조의 화장실을 사용하도록 강제한 피청구인의 행위는 인간으로서의 기본적 품위를 유지할 수 없도록 하는 것으로서 수인하기 어려운 정도라고 보이므로, 전체적으로 볼 때 비인도적·굴욕적일 뿐만 아니라 동시에 비록 건강을 침해할 정도는 아니라고 할지라도 헌법 제10조의 인간 존엄과 가치로부터 유래하는 인격권을 침해하는 정도에 이르렀다고 판단된다."—헌재 2001. 7. 19. 2000헌마546.

그리고 유치장에 수용할 때 유치인의 옷을 전부 벗기고 앉았다 일어서기를 반복하게 하는 신체정밀수색이 인간의 존엄과 가치를 침해한다는 결정문(헌재 2002. 7. 18. 2000헌마327)도 참조.

27 물론 칸트의 견해에 입각해서만 앞의 헌법재판소의 결정례들을 이해할 수 있는 것은 아니지만, 인간을 수단으로 대하지 말고 그 자체로 고유한 가치를 지니는 목적으로도 대우하라는 설시에는 칸트의 사상이 깃들어 있다고 여겨진다.

28 헌재 2001. 8. 30. 2008헌마648.

29 J. Raz, *The Morality of Freedom*(Oxford:1986), p.189 참조.

30 J. Waldron, 앞의 책, p.126.

31 존 롤즈, 김주휘 옮김, 『공정으로서의 정의: 재서술』(이학사, 2018), 49면 이하.

32 J. Habermas, "The Concept of Human Dignity and the Realist Utopia of Human Rights", *Metaphilosophy 41*(4)(2010), pp.464-80 참조.

33 사회적 존엄의 개념을 독자적으로 제시하고, 일자리를 가지고 소득활동을 한다는 것이 선거투표만큼이나 '사회적 존엄'에 필수적임을 강조하는 내용은 J. Shklar, *American Citizenship: The Quest for Inclusion*(Cambridge:1991), p.64 이하 참조. 비슷한 발상으로 M. Nussbaum, "Human Dignity and Political Entitlements", in: B. Lanigan, *Human Dignity and Bioethics*(New York:2008), pp.245-264, 특히 p.249 이하 참조.

34 H. Brighouse and I. Robeyns (ed.), *Measuring Justice*(Cambridge:2010), p.193 이하 참조.

35 마사 누스바움, 한상연 옮김, 『역량의 창조』(돌베개, 2015), 44면 이하 참조.

36 이는 아이리스 영(I. Young)이 제시한 '주변화'와 '무권력'의 부정의에 의해 훼손된 인간의 기본 능력이라고 할 수 있다.

37 H. Brighouse and I. Robeyns (ed.), 앞의 책, p.81 이하 참조.

38 헌재 2017. 11. 30. 2016헌마448.

39 이민열, 앞의 책, 171면 이하 참조.

40 헌재 1995. 7. 21. 93헌가14.

41 엄기호, 「'생존'이 아닌 '삶'이어야 한다」, 《시사IN》 Vol. 639(2019.12.17.),
    69면.

42 헌재 1997. 5. 29. 94헌마33.

43 Jiwei Ci, "Agency and Other Stakes of Poverty", *The Journal of Political
    Philosophy 21*(2)(2013), pp.125-150 참조.

44 Jiwei Ci, 앞의 논문, pp.125-6.

45 Jiwei Ci, 앞의 논문, p.127.

46 Jiwei Ci, 앞의 논문, pp.128-30.

47 Jiwei Ci, 앞의 논문, p.132 이하.
    가령 『할배의 탄생』의 저자 최현숙의 견해는 이런 점을 정확하게 포착하였
    다고 여겨진다. "새롭게 꾸려질 진보는 가난의 구조화보다는 가난한 사람들
    의 자기 비하에 개입할 길을 먼저 찾아야 한다. (……) 자기 속을 들여다보
    면서 가난한 사람들의 자기 비하를 깊이 살피고, 그 사람들을 옹호하되 함께
    분석한 뒤, 자기 긍정의 에너지를 이성적이고 사회적인 힘으로 모아내야 한
    다. 그저 계급과 임금과 복지의 문제가 아니라, 삶의 어느 시절 어느 순간이
    든 한 사람의 내면에서 일어나는 성찰과 직립과 통찰의 실마리가 거기에 있
    다."―최현숙, 『할배의 탄생』(이매진, 2016), 263면.

48 Jiwei Ci, 앞의 논문, p.149.

49 존 롤즈, 황경식 옮김, 『정의론』(이학사, 2004), 568면.

50 스튜어트 화이트, 강정인 · 권도혁 옮김, 『평등이란 무엇인가』(까치, 2016),
    40면.

51 헌재 1998. 5. 28. 96헌가; 2003. 2. 27. 2002헌바4 등 참조.

52 헌재 2002. 12. 28. 2002헌마52.

53 헌재 2002. 12. 18. 2002헌마52.

54 조문영 엮음, 『우리는 가난을 어떻게 외면해왔는가』(21세기북스, 2019), 211

면 이하 참조.

55 극심한 빈곤이 교육, 건강, 직업, 주거의 불리함으로 이어진다는 통념은 다음과 같이 표현된다. "가난한 아이들은 태어날 때부터 유복한 아이들보다 체중이 적고 생후 1년 안에 사망할 확률이 높다. 학업성적은 더 낮고, 이런 경향은 고등학교 때까지 이어진다. 결석을 더 자주 하고 품행 문제도 더 많이 일으킨다. 가난한 십대는 넉넉한 집안의 십대보다 임신 확률, 퇴학 확률, 범죄 문제에 연루될 확률이 더 높고, 자퇴를 하거나 퇴학을 당해서 학교를 일찍 떠날 가능성도 높다. 이들이 성인이 되면, 부유한 집안에서 자란 사람보다 불안정하고 저임금인 직업에 종사하게 된다. 빈곤한 환경에서 자란 아이들은 성인이 되어서도 가난에서 벗어나지 못하고 공공부조에 의존할 확률이 높아진다." —S. Mayer, *What Money Can't Buy: Family Income and Children's Life Chances*(Cambridge/Mass.:1998), p.1.

56 사회적 불리 여건의 '군집 · 누적 현상'에 대한 분석으로는 J. Wolf and A. De-Shalit, *Disadvantage*(Oxford:2007), p.119 이하 참조. 한국 사회의 경우 비정규직의 세대 간 대물림이 심각한데, 부모가 비정규직인 경우 자녀도 비정규직을 경험하는 경우가 78퍼센트에 달했으며, 첫 직장이 간접 고용이면 이후에도 간접 고용에 머무를 가능성은 83퍼센트였다는 분석 결과가 있다.

57 1995년 7월 미국 시카고에서 발생한 살인적인 폭염으로 700명 넘는 사람들이 사망하였다. 『폭염사회』의 저자 에릭 클라이넨버그에 따르면, 폭염으로 인한 이런 대참사가 미국 사회의 관심을 끌지 못한 이유는 희생자들이 노인, 빈곤층, 사회적으로 고립된 사람들로서 사회에서 보이지 않고 들리지 않는 계층의 사람들이었기 때문이다. '사회적 고립'이라는 사회적 불리 여건에 주목한 저자는 수백 명이 잠긴 문과 닫힌 창문 안에서 남들이 쉽게 찾지 않는 후덥지근하고 통풍이 안 되는 사적인 공간에 갇혀 홀로 숨을 거두었다고 지적한다. 1인 가구, 노인, 빈곤층 등 사회에서 고립된 '취약계층'이 바로 폭염의 최대 피해자였다는 것이다. 저자는 다음과 같이 진단한다. "기후 같은 극단적인 외부의 힘이 그토록 파괴적인 이유는 부분적으로 새롭게 나타난 고립과 민영화, 극단적인 사회적 · 경제적 불평등, 현대 도시 여기저기에 퍼져 있는 부와 가난이 집중된 구역 등이 취약한 주민에게 사계절 내내 위험을 초래

하기 때문이다."―에릭 클라이넨버그, 홍경탁 옮김, 『폭염사회』(글항아리, 2018) 참조.

58 J. Wolf and A. De-Shalit, 앞의 책, p.65 이하 참조.

59 사회적 불리 여건 중에도 이렇게 인력과 부식작용이 강한 것들에 관해서는 J. Wolf and A. De-Shalit, 앞의 책, p.121.

60 가이 스탠딩, 김태호 옮김, 『프레카리아트: 새로운 위험한 계급』(박종철출판사, 2014). 정의론의 관점에서 비정규직 노동계층의 문제를 심층적으로 분석한 문헌으로는 이한, 『중간착취자의 나라. 비정규 노동으로 본 민주공화국의 두 미래』(미지북스, 2017) 참조.

61 가이 스탠딩, 앞의 책, 29면 이하. 또한 Guy Standing, "The Precariat: From Denizens to Citizens?", *Polity*, Vol. 44(4)(2012), pp.588-608 중 p.598 참조.

제8장 ──

1 헌재 1992. 4. 29, 90헌바24.

2 헌재 2000. 8. 31, 97헌가12.

3 헌재 2001. 6. 28. 99헌마516. '차별(discrimination)'이 '부당한 차별(wrongful discrimination)'을 함축하는 용어로 통용되므로 '합리적 근거가 있는 차별'이라는 표현이 이상하긴 하지만, '합리적 차등'이라는 의미로 이해하기로 한다.

4 J. Waldron, *One Another's Equals*(Cambridge, Massachusetts:2017), p.2.

5 근원적 평등의 개념과 이상에 관해서는 C. Nathan, "What is Basic Equality?", U. Steinhoff (ed.), *Do we all have equal moral worth? On Basic Equality and Equal Respect and Concern*(2015), pp.1-16 참조.

6 로널드 드워킨, 염수균 옮김, 『법과 권리』(한길사, 2010), 431면 참조.

7 G. Sher, *Equality for Inegalitarians*(Cambridge:2014), p.74 이하.

8 심층적 차원의 평등과 표층적 차원의 평등이라는 구분은 J. Waldron, 앞의 책, p.10 이하에서 개진된 내용을 활용한 것이다.

9   비슷한 발상으로 J. Waldron, 앞의 책, p.36 이하.

10   P. Westen, *Speaking of Equality: An Analysis of the Rhetorical Force of "Equality" in Moral and Legal Discourse*(Princeton:1990) 참조.

11   P. Westen, 앞의 책, p.110.

12   J. Rucas, "Against Equality", *Philosophy 40*(1965), p.298.

13   이런 견해에 대한 정밀한 설명으로 L. Pojman, "A Critique of Contemporary Egalitarianism: A Christian Perspective", *Faith and Philosophy 8*(1991), p.484.

14   아리스토텔레스, 이창우 · 김재홍 · 강상진 옮김, 『니코마코스 윤리학』, (이제이북스, 2006), 169면(제5권 3장 1131a).

15   이러한 주장의 예는 J. Waldron, 앞의 책, p.115에서 언급되며 비판된다.

16   대표적으로 P. Singer, *Practical Ethics*(Cambridge:2011), p.66.

17   J. Waldron, 앞의 책, p.66 이하.

18   J. Waldron, 앞의 책, p.74.

19   존 롤즈, 황경식 옮김, 『정의론』(이학사, 2004), 650면(번역은 약간 수정하였음).

20   지리적 비유는 J. Waldron, 앞의 책, p.119 이하를 참조하였다.

21   "도덕적 인격에 대한 능력은 평등한 정의를 위한 충분조건이지만 결코 엄격한 것은 아니다. (……) 일단 최소치만 만족시키게 되면 사람은 다른 사람들과 똑같은 선에서 평등한 자유에 대한 권리자격을 갖는다."—존 롤즈, 앞의 책, 648면.
월드런에 따르면, 홉스나 로크 역시 '영역 속성'과 같은 발상에서 인간의 평등을 논했다.

22   존 롤즈, 앞의 책, 647면.

23   J. Waldron, 앞의 책, p.247 이하.
롤즈도 이렇게 말한다. "어떤 사람이 날 때부터 혹은 사고로 인해서 도덕적 능력에 필요한 잠재력을 가지고 있지 않을 경우 그것은 결손이나 상실로 간주된다. 그런 속성을 결여한 인종도 없고, 그 속성을 아예 가지지 못한다고 공인되는 인간집단도 없다. 단지 그런 능력이 없거나 최소한으로만 실현된 개인들이 산발적으로 있을 뿐이다. 그 능력을 실현하지 못하게 된 것은 부정의하고 궁핍한 사회 여건이나 뜻밖의 우연적인 사건의 결과다. 개인들은 (……) 상이한 능력을 가지고 있을 테지만, 그런 사실이 보다 적은 능력을 가진 사람으로부터 정의의 완전한 보장을 박탈할 이유가 되지는 않는다."—존 롤즈, 앞의 책, 648면.

24 이 영역 속성 논변을 일관되게 적용하면, 인류를 저버리는 극악무도한 자들이나 끔찍한 독재자들도 마더 테레사나 넬슨 만델라나 알베르트 슈바이처와 마찬가지의 인간 존엄성을 지니는 것으로 파악하게 된다. 우리는 극악무도한 범죄자들을 단호하게 처벌하되, 근원적 평등의 측면에서 그들 역시 우리의 일원이며 동등한 인간 존엄성을 가지는 것으로 대우해야 한다는 것이다. 도덕적 품성이나 행동에서의 격차가 근원적 평등을 부정할 사유는 되지 못한다는 주장의 정당화는 J. Waldron, 앞의 책, p.149 이하 참조.

25 "신분(status)이란 보통 사람의 법적 지위와는 구별되게 제도에 의해 규정되고 장기적으로 유지되는 특별한 조건으로서 법에 의해 부여된다"는 설명과 비교해도 좋겠다.—R. H. Graveson, *Status in the Common Law*(London:1953), p.2.

26 헌재 1995. 2. 23, 93헌바43.

27 C. Sunstein, "Anticaste Principle", *Michigan Law Review 92*(1994), p.2411.

28 T. Honderich, *Violence for Equality*(London:1977).

29 J. Waldron, 앞의 책, pp.38-9.

30 대법원 2002. 7. 9. 선고 2002두1748 판결.

31 서울행정법원 2007. 11. 25. 선고 2007구합27332 판결.

32 서울고등법원 2008. 6. 4. 선고 2007누33780 판결.

33 대법원 2009. 6. 18. 선고 2008두10997 전원합의체 판결.

34 제1심은 서울중앙지방법원 2007. 6. 28. 선고 2005가합82852 판결, 제2심은 서울고등법원 2009. 2. 10. 선고 2007나72665 판결, 최종심 대법원 2011. 1. 27. 선고 2009다19864 판결.

35 1985년 1월 26일부터 국내 법률과 같은 효력을 가지게 된 유엔의 「여성차별철폐협약」 제1조. '여성에 대한 차별'이라 함은 '정치적, 경제적, 사회적, 문화

적, 시민적 또는 기타 분야에서 결혼 여부와 관계없이 여성이 남녀동등의 기초 위에서 인권과 기본적 자유를 인식, 향유 또는 행사하는 것을 저해하거나 무효화하는 것을 목적으로 하는 성별에 근거한 모든 구별, 제외(배제) 또는 제한'을 의미한다.

36 대법원 판결의 요지에도 사회관계의 평등을 지향하는 내용이 담겨 있다. "헌법 제11조는 '모든 국민은 법 앞에 평등하다. 누구든지 성별·종교 또는 사회적 신분에 의하여 정치적·경제적·사회적·문화적 생활의 모든 영역에 있어서 차별을 받지 아니한다'고 규정하여 평등의 원칙을 선언함과 동시에 모든 국민에게 평등권을 보장하고 있다. 따라서 사적 단체를 포함하여 사회공동체 내에서 개인이 성별에 따른 불합리한 차별을 받지 아니하고 자신의 희망과 소양에 따라 다양한 사회적·경제적 활동을 영위하는 것은 그 인격권 실현의 본질적 부분에 해당하므로 평등권이라는 기본권의 침해도 민법 제750조의 일반규정을 통하여 사법상 보호되는 인격적 법익 침해의 형태로 구체화되어 논하여질 수 있고, 그 위법성 인정을 위하여 반드시 사인 간의 평등권 보호에 관한 별개의 입법이 있어야만 하는 것은 아니다. 사적 단체는 사적 자치의 원칙 내지 결사의 자유에 따라 그 단체의 형성과 조직, 운영을 자유롭게 할 수 있으므로, 사적 단체가 그 성격이나 목적에 비추어 그 구성원을 성별에 따라 달리 취급하는 것이 일반적으로 금지된다고 할 수는 없다. 그러나 사적 단체의 구성원에 대한 성별에 따른 차별처우가 사회공동체의 건전한 상식과 법감정에 비추어볼 때 도저히 용인될 수 있는 한계를 벗어난 경우에는 사회질서에 위반되는 행위로서 위법한 것으로 평가할 수 있고, 위와 같은 한계를 벗어났는지 여부는 사적 단체의 성격이나 목적, 차별처우의 필요성, 차별처우에 의한 법익 침해의 양상 및 정도 등을 종합적으로 고려하여 판단하여야 한다. (······) 따라서 서울기독교청년회(서울YMCA)가 남성 회원에게는 별다른 심사 없이 총회의결권 등을 가지는 총회원 자격을 부여하면서도 여성 회원의 경우에는 지속적인 요구에도 불구하고 원천적으로 총회원 자격심사에서 배제하여온 것은, 우리 사회의 건전한 상식과 법감정에 비추어 용인될 수 있는 한계를 벗어나 사회질서에 위반되는 것으로서 여성 회원들의 인격적 법익을 침해하여 불법행위를 구성한다."

37 구 호적법은 현행 「가족관계의 등록 등에 관한 법률」로 명칭이 변경되었고, 동 법률 제104조(위법한 가족관계 등록기록의 정정) "① 등록부의 기록이 법률상 허가될 수 없는 것 또는 그 기재에 착오나 누락이 있다고 인정한 때에는 이해관계인은 사건 본인의 등록기준지를 관할하는 가정법원의 허가를 받아 등록부의 정정을 신청할 수 있다"에서 구 호적법 제120조의 내용을 담고 있다.

38 현행 형법 제297조(강간)는 "폭행 또는 협박으로 사람을 강간한 자는 3년 이상의 유기징역에 처한다"(「개정 2012.12.18.」)고 규정한다.

39 제1심은 부산지방법원 2009. 2. 18. 선고 2008고합669 판결, 제2심은 부산고등법원 2009. 4. 22. 선고 2009노204 판결 참조.

40 매슈 아놀드, 윤지관 옮김, 『교양과 무질서』(한길사, 2006), 247면 참조.

제9장 ──

1 T. M. Scanlon, *Why Does Inequality Matter?*(Oxford:2018), p.40; A. Mason, *Levelling the Playing Field: The Idea of Equal Opportunity and its Place in Egalitarian Thought*(Oxford:2006), p.7 참조.

2 이 점을 분명하게 구분하고 강조하는 견해로는 A. Gutmann and D. Thompson, *Democracy and Disagreement*(Cambridge/Massachusetts: 1996), p.307 참조.

3 헌재 1999. 12. 23. 선고 98헌마363.

4 스튜어트 화이트, 강정인 · 권도혁 옮김, 『평등이란 무엇인가』(까치, 2016), 93-4면. 능력주의는 효율성 원칙과 정의 원칙(응분 원칙) 측면에서 정당화된다. 개인의 능력과 얼마나 열심히 일하는가에 따라 소득을 달리 받아도 정당하다는 사람들의 응분 정의 관념에 비추어 능력주의의 정당성이 인정된다. 유능한 사람이 직업을 얻게 되면 생산성이 높아져서 해당 직장과 사회 전반에 큰 도움이 된다는 효율성 관념도 능력주의를 정당화하는 논거다.

5 D. Miller, *Principles of Social Justice*(Cambridge/Mass.:2001), pp.156-176

참조.

6   로버트 프랭크, 정태영 옮김, 『실력과 노력으로 성공했다는 당신에게—행운, 그리고 실력주의라는 신화』(글항아리, 2016), 15면 이하 참조. 저자에 따르면, 이러한 시각을 견지하는 사람들은 아무리 노력해도 어려운 생활에서 벗어나기 어려운 이들에 대한 공감능력이 부족하고, 저소득층 의료보장제도의 확대나 장기 실업수당, 물가 인상에 대응한 최저임금 인상에 반대하는 경향이 있다.

7   스튜어트 화이트, 앞의 책, p.96; D. Miller, 앞의 책, p.177 이하 참조.

8   T. M. Scanlon, 앞의 책, p.48; 짜우포충, 남혜선 옮김, 『국가의 품격은 어떻게 만들어지는가』(더퀘스트, 2017), 378면 참조.

9   T. Scanlon, 앞의 책, p.48; A. Gutmann and D. Thompson, 앞의 책, p.312 참조.

10 A. Gutmann and D. Thompson, 앞의 책, p.313.

11 이 '전사 사회'의 예는 B. Williams, "The Idea of Equality", in: P. Laslett and W. Luncyman (ed.), *Philosophy, Politics, and Society*, Vol. 2(1962), p.126 참조.

12 인생의 어느 시점을 비교할 것인지도 기회균등의 이상을 이해하는 데 중요하다는 견해는 A. Mason, 앞의 책, p.73 이하 참조.
    비교 시점을 일정한 연령에 도달한 이후의 경쟁과 시합 단계에만 두지 말고, 그 이전 단계(가령 출생 시점)까지 확장하여 인생 전반의 기회가 공정한지를 평가해보자는 견해에는 심지어 임신에서 착상(着床)이나 수정(受精) 시점까지 거슬러 올라가야 하는가라는 물음도 제기된다. 기회균등의 원리에서 비교 시점의 설정이 자의적인 게 아니냐는 의문은 B. Barry, "Equal Opportunity and Moral Arbitrariness", in: N. Barry (ed.), *Equal Opportunities*(Boulder:1988), pp.29-33 참조.

13 다양한 실증적 자료를 보려면 로버트 프랭크, 앞의 책, 83면 이하 참조.

14 T. M. Scanlon, 앞의 책, p.61.

15 T. M. Scanlon, 앞의 책, p.65.

16 L. Jacobs, *Pursuing Equal Opportunities*(Cambridge:2004), p.15.

17 공정성의 세 차원에 대해서는 L. Jacobs, 앞의 책, p.13 이하 참조. 제이콥스는 기회균등 원리를 다루는 기존 견해들은 절차적 공정성과 배경의 공정성에만 머물러 있다고 지적하면서 승자 독식 방지라는 의미에서 몫의 공정성도 고려하자는 삼차원 기회균등 모델(three dimensional model of equal opportunities)을 제시한다.

18 존 롤즈, 황경식 옮김,『정의론』(이학사, 2004), 120면

19 A. Mason, 앞의 책, p.71.
이와 비슷한 견해로, 밀러는 "사회적으로 유리하고 좋은 지위를 획득하고 그 지위와 결부된 혜택을 누리는 인생 전망의 가능성은 전적으로 개인의 재능과 노력에 좌우되는 사회의 이상"을 지지한다.—D. Miller, 앞의 책, p.177

20 재능에 관한 이런 견해는 T. M. Scanlon, 앞의 책, p.57 이하 참조.

21 존 롤즈, 앞의 책, 158면.

22 T. M. Scanlon, 앞의 책, p.63 이하 참조.

23 T. M. Scanlon, 앞의 책, p.64.

24 헌재 2000. 4. 27. 98헌가16, 98헌마429.

25 헌재 2000. 4. 27. 98헌가16, 98헌마429.

26 아네트 라루, 박상은 옮김,『불평등한 어린 시절』(에코라이프, 2012) 참조. 또한 자녀를 공립학교와 사립 명문학교 중 어디에 보낼까 하는 문제를 정의론의 관점에서 고찰한 역작으로는 A. Swift, *How Not to be a Hypocrite: School choice for the morally perplexed parent*(London and New York:2003) 참조.

27 롤즈도 유사한 질문을 던지면서 나름의 해법을 제시하고자 시도했다. "공정한 기회가 충족되는 경우라도 가족은 결국 개인들 간의 불평등한 기회의 원인이 될 것으로 생각된다. 그러면 가정(家庭)도 없애야 할 것인가?"—존 롤즈, 앞의 책, 654면.
이에 대한 일종의 답으로 "가족의 내적 생활이나 교양 상태가 다른 것에 못지않게 교육을 받고자 하는 아동의 동기와 능력 및 나아가서는 그의 인생 전망에 영향을 미치기는 하지만, 이러한 결과가 있다고 해서 그것이 반드시 공정한 기회균등과 양립할 수 없는 것은 아니라는 점"을 강조한다.—존 롤즈, 앞

의 책, 399면. 롤즈의 이런 문제의식은 공정한 기회균등 원칙이 가정 내 양육 및 교육방식과 태도의 균질화를 요구하는 것이 아님을 보여준다.

28 이 개념에 관한 설명은 J. S. Fishkin, *Justice, Equal Opportunity, and the Family*(New Haven and London:1983), p.44 이하 참조.

29 M. Young, *The Rise of Meritocracy, 1870-2033: An Essay on Education and Equality*(London:1958), p.103 이하.

30 마이클 영, 유강은 옮김, 『능력주의』(이매진, 2020), 172면 이하.

31 마이클 영, 앞의 책, 241면 이하. 자신의 저서 『능력주의』를 되돌아보면서 쓴 칼럼 "Down with Meritocracy", *Guardian*(June 28, 2001)에서 마이클 영은 다음과 같이 현대 영국의 능력주의 사회를 평한다. "능력주의 신봉자들 중 점점 더 많은 이들이 자신들의 출세가 자기 능력과 성과에서 비롯되었다고 생각하도록 부추겨져서 그렇게 믿게 된다면, 어떤 보상을 받든지 자신들이 마땅히 받을 응분의 몫이라고 생각할 수 있다. (……) (1958년의 『능력주의의 부상』이라는) 소설에서 예측했듯이, 엘리트들의 돈벌이가 사업에 질곡이던 과거의 제약들은 사라졌고, 이들의 주머니를 채우는 온갖 새로운 방법들이 발명돼 활용되고 있다. 막대한 연봉과 보수가 제공되어왔다. 막대한 규모의 스톡옵션이 급격히 늘어났다. 중역들만 누리는 최고 수준의 보너스와 고액 퇴직금도 곱절로 증대하였다. 그 결과 사회 전반적 불평등이 점점 더 심각하게 악화되고 있다."

32 B. Barry, 앞의 책, p.39.

33 조지프 피시킨, 유강은 옮김, 『병목사회: 기회의 불평등을 넘어서기 위한 새로운 대안』(문예출판사, 2016), 35면 참조.

34 조지프 피시킨, 앞의 책, 49면 참조.

35 M. Doepke & F. Zilibotti, *Love, Money, and Parenting: How Economics Explains the Way We Raise Our Kids*(Princeton and Oxford:2019), p.114 이하.

36 M. Doepke & F. Zilibotti, 앞의 책, p.86 이하.

37 M. Doepke & F. Zilibotti, 앞의 책, p.51 이하.

38 M. Doepke & F. Zilibotti, 앞의 책, p.275 이하.

39   리처드 리브스, 김승진 옮김, 『20 vs 80의 사회——상위 20퍼센트는 어떻게 불평등을 유지하는가』(민음사, 2019). 이 책에서 저자는 알음알음으로 불공정하게 분배되는 무급 인턴의 기회가 일종의 '기회 사재기'이며 '특권층을 위한 적극적 우대조치'로서 시장을 왜곡한다고 강력하게 비판한다.—리처드 리브스, 앞의 책, 168면 이하 참조.

40   조지프 피시킨, 앞의 책, 33면과 289면 이하 참조. 시험이 한국 사회를 지배하면서 나타난 병리 현상에 관한 분석은 김기헌 · 장근영, 『시험인간』(생각정원, 2020) 참조.

41   조지프 피시킨, 앞의 책, 272면 이하, 301면 이하, 311면 이하 참조.

42   존 스튜어트 밀, 서병훈 옮김, 『여성의 종속』(책세상, 2006), 40-3면 참조.

43   존 스튜어트 밀, 앞의 책, 44면.

44   조지프 피시킨, 앞의 책, 87면.

45   조지프 피시킨, 앞의 책, 87면 이하 참조.

46   존 롤즈, 앞의 책, 134면과 536면 참조.

47   T. M. Scanlon, 앞의 책, p.57 이하.

48   조지프 피시킨, 앞의 책, 43면 참조.

49   로버트 노직, 남경희 옮김, 『아나키에서 유토피아로』(문학과지성사, 2000), 294면.

50   마이클 왈쩌, 정원섭 등 옮김, 『정의와 다원적 평등』(철학과현실사, 1999), 52면 이하 참조.

51   C. Frankel, "Equality of Opportunity", *Ethics 81* (1971), p.210 참조(강조는 필자가 첨가한 것임).

52   이 예는 E. Anderson, "Equality", in: D. Estlund (ed.), *The Oxford Handbook of Political Philosophy*, p.49.

결론 ———

1   한국 사회가 성취해낸 경제적 부의 측면에서는 경제협력개발기구(OECD)

국가 중 상위권이지만, 삶의 질 측면에서는 OECD 국가의 하위권에 속한다는 점은 각종 조사 결과에서도 잘 나타난다. 2017년 OECD의 '더 나은 삶의 지표(Better Life Index)'에서는 조사 대상 39개국 중 30위였고, 글로벌 리서치 기업 유니버섬(Universum)의 '세계 직장인 행복지수(Global Workforce Happiness Index)'(2016)에서는 조사 대상 57개국 중 49위였다. 출산율과 자살률도 OECD 국가 중 최하위 수준에 머물렀다.

2 로버트 노직, 남경희 옮김, 『아나키에서 유토피아로』(문학과지성사, 1983), 68면.

3 로버트 노직, 앞의 책, 69-71면. 그리고 로버트 노직, 김한영 옮김, 『무엇이 가치 있는 삶인가: 소크라테스의 마지막 질문』(김영사, 2014), 179면 참조.

4 G. Fletcher (ed.), *The Routledge Handbook of Philosophy of Well-being* (London:2016), p.113 이하.

5 G. Fletcher (ed.), 앞의 책, p.138.

6 G. Fletcher (ed.), 앞의 책, p.148 이하.

7 로버트 노직, 『무엇이 가치 있는 삶인가: 소크라테스의 마지막 질문』, 138면 이하 참조. 노직이 적절하게 지적했듯이, 행복의 총량만을 중시하게 되면 행복의 기울기가 지속적으로 감소하는 삶과 지속적으로 증가하는 삶을 구별하지 못한다.

8 존 롤즈, 황경식 옮김, 『정의론』(이학사, 2004), 제83절, 701면 참조(번역은 수정하였음).

9 이 일례는 존 롤즈, 앞의 책, 제65절, 443면.

찾아보기

대우휴먼사이언스 027

한국 사회에서 정의란 무엇인가
우리 헌법에 담긴 정의와 공정의 문법

1판 1쇄 펴냄 | 2020년 9월 16일
1판 4쇄 펴냄 | 2021년 8월 25일

지은이 | 김도균
펴낸이 | 김정호

책임편집 | 박수용

펴낸곳 | 아카넷
출판등록 | 2000년 1월 24일(제406-2000-000012호)
주소 | 10881 경기도 파주시 회동길 445-3
전화 | 031-955-9511(편집) · 031-955-9514(주문)   팩시밀리 | 031-955-9519
www.acanet.co.kr | www.phildam.net

ⓒ 김도균, 2020

Printed in Seoul, Korea.

ISBN 978-89-5733-696-0 03300

이 도서의 국립중앙도서관 출판예정도서목록(CIP)은 서지정보유통지원시스템 홈페이지(http://seoji.nl.go.kr)와
국가자료공동목록시스템(http://www.nl.go.kr/kolisnet)에서 이용하실 수 있습니다.(CIP제어번호:CIP2020037382)